KB080629

도둑맞은 세계화

지구민주주의 선언

도둑맞은 세계화

지구민주주의 선언

죠지 몬비오 지음 • 황정아 옮김

창비

반감을 자아낼 몇 가지 제안

우리의 동의만 빼고 모든 것이 세계화되었다. 민주주의만이 국민국가에 갇혀 있다. 그것은 여행가방을 손에 들고 국경에 서 있지만 여권은 없는 셈이다.

부유한 나라에 사는 한 줌의 인간이 자기들이 가로챈 지구적 권력을 이용해 세계의 나머지 사람들에게 어떻게 살아야 하는지 훈수한다. 이 책은 권력을 가진 사람들이 통치하기 위해 내세우는 원리, 즉 민주주의 원리를 가지고 실제로 세계를 운용한다면 어떨지를 그려보려는 시도다. 그러니까 현재의 '강압의 시대'를 '동의의 시대'Age of Consent로 바꾸려는 시도다.

나는 이 선언에서 반감을 자아낼 일련의 제안을 내놓으려 하는데, 생각이 제대로 박힌 이들이라면 끔찍하게 여길 것이다. 이 제안들 중 상당수는 처음에 그리고 구상 단계에서는 나도 혐오감을 느꼈던 것들이다. 나는 민중에 의해, 또 민중을 위해 제도가 운영되는 새로운 세계질서를 도입할 수단을 발견하고 싶었다. 그러기 위해서는 먼저 내가 몇 년 동안 붙잡고 씨름한 문제들을 다시 점검하지 않을 수 없었다. 그러는 가운데 나는 과거에 취한 견해 중 일부가 틀렸음을 인정할 수밖에 없었다. 지금은 '지구적 정의운동'●으로 널리 알려진, 내가 속한 저 거대하고 번잡스러운 연합조직이 질병의 몇몇 양상을 잘못 진단했으며, 그 결과 잘못된 처방을 내놓았음을 알게 되었다.

'동의의 시대'를 위한 필요조건을 찾는 과정에서 나는 독창성에 집착하지 않았다. 논의를 더 다듬고 발전시킬 필요는 느꼈지만, 이미 효과 있는 해결책이 나와 있으면 그것을 받아들였다. 내가 선택한 정책 가운데 어떤 것은 3,000년을 전해내려온 유산이다. 그러나 기존의 제안이 모두 적절치 않다고 보이면 새로운 접근방식을 궁리했다. 내가 이룬 주된 혁신은 새로운 접근법이 지닌 일부 시너지 효과를 발견한 점, 그리고 바라건대 정합성이 있고 스스로를 강화해나가는, (정치적 그리고 경제적) 구성요소 각각이 서로를 방어하고 끌어올리는 체제를 고안하기 시작한 점이라 생각된다.

현재 우리가 가진 수단으로 우리에게 주어진 환경에서 출발해서 이룰 수 없는 것은 제외하려 했다. 운동의 몇몇 성원들이 내놓

●더 나은 방도가 없어서 언론이나 구성원 일부가 종종 '반세계화운동'으로 지칭하기도 했지만, 수년간 이 운동은 이름이 없는 것이나 다름없었다. 지금은 대부분의 참가자가 이 명칭을 거부한다. 내가 사용한 이름도 보편적으로 채택된 것이 아니며 다른 사람들은 '시민사회운동' '세계민주주의운동' '대안적 세계화운동' 혹은 '운동들의 운동'이라 부르기도 한다. 마지막 명칭은 (이 점에 관한 한 나머지 명칭의 다양성도 마찬가지다) 이질적인 성격이 한데 섞여 끊임없이 변하는 이 운동의 특성을 반영한다. 어떤 사람은 이를 운동이라 불러야 할지 의문을 표하며 그보다는 그때그때 만들어지는 연합의 연속으로 보자고 한다. 아마 가장 정확한 설명은 '세계가 운영되는 방식에 이의를 제기하며 대개는 서로를 동맹자라 여기는, 세계의 대부분 국가에 산재한 다수의 사람들'이 될 것이다. 이후 간단히 줄여서 '운동'이라 부르겠다.

은 계획에는 다른 시대 혹은 다른 행성의 사람들이나 실행할 수 있을 듯한 것이 너무 많다. 그렇다고 내가 내놓는 제안 가운데 어느 하나라도 쉽다는 말은 아니다. 싸울 가치가 있는 변화란 무엇이든 이루기 힘든 법이며, 실상 힘들지 않다면 권력을 빼앗아야 할 대상이 그런 방식에 아무런 위협도 못 느낀다는 것을 나타내므로 그런 싸움은 가치가 없음이 거의 확실하다. 격렬한 반대에 직면할 때에만 우리의 접근법이 효과가 있다는 뜻일 것이다.

나는 주제넘게 어떤 최종적인 혹은 결정적인 세계질서를 제시하겠다는 게 아니다. 그러기는커녕 다른 이들이 내 제안을 다듬고 수정하며, 필요하다면 뒤집어엎고 더 나은 것을 채택하길 바란다. 나는 개선을 허용할 뿐 아니라 사실상 촉구하는 체제를 구상하고자 했고, 자유롭게 사유하는 사람들이 제약 없이 어떤 문제를 논의할 때면 언제든 발휘되는 집단의 지혜를 불러모으고자 했다. 그리고 물론 이 제안들은 목적을 위한 수단에 불과하다. 지구적 정의를 낳는 데 실패한다면 이전에 실패했던 많은 제안과 마찬가지로 이것들도 찢어서 밟아버려야 한다.

여기서 제안들을 설명한다면 어떤 독자는 앞에서 이미 알았으니 더 읽을 필요가 없다고 여길 수 있으므로 그렇게 하지 않겠다. 세세한 부분까지 이해하지 않고는 이 제안들과 그것이 함축한 내용의 핵심을 알 수 없다 해도 과언이 아닐 것이다. 네 가지 주된 기획은 다음과 같다. 첫째 민주적으로 선출된 세계의회, 둘째 현재의 유엔안전보장이사회에 부여된 권한을 쟁탈한 민주화된 유엔총회, 셋째 무역적자를 자동으로 소멸시키고 채무 축적을 예방하는 국제청산동맹, 넷째 부자 나라를 제약하고 가난한 나라를 해방시키는 공정무역기구.

세계 최대 강국 정부나 기관의 선의에 성공 여부가 달려 있는 제안은 하지 않았다고 생각한다. 권력은 결코 자발적으로 이양되지 않으며 원한다면 쟁취해야 한다. 기득권 세력은 당연히 그 같은 변화에 저항할 것이므로 선수를 치거나 강제로 따르게 만들어야 한다. 뒤에서 드러나겠지만 나는 이들의 저항을 파괴할 무자비하고도 색다른 방법을 몇 가지 생각해두었다.

다만 여기서는 이 한 가지만을 부탁하고 싶다. 더 나은 방법을 찾을 때까지는 내 제안을 거부하지 말라고. 지금껏 우리 운동이나 그 비판자 양쪽 모두는 실행할 수 있는 방안은 제시하지 않으면서도 마음에 안 드는 처방은 간단히 일축해왔고, 그럼으로써 근본적 변화의 가능성을 가로막았다. 만일 당신이 슬로건으로 정책을 대신할 수 있다고 믿는다면, 혹은 **만일 우리 모두 서로 더 사랑하기만 하면 의식의 변화가 일어날 것이고 누구도 다시는 다른 사람을 억압하지 않을 것**이라 믿는다면, 나는 지금 당신의 시간을 허비하는 셈이고 당신도 마찬가지다.

차 례

일러두기

* 이 책은 George Monbiot, *The Age of Consent: A Manifesto for a New World Order*, London: Flamingo 2003을 완역한 것이다.
* 이 책의 주(註)는 원서의 체제를 따라, 본문을 보충하는 내용의 주는 해당 면의 하단에 ● 표시 뒤에 넣고, 출처만 밝힌 주는 번호를 붙여 책 맨 뒤에 넣었다.
* 옮긴이의 주(註) 역시 본문 하단에 ● 표시를 붙여 넣었다.

제 **1** 장

변화

미셸 우엘베끄^{Michel Houellebecq}는 소설 『소립자』에서 전세계 사람들의 사유방식을 바꾼 '형이상학적 변화'에 관해 쓰고 있다.

일단 형이상학적 변화가 일어나면 그것은 자체의 논리적 결말을 향해 가차 없이 움직인다. 그것은 경제·정치 체제와 윤리문제, 사회구조를 가리지 않고 쓸어버린다. 인간의 힘으로는 그것의 전진을 멈출 수 없으며, 또 다른 형이상학적 변화 말고는 그 어떤 것으로도 멈출 수 없다.[1]

이런 사건은 매우 드문 일이라고 우엘베끄는 지적한다. 기독교와 이슬람교의 출현과 보급이 그중 하나이고 계몽주의와 과학의 지배가 또 다른 예다. 나는 우리가 이런 사건이 새로 일어나는 순간에 있는 거라고 믿는다.

오랜 옛날부터 인류는 하나의 배타적 공동체에 충성을 바쳐왔다. 마치 본능에 의한 듯 우리는 언제나 누가 안에 있고 누가 밖에 있는지 알고 있었다. 경계 바깥에 존재하는 사람은 내부에 있는 사람보다 못한 인간이었다. 정체성의 단위는 가족에서 무리로, 씨족, 부족, 국가로 거침없이 확대되었다. 작은 집단간의 다툼이 해결되는 것은 어떤 경우든 다른 새로운 연합에 대항해 같이 싸우기 시작할 때뿐이었다.

충성은 조종을 쉽게 했다. 제1차 세계대전 때는 불과 수십 명의 귀족이 국가의 이름으로 800만의 사람들을 죽게 만들었다. 맞붙은 군대의 이해관계는 동일했다. 군인들에게는 서로 싸우기보다 각자 자기들 대장을 몰아내고 전쟁을 시작한 계급을 타도하는 편이 더 도움이 되었을 테지만, 국민이라는 정체성이 그들의 계급적 이해를 압도했다. 전 시대에 귀족이니 일족이니 하는 것을 버렸듯 이제 새로운 변화는 우리가 국가를 버리도록 만들 것이다. 그것은 우리를 갈라놓은 충성심의 비합리성을 깨닫지 않을 수 없게 할 것이다. 역사상 처음으로 우리는 인류 전체를 하나의 종種으로 보게 될 것이다.

로마제국의 통합이 기독교 전파의 필요조건이 되었듯이 이 변화는 도리어 마땅히 그것을 두려워해야 할 세력의 지원을 받을 것이다. 부와 권력을 강화하려는 소수의 사람이 계획하고 실행한 기업과 금융의 세계화는 바로 그것에 의해 억압받는 사람들이 자신들의 공통점을 인식하게 만들 것이다. 어느 나라에서나 사람들의 복지를 위협하는 것은 같은 세력과 기관이므로 세계화는 단 하나의, 범세계적인 계급적 이해관계를 성립시킨다. 그것은 우리를 갈라놓은 문화와 언어의 장벽을 무너뜨린다. 지역공동체를 지탱하는 사회적 유대를 깨뜨려 우리의 지리적 충성심을 파괴한다. 대륙이나 반구 차원에서 경제단위—무역연합—를 구성함으로써 그것은 이미 국가가 정체성을 포기할 수밖에 없게 만들어놓았다.

그와 동시에 세계화는 그것을 조종하는 사람들을 타도하고 공동의 이해를 내세우기 위해 필요한 무기를 우리 손에 쥐여주었다. 세계를 분열시킨 거대 이데올로기를 격파하고 새로운 지구적 정치가 자라날 정치공간을 비워준 것이다. 정부가 자본의 이해에 따라 작동하도록 강요함으로써 그것은 모든 새로운 정치의 자양분인 환멸을 만들어냈다. 끝없는 부채를 발생시켜 오히려 가난한 사람들에게, 그들이 알아차리기만 한다면 세계금융체제를 효과적으로 통제할 수 있는 힘을 넘겨주었다. 새로운 통신 및 운송 네트워크로 자신의 제국을 확장함으로써 세계인이 한데 모여 공격을 조율할 수단을 부여했다.

이렇듯 기득권 세력의 지구적 독재는 스스로를 파괴할 수단을 만들어냈다. 이에 그치지 않고, 우리 주위의 국지적 문제와 연관된 범세계적 쟁점을 인식하지 않을 수 없게 만들어 우리의 사고범위를 변화시키기 시작했다. 나아가 세계화는 이런 인식에 토대를 두고 행동하도록 몰아붙여 우리에게 역사의 경로를 바꿀 힘을 가져다주었다.

세계화가 전제조건을 마련해주었지만 이런 변화가 저절로 일어나지는 않는다. 초기 기독교인들이 기독교가 일신교로 변화하는 데 촉매작용을 했고 또 이교적 과학자들이 계몽주의 성립에 촉매가 되었듯, 이 변화도 그만큼의 촉매작용을 필요로 한다. 그것은 세상을 바꾸기 위해 생명의 위협을 무릅쓸 준비가 된 반역자 네트워크의 적극적인 참여를 요구한다. 이 네트워크는 이미 존재한다.

그것은 역사상 가장 큰 지구적 운동의 일부를 이루며, 대부분 가난한 지역에 거주하는 이 운동원들은 이제 그 수가 천만 단위가 되었다. 조직 저변에 있는 사람들은 자신이 참여하는 계획 전체를 알지 못할 수도 있다. 그러나 그들은 이 기회를 잡아야 하고 새로운 전환을 이루는 촉매가 되어야 한다. 다른 많은 촉매가 그렇듯 반응에 따른 파괴의 위험을 감수해야 하지만, 공격하지 않으면 상대편이 만들어준 기회를 잃고 말 것이다.

운동의 기본방향을 정의하려는 논의가 이제 막 시작되고 있다. 가난한 나라의 활동가들이 앞장선 덕분에, 운동의 참가자 대부분이 기존 세계질서를 반대하는 것만으로는 불충분하며 지구적인 규모일 때에만 운동이 제시한 대안이 효과를 발휘할 수 있다는 사실을 알게 되었다. 오랫동안 싸워온 문제의 해답을 찾는 과정에서, 우리 운동은 민주주의만 있고 선택은 없는 국가라는 영역에서 선택은 있고 민주주의는 없는 지구적 영역으로 시선을 옮겨왔다. 우리가 지구적 정치를 장악할 때 비로소 세계가 변한다는 온당한 인식을 갖게 된 것이다.

지구적인 해답을 찾는 일은 힘들고 분열의 소지도 많다. 몇몇 운동원은 세계의 민중이 결코 활용하지 못할 것이란 우려에서 지구 차원의 제도적 권력 일반을 철저히 불신한다. 또 다른 이들은 단 하나의 보편적인 처방 세트가 저항의 다양성을 위협할 걸 염려한다. 일부 더 소수의 사람들은 모든 정치 프로그램이 억압적이며 우리의 임무는 하나의 권력형태를 다른 것으로 바꾸는 일이 아니라 '반反권력'이라 불리는 마법 원소로 모든 권력을 교체하는 것이어야 한다고 주장한다. •

그러나 운동원 대부분은 지역 내지 국가 차원에서만 효력이 있는 해결책을 제안하는 것은, 당면한 문제를 해결하는 과정에서 의미 있는 역할을 스스로 내던지는 행위임을 깨닫고 있다. 이상기후, 국제채무, 핵확산, 전쟁, 평화, 국가간 무역균형 같은 문제는 지구적 내지 국제적으로 다루어져야만 하는 것이다. 지구적 수단과 기구 없이는 부자 나라에서 가난한 나라로 부를 분배하거나, 기동성을 갖춘 부자와 그보다 기동성이 더 뛰어난 그들의 돈에 세금을 매긴다든지, 독성 폐기물의 선적을 통제하거나 지뢰금지조치를 유지하며, 핵무기 사용을 막고 국가간 평화를 주선하거나 강대국이 자기들에게 유리한 조건의 무역을 약소국에 강요하는 일을 막을 방도가 없다. 우리가 지역 차원에서만 활동한다면 가장 핵심이 되는 이런 문제와 씨름하는 일을 다른 사람에게 미루는 셈이 될 것이다.

우리가 참여하든 않든 지구적 통치는 실행될 것이다. 사실 힘 있는 자들이 중요한 쟁점을 폭력으로 해결하지 못하게 하려면 반드시 지구적 통치가 실현되어야 한다. 국제기구가 기득권자의 독재로 만들어지고 장악되었다는 점은 국제기구의 존재를 반대할 근거가 아니라 그것을 뒤엎고 우리 자신의 것으로 대체할 이유이며, 권력이 책임을 다하도록 보장하는 지구적 정치체제의 필요를 입증하는 근거다.

더구나 효과적인 지구적 정치가 없다면 지역 차원의 해결책은

●가령 존 할로웨이는 『권력을 잡지 않고 세계를 바꾸기』라는 책에서 지구적 혁명은 "반권력의 현실주의, 아니 더 정확히는 반권력의 반현실주의"에 의존한다고 주장한다. 그것은 "하늘을 밝히면서 자본주의식 사회관계에 내리꽂히는 번개의 섬광"을 통해 성취될 것이다. "……조직의 정치가 아니라 사건(events)의 반정치를 생각하라."[2]

언제나 우리와 다른 시각을 가진 이해공동체에 의해 훼손될 것이다. 예를 들어, 이상기후를 방지할 목적으로 같은 동네 사람들에게 자가용 운행을 포기하도록 어떻게든 설득했다 하더라도 모든 공동체 사람들이 우리와 같은 견해를 갖고 같은 규칙의 구속을 받지 않는다면, 우리가 한 일은 그저 이웃 공동체에게 새로운 도로공간을 내준 데 그칠 것이다. 우리가 이웃에게 비핵화선언을 할 수 있을지는 모르지만 국제적으로 동시에 움직이지 않는다면 우리만큼 선의가 없는 사람들의 위협에서 우리 자신과 다른 사람들을 구할 도리가 없다. 다시 말해 제지할 힘을 스스로 박탈하게 된다.

지구적 정치를 먼저 뜯어고치면 지역 차원의 대안이 잘 자랄 수 있는 정치공간이 마련된다. 반대로 필요한 지구적 기구들에 대한 통치를 다른 사람들에게 맡겨둔다면 이 기구들은 우리의 지역적 혹은 심지어 국가적 해결책을 하나씩 제거해버릴 것이다. IMF^International Monetary Fund, 국제통화기금와 금융투자자들이 먼저 타도되지 않는다면, 브라질 대통령 룰라^Luis Inácio Lula da Silva가 한때 내세웠던 것처럼 개별국가를 위한 대안 경제정책을 고안해봐야 거의 아무런 효과도 없다. 이상기후가 산호초의 생존에 필요한 조건을 파괴하는 사태를 막지 않고는 산호초를 국지적 오염에서 보호하려고 해봤자 소용이 없는 것이다.

반대하는 쪽은 단결하기 쉽지만, 제안하는 쪽은 분열하기 쉽다. 맑스주의자, 무정부주의자, 국가통제주의자, 자유주의자, 자유지상주의자, 녹색주의자, 보수주의자, 혁명주의자, 반동주의자, 애니미스트^animists, 불교도, 힌두교도, 기독교도, 이슬람교도가 한데 모인 이 운동은 공동의 적과 싸우기 위해 내부의 차이를 묻어두었다. 일련의 공동해결책을 중심으로 연합을 모색할 때 이런 차이는 다시 나타날 것이다. 지금까지 우리는 우리 힘을 분산시키지 않고 수백 개의 지구적 제안을 동시에 추구할 수 있다고 믿음으로써 이 갈등을 피해왔다. 우리는 뒤범벅된 모순된 생각으로 상대의 통합된 힘에 맞설 수 있다고 마냥 믿어왔다. 그러나 운동의 일관성과 운동이 내건 제안의 일관성 사이에는 분명 갈등이 있고 적절한 정치 프로그램을 추구하는 과정에서 참여자의 일부가 소외될 수 있지만, 일단 기존 세계질서에 치명타를 가하기 시작하면 지금까지보다 오히려 훨씬 더 많은 지지자를 얻게 되리라는 점 또한 분명한 사실이다.

'반권력'으로 권력을 해소하거나 대체할 수 있다는 생각은 부유한 세계의 무정부주의자에게는 일정한 지지를 얻고 있지만 권력의 현실을 절절히 실감하는 가난한 세계의 대부분 운동가에게는 황당무계한 엉터리로 인식된다. 우리의 근육이 녹슬었다 해서 남도 그러리라는 법은 없는 것이다. 물질적인 것이든 정치적, 심리적인 것이든 자원에 대한 권리가 동등하지 않은 상반된 이해관계의 충돌에서 권력은 출현한다. 좋게좋게 가자는 사람들, 특히 자신의 의사를 분명히 표현해줄 대표를 한 번도 가져본 적이 없는 사람들로 이루어진 동질적 집단 내에서는 충돌이 억제될 수 있다. 하지만 설사 무정부주의자라 해도 공동생활을 해본 경우라면 누구든 알 수 있듯이, 권력관계는 한 구성원이 다른 모든 사람과 맞지 않는 요구를 명시할 때 발생하기 시작한다. 이 잠재된 갈등은 대립하는 세력 중 한편이 가장 우세한 의지에 굴복하거나 그 공동체를 떠날 때에야 누그러진다. 다시 말해 제아무리 미묘한 방식으로 표현된다 해도 약한 자를 누르거나 쫓아내는 것이 권력이다. 권력은 탐욕이나 공포만큼 인간사회에 내재한 것으로, 권력 없는 세계란 곧 인간이 없는 세계라고 할 수 있다. 문제는 권력을 없애는 것이 아니라 어떻게 하면 약자에게 이롭도록 권력을 교화시킨 다음 그 임무를 다하게 만드느냐 하는 것이다.

우리는 세계화의 힘을 조종해야 하며, 그 가차 없는 발전을 추구하되 그 제도들을 뒤집어엎고 우리 자신의 것으로 교체해야 한다. 의도한 결과건 아니건, 이 과정에서 우리는 국가에 대한 비합리적 충성심에 인류가 더 이상 속박되지 않는 시대를 앞당길 것이다.●

우리는 이제껏 원하는 게 무엇인지 한마디로 설명하진 못했지만 불만을 정의하는 면에선 주저함이 없었다. 간단히 정리하면, 문제는 가난하고 약한 자들의 삶을 지배하는 부와 권력을 가진 자들의 능력을 지구적 차원에서 효과 있게 억제할 방도가 없다는 것이다. 가령 평화와 인권과 국제정의를 추구한다는 유엔은 제2차 세계대전의 5개 승전국, 즉 미국, 영국, 러시아, 프랑스, 중국에 의해 조종된다. 이 나라들은 유엔안전보장이사회의 소관 업무뿐 아니라 조직 전체의 중요한 변화에까지 거부권을 행사한다.[3] 이는 강자에게 이익을 주지 않는 한 약자를 도울 어떤 조직적 수단도 채택될 수 없음을 의미한다.

가난한 나라가 경제를 건설하고 보호하도록 원조한다는 세계은

● 나는 '동의의 시대'(내가 만든 용어로 전세계 민중의 의지에 감응하는 세계질서를 가리킨다)를 '형이상학적 변화'의 전제조건으로 볼 뿐 변화 자체로 보는 것은 아니라는 점을 지적해두고자 한다.

행International Bank for Reconstruction and Development, 국제부흥개발은행과 IMF는 1달러당 1투표권의 원칙으로 운영된다. 중대한 결정을 통과시키거나 이 기구들의 운영방식을 개선하기 위해서는 85퍼센트의 득표가 필요하다.[4] 미국은 양 조직에서 각각 채권의 15퍼센트를 보유했으므로 혼자서도 다른 모든 회원국이 지지하는 결정을 막을 수 있다.[5] 이 사실이 실제로 뜻하는 것은 개발도상국에서 이 두 단체가 가난한 사람들의 요구와 정면으로 충돌하더라도 미국 경제와 미국 금융투자자에게 이득이 될 정책만 추구하리라는 점이다.

  WTO World Trade Organization, 세계무역기구는 각 회원국이 한 표씩을 가지므로 일견 좀더 민주적으로 보인다. 하지만 실제로 이 기구의 주요 결정은 '그린룸'Green Room 회의로 결정되며 이는 유럽연합과 미국, 캐나다, 일본에 의해 소집되고 통제된다.[6] 개발도상국은 이들의 명령을 받은 후에야 회의에 참가할 수 있으며, 그럴 때조차 주요 강대국의 이해를 손상할 경우 협박을 받게 된다. 그 결과 약속과는 정반대로, 부유한 나라와 기업은 더욱더 정교한 보호무역 조치를 만들어낼 수 있는 반면 가난한 나라에는 경제 개방이 강요된다.

  이런 식의 권력 분배가 괜찮다고 생각한다면 말릴 도리가 없지만, 부디 그리고도 자신을 민주주의자라 부르지는 말기 바란다. 만일 스스로를 민주주의자로 여긴다면 근본적인 변화가 필요함을 확실히 인정해야 한다.

  부분적으로는 이런 기득권 세력 독재의 결과로, 또 부분적으로는 부패와 실정失政 그리고 부채에 의존하지 않고는 유지가 불가능한 경제체제의 불평등과 파괴성 때문에, 부유한 세계가 가난한 나라에게 약속해온 번영은 부단히 실패하고 있다. 세계 인구의 거의 절반이 하루 2달러 이하, 그리고 5분의 1은 1달러 이하로 연명한다.[7] 세계의 식량은 과잉생산되지만 식량 살 돈이 없는 8억 4,000만 명은 영양실조인 것으로 공식 집계된다.[8]

약 1억 명의 아이들이 기초교육도 받지 못하고 있다.[9] 가난한 나라 사람들 가운데 3분의 1은 전염병이나 출산·영양실조에 따른 합병증 같은 예방 가능한 병에 걸려 죽는다.[10] 또 같은 비율의 사람들이 투자 부족, 오염과 기업농의 마구잡이 사용으로 물 부족을 겪고 있다.[11] 가난한 세계의 농업은 상당부분 지역주민을 위한 식량 생산에서 부유한 사람들에게 육류를 공급하기 위한 가축 사육으로 전환되었다.* 토양의 양분 상실로 인류의 생존은 점점 더 많은 비료 사용에 의존하게 되었다. 인공비료가 필요한 작물 대부분이 자라는 데 반드시 있어야 할 전세계 인산 매장량은 금세기 말이 되기 전에 바닥날 것으로 보인다.[13]

이산화탄소나 여타의 가스 방출이 야기한 이상기후는 가뭄지역을 넓히고 해수면을 상승시키며 빙하가 흘러드는 강물의 양을 줄여 세계의 식량 공급 능력을 더욱 축소시키고 있다. 정유산업의 압력 때문에 부유한 세계의 정부들은 이상기후를 막기 위한 화석연료 사용 축소 제안에 동의하지 않았다.

'다음 세대를 전쟁의 참화에서 구하기 위해' 설립된 기관들도 전쟁을 막는 데 실패했다. 제2차 세계대전 이래 약 3,000만 명이

* 세계의 목축동물의 수는 1950년 이래 5배나 늘어났다. 이제 그 수는 인구보다 3배나 많다.[12]

교전으로 목숨을 잃었다. 그들 대부분은 민간인이다.

부와 권력을 가진 자들이 만들어낸 세계질서는 당연히 그들에게 우호적이었다. 2002년, 세계 최고의 부자 10명이 도합 2,660억 달러의 부를 소유했다.[14] 이는 부자나라에서 가난한 나라로 들어가는 1년 원조의 5배이고, 어림잡아 지금부터 2015년까지 유엔의 새천년 보건 목표(가령 에이즈와 말라리아나 다른 전염병의 확산을 멈추고 줄인다거나, 유아 사망을 3분의 2로 줄이고 출산시 산모 사망을 4분의 3으로 줄인다는 목표) 전부를 이루는 데 드는 비용을 감당하기에 충분한 금액이다.●

물론 이같은 불의를 초래한 죄를 부유한 국가와 기업, 기관에게만 묻는다면 잘못일 것이다. 가난한 세계 중에도 가령 북한, 미얀마, 우즈베키스탄, 씨리아, 이라크, 터키, 수단, 알제리, 짐바브웨, 꼴롬비아처럼 국민을 빈곤에 빠뜨리고 위협하며 천연자원을 파괴하는 잔혹하고 억압적인 정부가 많다. 하지만 환경에 미치는 악영향 가운데 가난한 사람이 비난받고 부자는 면제되는 유일한 항목이라는 뻔한 이유에서 흔히 인구증가가 세계 환경문제의 주범으로 오인받는 것과 마찬가지로,● 몇몇 가난한 나라 정부의 부패와 압제가 빈곤의 주된 원인으로 오인되어왔다. 짐바브웨 대통령 로버트 무가베Robert Mugabe는 자기 나라를 속여 민주주의를 빼앗고

● 개발지원위원회(Development Assistance Committee) 소속 국가들이 개발도상국에게 제공한 순 공식개발지원액(Net Official Development Assistance)은 537억 달러다. 기관마다 조금씩 다른 추정치를 내놓고 있지만, 새천년 보건 목표를 달성하는 데 드는 연간 비용은 200억에서 250억 달러에 이른다.[15]
● 인구증가가 환경에 악영향을 미치는 주된 요인임을 부인하려는 것은 아니다. 하지만 부유한 세계의 소비가 이를 훨씬 능가한다. 예를 들어 미국인 한 사람은 방글라데시인보다 평균 88배 많은 에너지를 소비한다.[16]

정적政敵을 살해했으며 반대파가 장악한 지역의 주민을 굶겨죽인 잔혹한 독재자다. 하지만 그가 아프리카에 끼친 피해는 IMF나 세계은행이 입힌 것에 비하면 사소한 것이다. 이 기구들의 '구조조정 프로그램'은 과거 20년에 걸쳐 이 대륙이 발전을 이루는 데 가장 큰 장애였다.

사실상 경제를 제대로 관리하지 못했다고 비난받는 국가 중 다수는 실질적으로 IMF의 통제를 받는 나라들이다. 그들은 IMF 때문에 투자부족의 반복이라는 덫에 걸려들었다. 좋은 학교와 병원과 교통망이 없기 때문에 그들의 경제 지위는 악화되고, 그렇게 되면 또다시 이런 써비스를 공급할 자금 마련 수단이 없어지는 것이다. 그런데도 IMF는 공공지출을 늘리지 못하게 하고 대신 부채 상환에 그 돈을 쓰도록 강요했다. 금융분석가들 대다수의 결론은 이제 이 빚을 갚을 도리가 없다는 것이다. 과거 500년 동안 엄청난 양의 천연자원이 가난한 세계에서 부유한 세계로 이전되었음에도 현재 가난한 나라는 부자 나라에 2조 5,000억 달러를 갚아야 한다.[17] 미국 재무부 및 민간은행과 긴밀히 협력하며 운영되는 IMF는 이런 채무를 지렛대로 활용하여 가난한 나라에게 금융투기꾼과 외국기업의 극악한 약탈행위에 대항할 방어장치를 없애도록 강요했다. 5장과 6장에서 살펴보겠지만, 국가가 국제기구의 지시에 따르는 정도와 그 나라의 경제적 복지 사이에는 반비례 관계가 있는 걸로 나타난다.

IMF와 금융투기꾼이 가난한 나라의 경제를 실질적으로 통제하게 되면 대중의 민주주의 신념까지 꺾어놓게 된다. 정책을 바꿀 수 없다면 정부를 바꿔봤자 소용없는 일임을 대중이 아는 것이다.

몇몇 예외를 제외하면 가난한 세계의 정부가 어떠한가는 부유한 세계가 하기 나름이다.

이 모든 문제점은 '세계화'의 탓으로 돌려졌는데, 이 용어는 너무 느슨해져서 이제 거의 아무 의미도 갖지 않게 되었다. 현재 이 명칭은 지구 곳곳의 테러에서 월드 뮤직까지 온갖 것을 묘사하는 데 사용된다. 하지만 사람들은 세계화를 동시에 연결된 다수의 과정으로 인식하는 경향이 있다. 그중 하나는 자본의 이동을 통제하는 수단의 제거로, 그리하여 투자자와 투기꾼은 마음대로 이 경제에서 저 경제로 자산을 옮길 수 있게 되었다. 또 하나는 무역장벽의 제거 그리고 각 나라가 자기 국경 내에서 거래하는 회사에 부과하는 서로 다른 규칙간의 '조화'다. 세번째는 앞의 두 과정의 결과이자 원인이라고 할 수 있는데, 다국적기업의 성장과 이들에 의한 지역 및 국내 업체의 퇴출이다. 이런 과정이 자본의 권력과 그에 상응하는 시민의 생활설계 능력의 상실에 기여했다는 점은 의심의 여지가 없다. 또한 이 과정 중 일부가 국제채무와 불평등, 환경파괴를 낳았으며 예전에 튼튼하던 몇몇 경제의 붕괴를 재촉했다는 데에도 의문의 여지가 없다.

하지만 다른 많은 사람들과 마찬가지로 나도 과거에는 '세계화'를 모든 문제의 핵심 원인으로, 그리고 '국제주의'internationalism를 이런 문제와 싸우는 방식의 축약어로 안이하게 사용해왔다. 여러 세대를 거치면서 이 두 용어는 저항운동 진영에서 널리 통용되게 되었다. 세계화가 자본이 국가의 통제에서 벗어났음을 뜻한다면, 국제주의는 국경을 초월한 계급적 이해관계를 가진 시민들의 통일된 행동을 의미했다. 그러나 어쩌면 이제 이 용어들을 그들의 벗에게서 구출해야 할 때가 되었다. 어떤 면에서 볼 때 세계는 세계화의 부족 때문에 그리고 국제주의의 과잉 때문에 고통을 겪고 있다.

국제주의라는 말이 무언가 의미를 가진다면 그것은 분명 **국가** 간의 상호작용을 함축한다. 세계화는 국가에 의해 매개되지 않는, 국가를 넘어선 상호작용을 가리킨다. 가령 유엔총회는 국민국가가 대표를 파견하는 곳이고, 따라서 시민의 관심사 가운데 거기서 검토되는 것은 억압적이고 무책임하며 대표성이 없다 해도 국민국가가 논의할 준비가 된 사안뿐이다. 국민국가는 우리에게 영향을 끼치는 많은 문제의 해결을 떠맡은 단체와 우리 사이를 막는 장애물이다. 유엔이 안고 있는 문제는 세계정치가 국민국가에 의해 장악되었다는 점, 다시 말해 세계화가 국제주의에 굴복해왔다는 점이다.

WTO는 성격상 더 분명히 국제적인 쟁점, 즉 국가간의 무역을 규제하는 규칙을 다루고 따라서 이 기구의 국제적인 구조는 유엔에 비하면 확실히 더 적절하다. 하지만 이 쟁점은 자본의 순환이나 초국적기업의 전략 같은 힘에 의해 영향을 받으며, 이는 명백히 지구적인 성격을 띤다. 이런 힘의 파괴력을 제어할 메커니즘을 찾으려 한다면 국제주의만으로는 불충분하다. 국가를 뛰어넘는 (그리고 국가가 거의 대변하지 못하는) 계급적 이해를 가진 세계의 민중은 세계경제가 발전하는 방식에 아무런 영향도 미치지 못하는 처지에 머물러 있다.

문제는 세계화가 아니다. 경제기관과 국민국가가 작당하여 세계화에서 **면제**되는 것이 진짜 문제다. 세계의 민중이 이들을 제어할 수단이 없기 때문에 그들은 아무 거리낌 없이 활동할 수 있었다. 의심할 것 없이 우리의 임무는 세계화를 철폐하는 것이 아니라 그것을 틀어잡아 인류 최초의 지구적 민주주의 혁명의 도구로 사용하는 것이다.

제 **2** 장

가장 덜 나쁜 체제

민주주의를 위한 미적지근한 변론

2

내가 처음부터 하나의 가정, 즉 민주주의적 세계질서가 다른 어 떤 것보다 더 낫다는 가정을 갖고 들어간다고 보일지도 모르겠다. 그러나 나는 그런 식으로 연구를 시작하지 않았으며 (아마도 항상 성공적이지는 않았겠지만) 선입관을 버리려고 노력했다. 내가 민 주주의를 기본 정치모델로 채택할 수밖에 없었던 것은 맑스주의 와 무정부주의라는 대안, 즉 지구적 정의운동 내부에서 대다수가 '민주주의'로 인식하는 한 묶음의 정치적 입장과 직·간접적으로 경쟁하는 이 두 이데올로기를 검토한 다음의 일이었다.●

● 여기서 '민주주의' '맑스주의' '무정부주의'는 한 묶음의 경제적·정치적 입장들에 대한 축약어로 사용되었다. '민주주의'는 이론상 주권이 민중에게 있고 이들이 평등한 권리를 가지며 다수의 의지가 서로 경쟁하는 후보와 정당 간의 선거를 통해 표현되고 행사되는 정부형태를 뜻한다. '맑스주의'와 '공산주의'라는 용어는 맑스와 엥겔스가 『공산당 선언』에서 개진한 **정치적 강령**을 가리키는 데 사용된다. '무정부주의'는 대표를 거치지 않고 직접 결정을 내리며 다른 공동체와 정치적·경제적으로 연합할 수도, 연합하지 않을 수도 있는 민중의 자율공동체에 의한 자치를 말한다. 여기서는 이런 용어들이 마치 서로 뒤섞임이 없고 뚜렷이 구별되는 것처럼 묘사되지만, 누가 통치해

우리 시대의 공산주의자가 공통으로 자부하는 점은 자신들의 진단이 틀리지 않았다는 것, 다만 한 번도 제대로 시도된 적이 없었을 뿐이라는 것이다. 노동자의 해방이 한 대륙을 아우르는 규모로 실행될 때마다 자신의 목적을 위해 맑스주의를 더럽힌 폭군이 이를 번번이 좌절시켰다는 식이다. 몇 년 동안 나도 그렇게 믿었다. 하지만 다른 무엇보다 『공산당 선언』 자체가 맑스의 정치 강령이 가진 위험을 확신하게 만든다.[18] 나는 그 글이 이후 공산주의 국가 국민에게 닥친 온갖 억압을 이론의 형태로 담고 있다고 본다. 여기에 들어 있는 정치적 진단의 문제는 그것이 더럽혀져서가 아니라 엄격히 적용된 데서 비롯된다. 가령 꾸바나 인도의 케랄라주州처럼 타협적이고 따라서 더 자비로운 정부보다 스딸린과 마오쩌둥의 정치가 훨씬 더 맑스주의에 가깝다.

『공산당 선언』의 혁신과 위대한 실패는 그것이 사회를 억지로 끼워맞추려 했던 엄청나게 단순한 이론이었다는 데 있다. 변증법적 유물론은 인류의 복잡한 사회적·정치적 관계를 '부르주아'와 '프롤레타리아', 다시 말해 유산자有産者와 노동자 사이의 단순한 갈등으로 환원시켰다(맑스와 엥겔스에게 노동자란 거대 자본가 기업에 고용된 산업노동자를 의미했다). 이 변증법에 들어맞지 않는 계급은 농민, 소상인, 장인, 귀족처럼 "근대산업에 직면해 쇠퇴해가다가 마침내 사라질" 운명이거나, 실업자처럼 혁명 후의 세계

야 하고 누가 생산수단을 가져야 하며 분쟁 해결을 위해 누구에게 폭력 사용을 허용해야 하는가라는 여러 문제의 해답을 저마다 구체화하는 과정에서 실제로는 각 체제에 다른 것과 연합된 요소가 들어 있을 수도 있다. 우리가 '민주주의'라 부르는 한 묶음의 정책은 실상 맑스주의자와 무정부주의자의 사유에 힘입은 바가 크며 앞으로도 회의를 표명하는 사람들의 요구에 반응하면서 진화해나갈 것이다.

에서 어떠한 합법적 존재양식도 갖지 못하는 "사회의 쓰레기, 낡은 사회의 최하층에서 떨어져나온, 무력하게 썩어가는 집단"[19]으로 간주되었다.

공산주의 체제 아래 살았던 사람들에겐 불행히도 사회는 맑스가 예견한 대로 돌아가지 않았다. 농민과 귀족, 장인과 소상인은 저절로 사라지지 않았고, 산업 프롤레따리아 범주에 편리하게 맞춰지지 않았던 다른 모든 사람과 마찬가지로 맑스가 사회에 덮어씌운 이론체계에 저촉되므로 제거 대상이 되어야 했다. 이들을 "역사의 수레바퀴를 거꾸로 돌리려" 하는 "반동"으로 묘사한 맑스는 이들의 제거를 승인했을지도 모른다. 토착 원주민까지 포함하게 된 룸펜 프롤레따리아는 '사회의 쓰레기'는 맑스의 경고대로 "반동 음모에 매수된 도구"가 되었을 경우에는 두말없이 서둘러 처분되어야 했다. 이론이 참담할 정도로 사회와 들어맞지 않았으므로 사회가 이론에 맞도록 개조되어야 했다. 게다가 맑스는 사정없는 제거에 완벽한 변명을 제공했다. 억압에 '부르주아'라는 이름을 붙임으로써 헤아릴 수 없는 잔혹행위를 정당화할 수 있게 해준 것이다. 그의 이론과 목표의 단순함은 마음을 끌고 혹하게 만든다. 지금도 『공산당 선언』을 읽으면 억압에서 자유로워질 희망으로 뛰쳐나가 부르주아 계급을 쏘아버리고 싶은 심정이 절로 든다.

더구나 랭커셔의 공장노동자를 모델로 한 맑스의 산업 프롤레따리아는 그가 혁명을 일으키기 위해 기댄 계급이었지만 실제로는 반란을 일으킬 가능성이 농민보다, 아니 이 문제에 관한 한 초기에 맑스를 따르던 이들의 대부분을 차지하는 쁘띠부르주아, 장인, 공장 소유주, 귀족, 교육받은 중산계급보다도 적었다. 이런 난

점을 극복하기 위해 맑스는 자신과 같은 부르주아 공산당 이데올로그라는 형태로 플라톤의 독재자 즉 철인哲人 수호자를 불러냈다. 얼굴 없는 프롤레따리아에게 결정을 맡기는 대신 이 수호자를 임명하여 그 계급의 "미래를 대변하고 감독하게" 했다.

다시 말해 그의 처방은 결정적인 정치문제, 곧 '수호자는 누가 감독하는가'라는 문제를 완전히 도외시한다. 민주주의 체제는 최소한 이론적으로는 사회에 권력을 행사하는 사람들이 그 사회의 최상의 이해에 부합하게 만드는, 주로 선거라는 형태의 안전장치를 포함한다. 이론상 국민이 정부를 해산할 수 있으므로 정부는 국민을 마땅히 두려워해야 한다. 그런데 『공산당 선언』은 그런 방어장치를 전혀 제공하지 않는다. 고대 그리스인이 이미 겪었듯이 철인 수호자는 수호의 책임과 철학의 사심 없는 미덕을 모두 서둘러 내팽개치는 경향을 보인다.

더구나 사적 소유를 철폐하고 "모든 생산수단을 국가의 손에"[20] 집중함으로써 맑스는 인간의 삶을 지배할, 아마도 전례 없는 권력을 공산주의 정부에 허락했다. 관리들은 사람들이 무엇을 먹을지(실상은 먹을 수 있을지 없을지), 어디서 살지, 어떻게 일할지, 심지어 무엇을 입을지까지도 결정할 수 있었다. 달리 말해 맑스 자신이 전체주의적 독재를 위한 완벽한 전제조건을 고안해낸 것이다. "프롤레따리아 독재"[21]는 순식간에 관료의 독재로 탈바꿈한다.

『공산당 선언』의 철학 한가운데에 놓인 유토피아 신화가 이런 문제점을 더욱 심화시키는데, 이 신화는 프롤레따리아의 승리와 더불어 모든 갈등이 끝나고 모든 사람이 "각자의 자유로운 발전"을 통해 "모두의 자유로운 발전"을 추구하리라는 것이다. 하지만 역사는 끝나지 않으며 변증법적 유물론에는 어떠한 궁극적인 종합synthesis도 없다. 요구가 변하고 이해관계가 갈라지고 새로운 형태의 억압이 나타남에 따라 새로운 투쟁이 출현하며 또 마땅히 출현해야만 하고, 이를 무시하는 체제는 경화된 부패의 나락으로 떨어지고 말 것이다. 사실 스딸린과 마오 쩌뚱이 새로운 적을 끊임없이 찾아내 권력의 역동성을 유지하려 한 것도 이 점을 깨닫고 있었기 때문이다.

맑스는 산업노동계급이 스스로의 힘을 인식하고 그에 의거해서 행동하도록 도와주었다. 그의 분석은 여전히 역사와 경제를 이해하는 데 없어서는 안될 수단이다. 하지만 『공산당 선언』에서 정식화한 그의 정치 강령은 막다른 길이었다. 그것은 지구적 정의운동에서 가치 있다고 주장하는 모든 것, 가령 인간의 자유와 책임, 다양성과 어긋난다. 이분법은 말할 것도 없고 단순한 체계로 사람들을 분류하려는 어떤 시도든 침몰할 수밖에 없으며, 맑스주의적 이상에 어쩔 수 없이 순응했던 사람이나 전능한 국가에 의해 이 이상을 위반했다고 판결받은 사람 양쪽 모두에게 끔찍한 결과를 초래한다.

언뜻 보기에 무정부주의는 지구적 정의운동의 이상에 더 잘 들어맞는 듯하다. 그것은 내게 가장 매력 있는 정치이념이고, 지적으로는 강하게 거부하게 된 지금도 거의 본능적으로 계속 그리로 되돌아가곤 한다. 정치적 신념체계를 갖게 된 처음 몇 년간은 내가 무정부주의자라고 생각했다. 국가가 자행한 온갖 잔혹행위야말로 자치를 선전하는 상설 광고물이나 다름없다. 모두 알다시피 지난 100년에 걸쳐 주로 지배 엘리뜨의 부와 권력을 확장할 목적으로 획책한 전쟁에서 국가는 수천만 명의 군인과 민간인의 죽음을 초래했다. 그리고 유대인, 로마인, 타타르족, 투치족, 쿠르드족, 보스니아 이슬람교도, 동티모르인, 마야인, 마푸치족 그리고 그 밖에 많은 인종 혹은 종교 집단 전체를 파괴하려 했다. 또한 기근을 공작했고 생태계를 파괴했으며 정적을 살해했고 가장 기본이 되는 인간의 자유를 축소시켰다.

국가의 부와 권력을 손에 넣는 데 성공한 자들은 공공의 희생을 통해 자신들을 엄청나게 살찌웠는데, 일례로 벨기에의 레오폴드Leopold 왕과 그의 토착민 계승자인 모부투 쎄쎄 쎄코Mobutu Sese Seko는 콩고를 개인금고로 활용했으며● 자신들의 주머니를 채울 목적으로 나라 전체를 사실상 노예로 삼았다. 초강대국인 영국과 소련, 미국의 통치자는 사실상 다른 나라를 지배하고 그 나라 경제를 약탈함으로써 자신들의 권력을 끌어올리는 동시에 부의 재분배 없이 국내의 지지를 확보하고자 했다. 무정부주의자가 국가란 폭력적으로 인류에게 자유를 박탈하는 기제라고 주장할 때 우리는 국가가 이런 목적을 위해 거듭 사용되었음에 동의하지 않을 수 없다. 따라서 무정부주의는 이 책이 이루고자 하는 세계질서, 통치가 주된 역할을 담당하는 이 세계질서에 대해 가장 일관된, 그리고 지구적 정의운동 내에서 가장 호응이 큰 도전을 제기해왔다.

●그는 1965년 꾸데따로 집권한 이래 초기에는 외국기업을 국영화하고 외국투자자를 추방했으나 경기침체로 다시 이들을 끌어들이려 하는 한편 국내의 저항을 진압하기 위해 옛 식민 지배국인 벨기에를 개입시키기도 했다. 그가 한 일은 주로 사재 축적으로, 1984년에 그의 재산은 당시 콩고의 외채 전체와 맞먹는 40억 달러에 달했다—옮긴이.

그러나 지난 세기의 역사, 아니 이 점에 관한 한 지난 10년간의 역사만 보더라도 국가가 없는 편이 딱히 더 낫다고 하기는 힘들다. 서아프리카의 씨에라리온 정부가 국내 통제력을 상실하자 그 나라 국민의 삶은 이름은 '반란군'이지만 실상 일반 가정을 약탈하고 다이아몬드 무역을 독점하는 것 외에 아무런 정책도 목적도 갖지 않은 자들에 의해 유린됐다. 이들은 걸핏하면 민가에 쳐들어가 주민들의 손을 잘라버리는 무자비한 일을 벌였는데, 그 이유는 정치 혹은 경제 정책의 실행에 필요해서가 아니라 그저 아무도 그들이 하는 일을 막지 않았기 때문이다. 다른 나라가 개입해 씨에라리온의 통치력을 회복한 다음에야 이 무법자들은 진압되어 무장해제되었다.

구舊소련이 시민을 규제하고 과세하는 능력을 상실하면서 사실상 붕괴하자 국가권력의 공백은 행복한 세대주의 자율공동체가 아니라 마피아에 의해 즉각 채워졌고, 이들은 다른 사람의 삶을 짓밟아 자신의 제국을 만들어냈다. 예전의 국가가 지녔던 자산은 국민 대다수가 아니라 한 줌의 도적 정치인의 차지가 되었다. 그들에게 저항하는 이는 누구든 사살되었다.

지난 10년간 거의 내내 콩고 동부에는 사실상 국가가 없는 상태였고 지난 시대에 레오폴드 왕과 모부투 대통령의 약탈을 견뎌온 사람들은 또다시 자신들의 자원을 놓고 다투는 여섯 개의 약탈 군대와 수십 개 민병대의 끊이지 않는 공격에 시달려야 했다. 이 '내전'의 결과로 200만 명이 사망했다.

무정부주의자는 즉각, 동부 콩고 같은 곳에서 일어난 국가 부재의 혼란과 자유로이 연합한 공동체가 협력해 상호이익을 추구하는 진정한 무정부주의는 다르며, 국가가 없는 곳에서 일어난 최근의 잔혹행위는 국가의 붕괴나 이웃 국가의 공격에서 비롯되었다고 반박할 것이다. 첫번째 주장에 관해서는 곧 살펴보겠지만 두번째 논지가 무정부주의가 가진 문제를 해결하기보다는 문제를 한층 분명히 드러내준다는 점은 명백하다. 무정부주의가 갑자기 그리고 일시에 세계의 모든 국가를 쓸어버린 다음 그에 버금가는 불가사의한 수단으로 새로운 국가의 출현을 막지 않는 다음에야, 본성상 군대를 일으킬 수단을 가진 이웃 국가와 분쟁 혹은 경쟁에 돌입했을 때 무정부주의 공동체가 어떻게 살아남을 수 있을지 알수가 없다. 마찬가지로, 공동체 내부에서도 붕괴 과정을 사랑과 화해의 정신으로 이웃을 감싸안을 기회라기보다는 무방비 상태에 놓인 자원을 낚아챌 기회로 여길 악덕 자본가가 생겨날 텐데 공동체가 이들에게서 어떻게 스스로를 방어할 것인지도 도무지 알 수 없다.

고대사든 현대사든 역사를 읽다보면 호모싸피엔스가 폭력과 파괴에 유별난 능력을 지닌 종이며, 이 능력은 거의 모든 시대에 세계 모든 지역에서 발휘되어왔다는 불행한 인식을 얻지 않을 수 없다. 다른 종족에게 권력을 행사해 그들의 자원을 빼앗으려는 자는 최초의 수단으로든 최후의 수단으로든 폭력을 사용하며, 이런 경향이 억제되는 것은 오직 다른 힘이 두려울 때, 주로 더 큰 폭력수단을 행사할 수 있는 사람에게서 처벌받을 것이 두려울 때뿐이다. 인간의 복지 향상을 추구하는 정치체제라면 어떤 사람이 다른 사람에게 가하는 공격을 봉쇄하고 예방할 수단을 마땅히 제공해야 한다.

국가는 스스로 폭력을 독점함으로써 그런 일을 수행한다고 내세운다. 오직 국가의 공복公僕만이 타인에게 폭력을 행사하도록 허용되며 그것도 국가가 정한 규칙에 따라서만 그렇게 하고 있다고 선언함으로써 짐짓 국민을 외부의 공격과 내국인의 폭력에서 보호하는 시늉을 한다. 이론상 민주주의 국가는 국민을 보호할 책임을 지므로 폭력적인 권력을 자국민에게 독단으로 행사하는 일은 있을 수 없는 일이다. 그렇다면 다른 국가의 국민을 대상으로 한 폭력 사용엔 어떤 개념적 안전장치가 있는지는 분명치 않으며, 사실 그 점은 이 책이 다루는 지구적 민주주의 결핍의 한 양상이다.

국민에게 가하는 국가의 독단적 폭력은 성숙한 민주주의 국가에서는 그나마 제한을 받아서, 경찰이 때로 시위자나 소수인종을 두들겨팬다거나 폭력을 써서 용의자의 자백을 끌어낸다거나 정보기관이 이따금 골치 아픈 시민을 암살한다거나 하는 식으로 나타난다. 무정부주의자는 민주주의 국가에서 국가폭력의 빈도나 강도가 상대적으로 낮은 것은 국민이 국가의 법규에 찬성하기 때문이라기보다 국민 대부분이 국가에 복종한다는 사실을 반영한다고 말할 것이며, 이 주장은 일리가 있다. 만일 국민이 자기가 원하는 대로 행동하는 편에 더 가깝다면, 달리 말해 그들이 더 자유롭다면 그에 상응해 국가폭력도 더 늘어날 것이다.

민주주의 국가가 다른 나라의 폭력에서 자국민을 언제나 보호해주는 것도 아니다. 국민의 지지를 받는 정부가 외부의 공격으로 물러난 예가 최근에도 적잖다. 자기들이 공감허는 파벌이 적대하는 파벌을 공격할 때 국가기관이 나 몰라라 하는 경우 또한 많다. 최근 인도에서 발생한 이슬람교도에 대한 공격에서 경찰과 군인은 그저 관망하거나 때로 부추기기도 했다. 나도 경험한 적이 있는데, 영국에서는 시위자가 사설 경호원에게 맞아도 경찰은 대개 개입하지 않는다.

하지만 이 체제는 (이제까지는 국가가 다른 나라의 국민을 공격하는 것을 막지 않았다는 중대한 단서를 달고 말하자면) 최소한 이론적으로는 제대로 기능한다. 국가가 독단적 폭력을 행사하거나 혜택받는 특정 시민의 폭력을 용인하는 것 둘 다 국민이 권력을 제어하여 맡은 책임을 다하도록 만들지 못한 탓이라는 주장이 성립하는 것이다. 성숙한 민주주의 국가에서는 폭력의 희생자나 그를 지원하는 사람들의 효과적인 캠페인이 대중을 당황하게 하고 선거에서 불리하게 만들어 정부를 물러나게 하는 일이 가능하다. 실제로 그런 일이 일어났다. 북아일랜드가 또 한 번의 '피의 일요일'Bloody Sunday●을 겪는다거나 프랑스 정보기관에 의해 '레인보우 워리어'Rainbow Warrior●호가 또 한 번 침몰하는 일은 결코 있을 수 없거나 있을 수 없다고 믿게 된다. 민주주의 국가가 보여주는 이와같은 억제력은 오로지 대중의 지지를 잃고 그리하여 권력을 잃을지도 모른다는 두려움이 있기 때문에 존재한다.

막강한 힘을 가진 초강대국만이 외부의 공격에서 확실히 국민을 보호할 수 있지만● 국민의 뜻에 부응한다면 그보다 힘이 약한 국가라도 비동맹 자주공동체보다는 훨씬 더 잘 국민을 보호할 수

●1972년 1월 30일 북아일랜드 데리에서 영국 군대가 비무장 평화시위대를 향해 발포하여 다수의 사상자를 낸 사건을 말한다—옮긴이.
●그린피스에 소속된 선박에 붙여진 이름으로, 첫번째 레인보우 워리어호는 폴리네씨아에 있는 프랑스 핵실험 기지 일대의 시위 항해를 앞두고 1985년 7월 뉴질랜드 오클랜드 항에서 침몰당했다—옮긴이.

있을 것으로 보인다. 실상 로마제국이나 2,000년 후의 대영제국이 그처럼 빠르게 확장한 이유 중 하나는 그들이 공격한 종족 중 다수가 국가로 통합되기는 했어도 관계가 느슨했거나 아니면 아예 통합되지 않았기 때문이다. 니까라과라는 국가가 없었다면 미국이 지원한 용병이 즉각 그 지역을 장악하고 그곳 주민의 토지와 자원을 빼앗았을 것이다. 니까라과의 싼디니스따 정부는 미국보다 훨씬 약했지만 독창적인 조직을 만들어 수년간 더 강한 세력에 저항할 수 있었고 그 기간 동안 다른 국가들과 미국 내 많은 사람들의 지지를 이끌어냈다. 정규군이나 국가가 주도하는 저항과 선전이 용병과 맞서지 않았더라면 최종 결과가 더 억압적이었으리라는 점은 거의 확실하다.

그에 비해 무정부주의는 최소한 이론적으로 원활히 작동되는지조차 확실치 않다. 이 모델의 문제는, 앞서 개략적으로 살펴본 이유들로 인해 보편적으로 적용되든지 아니면 자원이 부족해서 다른 어느 누구도 살고 싶어 하지 않는 지역에서만 적용되든지 둘 중 하나다. 다시 말해, 국가가 존속한다면 상대적으로 무방비 상태인 사람들에게서 자기들에게 득이 될 자산을 빼앗을 것이다. 가치 있는 자원을 소유한 무정부주의 공동체는 접근이 용이한 지역에서 때로 단기간 생존할 수가 있고 통행이 불가능한 외딴 지역에서는 더 오래 생존할 수 있다. 공동체의 설립은 종종 해방 그리고 공동체 내의 재분배를 의미한다고 여겨졌다. 그러나 이들 공동체는 군대를 지휘할 정도로 크고 선진 군사기술을 활용할 만큼 부유

●2001년 9월 뉴욕과 워싱턴에 가해진 공격이 보여주듯 초강대국조차 완전히 안전하지는 않다.

한, 보통 국가라 부르는 동맹의 공격에는 언제나 취약하다.

그렇다 하더라도 많은 무정부주의자의 주장에 따라 이 체제가 어떤 식으로든 세계의 모든 국가를 동시에 추방한다고 가정해보자. 그다음에 드러나는 문제는 바로 이 보편성이 무정부주의자가 방어하고자 하는 자유를 파괴한다는 점이다. 특정 정치체제를 지지하는 사람들이 대부분 그렇듯 무정부주의자는 자신들과 대체로 비슷한 사람들을 상정하고, 이 체제가 그들의 요구에 부응하리라 본다. 대부분의 무정부주의자는 피압박 공동체와 연합하며, 억압받는 사람들이 스스로를 박해에서 벗어나는 데 쓸 수단이 바로 무정부주의라 여긴다. 하지만 모두가 국가의 강압적 권력에서 자유로워진다면 거기엔 피억압자뿐 아니라 억압자도 포함되어야 한다. 지리적 공동체든 이익공동체든 세계에서 가장 부유하고 강력한 공동체 역시 가장 가난하고 약한 공동체만큼이나 외부의 힘에 제약받지 않게 되는 것이다.

비록 양측 모두 격렬히 부인하지만 보편적으로 적용될 경우 시장근본주의와 무정부주의의 결과가 일치하는 이유가 바로 이 때문이다. 무정부주의자는 피억압자와, 시장근본주의자는 억압자와 연합하지만 (시장근본주의자 전부가 아니라 단지 일부가 바라는 대로) 어느 쪽이건 국가를 제거하면 강자가 약자를 뭉개는 일을 막을 제약요소를 제거하는 결과를 낳는다. 물론 시장근본주의에서는 이 점이 핵심을 이룬다. 하지만 그것은 또한 무정부주의의 불가피한 귀결이기도 하다. 이를 상상하기가 힘들다면 가난에 찌든 흑인 공동체가 무장한 백인 인종주의자 공동체와 나란히 살아가는 일을 한번 그려보라. 인류의 절대다수가 자유로워지기 위해서는 우리를 억압할 자들의 자유를 제약해야만 한다.

여기서 무정부주의자는 또 한 번 엄청난 믿음의 비약을 감행할 것이다. 그들은 요술을 부린 듯 모든 곳에서 국가를 사라지게 만든 다음, 국가가 없는 상태에서 어떻게 그런 일이 가능한지 납득할 만한 설명도 없이 공동체간의 부와 권력의 불평등을 제거할 수 있고, 따라서 한 집단이 다른 집단을 억압할 수단은 없다고 주장한다. 그러나 백번 양보해서 이런 일이 가능하다 쳐도 그마저도 부적절하다고 판명될 것이다. 설사 모든 공동체가 자원에 대한 동등한 권리를 가진다 하더라도 만일 한 집단이 다른 집단을 침략하여 더 많은 자원을 얻으려고 한다면 무정부주의 체제에는 이를 막을 방도가 없다. 실제로 아프리카의 수단, 에티오피아, 우간다, 케냐의 접경지대에 사는 유목민 사이에서는 바로 이런 일이 거의 끊임없이 일어나고 있다. 이들은 수천 년의 조직화 경험이 있으며 자원을 관리하고 분쟁을 해결하는 데는 서구의 의식적 꼬뮌보다 훨씬 세련된 수단을 지닌 고전적인 무정부주의 공동체다. 거주지역의 생태계가 불안정하고 그에 따라 부의 축적을 유지할 능력이 없는 탓에 그들은 부족 성원끼리 협력할 수밖에 없다. 대체로 이들은 중앙정부에 의해 방치되었다고 할 수 있다.

같은 부족간의 충성심은 흠잡을 데 없지만 다른 종족의 가축이 자신들의 방목구역으로 들어오거나 방비가 허술하다 싶으면 언제든 무장을 갖추어 그것을 훔치려 든다. 이러한 약탈은 특히 근대 무기가 들어온 이래 대단히 잔혹해졌다. 케냐 북서부의 투르카나족과 일할 당시 소 목축지를 방문하기로 했다가 아파서 일정을 미룬 적이 있다. 나중에 그곳에 가보니 남아 있는 것이라곤 하이에

나에게 물어뜯긴 부족민의 시신과 사바나 지역 여기저기에 널린 두개골 그리고 옷 조각뿐이었다. 밤에 다른 부족의 전사들이 들이닥쳐 목축지를 둘러싸고 총을 쏘아댄 것이었다. 부족민 98명 중 96명이 살해되었다.[22]

이에 대해 무정부주의자는 근대 무기가 우애를 타락시킨 것이라 답할지도 모른다. 자동무기가 분쟁을 격화시킨 점은 의문의 여지가 없지만, 개머리판을 잡을 때 전해오는 감전된 듯한 전율을 경험하기 훨씬 이전에도 이들 무정부주의 공동체는 권력의 균형에서 자기들이 유리하다고 생각할 때는 언제든 적을 살해했다. 실제로 또 다른 무정부주의 부족인 마사이족은 현재 투르카나족이 거주하는 지역에 출현한 지 한 세기도 채 안돼 창과 칼로만 무장한 채 지금의 케냐 중남부와 탄자니아 북부의 목축지 거의 전부를 빼앗았다. 따라서 무정부주의자는 국가와 탐욕과 부와 권력을 처리해야 할 뿐 아니라 다른 사람을 해치는 데 사용될 모든 무기를 회수할 필요도 있을 것이다. 폭탄과 자동소총뿐 아니라 르완다의 대학살이 보여주듯 한쪽을 날카롭게 만들거나 두들겨서 뾰족하게 만들 수 있는 모든 금속, 돌, 나뭇조각까지 말이다. 결핍과 경쟁에 대해 우리와는 정반대로 반응하는 생명체가 사는 행성에서라면 그들의 조직이 어쩌면 완벽한 정치체제일지도 모른다. 하지만 아쉽게도 그 체제는 이곳에 사는 생명체를 고양시킬 운명은 아니다.

그러므로 정부를 없애는 일은 실행 불가능하고, 궁극적으로 허용되어서도 안된다. 공산주의 정부의 존속은 인간의 온갖 범주를 없애는 한편 책임지지 않는 독재자의 손에 권력을 쥐여주는 데 의존하는 듯하다. 또한 오늘날 지구적 차원의 통치로 통용되는 기득권 세력의 독재도 억압적이고 부당하다. 따라서 이제껏 모든 정치 철학자가 간과한 다른 체제가 출현하지 않는 한 우리에게 남은 것은 민주주의뿐이라고 결론지을 수밖에 없다.

국민에게 권한을 위임받고 그들을 책임지며, 강자가 약자를 억압하는 것을 막고 온갖 지위의 사람이 서로의 차이를 폭력으로 해결하지 못하게 하는 일을 주된 목표로 삼는 제도에 의해 중개되지 않는다면 민주주의는 달성될 수 없다. 그런 제도를 통칭하는 집합명사가 정부다. 따라서 종류가 어떠하든 민주주의 정부가 우리가 그려볼 수 있는 가장 덜 나쁜 제도인 듯하다. 가장 덜 나쁜 체제를 만들어내려는 시도가 우리가 얻고자 애쓰는 최고의 이상이라는 점은 인류의 불행한 운명이다. 하지만 민주주의는 우리가 추구하는 동의의 시대를 가져올 유일한 체제다. 민주주의 통치가 무정부주의보다 정의를 실현하기에 적합한 이유는 그것이 강제능력을 가졌기 때문이다. 즉 국가의 강압조치를 사용하여, 부와 권력을 가진 이들이 나머지 사람을 억압하지 못하게 저지할 수 있는 것이다.

민주주의가 절충을 통해 동의를 이끌어낸다는 건 이런 긍정적인 의미에서만은 아니다. 정착된 지 오래된 민주주의 사회에서는 그 체제가 현재 생존하는 사람들이 태어나기 전에 이미 존재했으므로 누구도 자신이 살아가는 그 체제에 자발적으로 동의한 적이 없다. 몇몇 신생 민주주의 국가에서는 현재 선거 연령대의 인구 대부분이 그 정치체제의 형성을 지원했을지는 모르지만 아직 성인이 아닌 사람들의 의사까지 고려한 것은 아니다. 후속 세대는 원하든 아니든 부모들이 승인한 구조를 계승하기 쉽다. 물론 우리는 개혁을 위해 투표할 수 있고 대표자를 설득해 헌법을 고치게 해볼 수도 있지만 시민의 의사에 가장 부응하는 민주주의 체제에서도 국가를 해체하도록 투표하는 일은 허용될 법하지 않은데, 이는 권력을 가진 많은 사람이 국가를 유지하는 데 이해관계를 가진 탓도 적잖다. 맑스의 말대로 "인간은 자신의 역사를 만들지만, 자신이 만들어낸 환경에서 그렇게 하는 것은 아니다."[23]

더 문제는 설사 우리가 체제를 바꾸고 대부분이 그 변화를 승인한다 해도 그렇게 하지 않을 사람도 언제나 있을 것이란 점이다. 그렇지만 그들도 결국 동의하고 다수의 뜻에 따라야 한다. 체제에서 벗어나고 싶은 사람도 그렇게 하도록 허용하지 않는다는 것이 민주주의 질서의 난점이다. 하지만 이는 불가피한 일로, 그렇게 해야만 불충분하게나마 우리를 착취에서 지켜주는 법적 제약에서 권력자가 요리조리 빠져나가는 일을 막을 수 있다. 그렇다고 해서 동의하지 않는 규칙을 어길 수 없다는 뜻은 아니다. 실제로 지구적 정의운동에 몸담은 이들 다수가 이따금 정치적 목적을 위해 형사상 손해, 치안방해 및 교란에 관한 법률을 위반하고 그러면서도 도덕적으로 정당하다고 믿는다. 하지만 민주주의 국가를 유지하려면 국가가 이를 막으려 한다는 점을 당연시해야 한다. 물론 흔히 그렇듯 법이 권력자를 특별 대우할 때는 법을 바꾸기 위해 시민 불복종을 실행할 수 있다. 그러나 법체계와 법 앞의 평등이라는 가정이 없다면 약자가 제도적 방어장치를 갖지 못하게 된다.

하지만 민주주의가 다른 정치체제에 비해 더 합의에 의거했다고 할 수 있는 또 하나의 근거는, 민주주의가 적어도 원칙적으로는 반대의견의 기회를 제공하는 유일한 체제라는 점이다. 그것은 거슬리는 정책과 이데올로기에 불만을 표하고 그에 반대하여 투표하며 피 흘리지 않고 그것을 뒤엎는 일을 허용한다. 어떤 다른 체제도 이렇게 하지 않는다. 정통 맑스주의 정권은 반대파를 도무지 용인하지 못했다. 무정부주의 체제는 반대파가 공동체를 떠나 다른 곳에 합류할 기회를 줄 뿐 아니라 공동체 내부에서도 상당한 운신의 여지를 제공하는 듯하지만, 우리를 박해에서 보호해주지 못하기 때문에 다른 사람의 폭력에 반대할 유일한 수단은 우리 자신이 더 큰 폭력을 갖는 길밖에 없다. 만일 우리가 덜 효과적인 무기를 가졌거나 더 작은 공동체에 속한다면 반대는 무의미할 것이다. 다른 한편 기득권 세력의 독재는 기득권을 대표하는 자들에게만 반대의 기회를 제공한다.

민주주의 체제 자체에 중대한 위험이 내재되지 않았다는 말은 아니다. 가장 뚜렷한 위험은 다수의 독재다. 민주적으로 선출된 정부가 운영하는 국가가 다수의 동의를 얻어 소수자를 박해한 사례는 많다. 가중투표제나 특별협의권처럼 이 위험을 막는 이론적 방어기제도 허약하며 자체의 문제점, 가령 (정치체제를 이해하기 힘들게 하고 그래서 책임을 벗어버리기 좋게 해주는) **복잡성**과 (피억압자를 보호하기 위해 만든 법이 소수 억압자에 의해 이용될 수 있다는 점에서) **정의**定義의 문제를 새로 만들어낸다. 하지만 이 점과 관련하여 민주주의는 이론보다 실제에서 더 잘 작동하는 듯하다. 최근 극우세력의 약진이 있기는 했지만 대부분의 민주주의 국가에서는 점차 인종과 소수 종교집단, 동성애자, 사생아 그리고 여타의 피억압 집단을 공식 인정하는 경향을 보인다. 예를 들어 이슬람 신정국가에 대해서는 같은 이야기를 할 수 없다. 국민이 통신기술을 이용할 수 있는 민주주의 국가는 이런 측면에서 자기 개선을 이룬다고 하겠는데, 소수자가 다수에게 스스로를 설명할 수 있는 정치공간을 제공하기 때문이다.

또 다른 분명한 위험은 의사결정 과정의 허술함과 조잡함이다. 대의체제에서 선거는 한두 개의 쟁점으로 결판이 나기 쉽지만 선거에 나선 정당은 거의 모두 수십 개의 정책을 갖고 있다. 따라서 하나의 정당을 택하면 정책의 꾸러미를 고르는 셈이 되며, 그 가운데 일부는 마음에 들지 않을 수도 있다. 또한 대의체제는 수정의 가능성을 조금밖에 허용하지 않는다. 하나의 정책이 일반의지에 너무 거슬려서 정부의 생존을 위협할 수 있다면 그 정책은 폐기될 가능성이 크다. 하지만 이것은 안전장치로는 불충분해서 비록 몇몇 사람에게 유난히 해롭거나 대부분의 사람에게 어느 정도 해롭다 하더라도, 특히 너무 복잡해서 함의가 무엇인지 따져보려는 사람이 거의 없을 경우, 대부분의 정책이 정부 전체를 위협할 만큼의 반대를 불러일으키지는 않을 공산이 크기 때문이다. 이 점은 대의체제에 참여민주주의의 한 요소를 도입함으로써 다소 개선될 수 있으나, 4장에서 살펴보겠지만 이 또한 자체의 한계를 갖고 있다.

민주주의의 세번째 주요 문제점은 압제자를 제지할 능력이 있는 체제는 피억압자를 제지할 능력도 가진다는 점이다. 부와 권력을 가진 사람이 우리의 삶을 망가뜨리지 못하게 하려면 그들을 누를 수 있을 만큼 강한 정부가 필요하지만 그들을 누를 만큼 강한 정부는 우리를 누르기에도 충분하다. 거꾸로, 체제가 피억압자의 뜻에 충실히 반응한다면 압제자의 뜻에도 마찬가지로 반응할지 모른다. 물론 이것은 모든 민주주의 체제의 핵심에 놓인 거대한 모순이며, 운동에 참여한 많은 사람이 당연히 우려해온 점이다. 지난 몇 년 동안 각 국가는 국민을 규제하는 일에 점점 더 기꺼이 나서는 반면 기업을 규제하는 일에는 점점 소극적으로 되고 있다. 이 책이 다루고자 하는 문제 가운데 하나가 바로 이 점이다.

이렇듯 민주주의는 뚜렷한 결점을 갖고 있으나 두 가지 큰 장점도 갖추고 있다. 사실상 민주주의는 자체 개선의 잠재력을 가진 유일한 정치체제다. 우리는 우리의 대표자를 죽이지 않고도 자리에서 몰아낼 수 있다. 그 정도까지 가지 않더라도 그들이 자리에 있는 동안 그들의 행동에 영향을 끼칠 수도 있다. 민주주의는 집단행동에서의 자기 개량 실험이라 해도 좋을 것이다.

두번째는 민주주의가 사람들을 정치로 끌어들일 잠재력을 가졌다는 점이다. 정치적으로 활발해질수록 시민은 국가의 운영방식에 더 많은 영향을 끼칠 수 있다. 국가를 변화시키는 일에 더 많이 성공할수록 그들이 계속해서 정치적으로 활동할 가능성도 커진다. 불행히도 많은 민주주의 국가에서 이 과정은 정반대로 가고 있는 듯하다. 경쟁하는 정당이 (부분적으로는 권력이 지구적 영역으로 옮겨감으로써 시작된 제약의 결과로) 정치적 선택을 제공하는 일이 줄어듦에 따라 시민은 정부에서 소외되고, 이는 다시 정부가 국민에게서 더욱 멀어지는 결과를 낳는다. 정치적으로 구심이 되어야 할 체제가 오히려 원심작용을 하게 된 것이다.

그렇다면 국가 차원에서 민주주의를 옹호하는 일은 다른 체제를 옹호하거나 이 점에 관한 한 체제의 부재를 옹호하는 일보다 더 절박하다고 하겠다. 민주주의가 국가를 운영하는 최상의 방식이라는 데 동의한다면, 그것이 세계를 운영할 최상의 방식이 못될 이유가 없다. 사실 가장 시급히 해결해야 할 지구적·국제적 문제의 다수가 지구적·국제적 민주주의의 부재에서 나온다는 사실은 분명하다. 국가가 전쟁에 돌입하는 과정은 민주주의 모델보다 무정부주의 모델에 더 가깝다. 이전의 다른 초강대국 정부와 마찬가지로 미국 정부는 국민('자율공동체')이 위임한 국내의 통치권을 가지고 세계를 지배할 권한을 주장했다. 무정부주의 모델의 강력하고 잘 무장된 공동체와 꼭 마찬가지로, 이 정부는 다음 순위의 강대국에 대항하여 자기들과 동맹관계를 맺지 않았거나 요구에 유순하게 굴복하지 않았거나 폭력을 사용하여 저항에 성공하지 못한 세계의 곳곳에서 폭력과 몰수를 수단으로 삼아 자신의 지배권을 확대한다. 달리 말해 한 국가 내부의 민주주의적 제어수단은 그 국가가 약한 나라를 공격하는 일을 막지 못한다.

또한 이 선언이 주장해온 대로, 어떤 쟁점은 인류 전체에 영향을 미치지만 그 해결책은 국민국가에 의해 중개되고, 그 때문에 많은 문제가 야기된다. 그 첫번째는, 특별한 이해관계에 지배되는 강한 정부가 자신들의 의사를 나머지 세계에 강요할 수 있게 된다는 점이다. 몇몇 경우에 이런 정부는 국내의 이해관계에 이끌려 대체로 인류에 재난이 될 상황을 스스로에게 유리하다고 인식한다. 예를 들어 석유회사가 제공하는 자금 덕에 선출된 정부는 화석연료의 사용을 장려할 법하다.

지구적 쟁점이 국민국가에 의해 중개될 때 생기는 두번째 문제는, 설사 모든 정부가 동등한 발언권을 가진다 하더라도 우리가 그들의 결정에 영향을 미칠 능력은 묵살된다는 점이다. 전시戰時를 제외하면 지구적·국제적인 쟁점이 국내 선거에서 주요 사안으로 등장하는 경우는 거의 없다. 우리는 당연히 한 국가의 정부로서 국내문제를 다루라고 그들을 선출한다. 지구적 쟁점에 대한 우리의 반응이 어떤 것인지 결정하는 별개의 절차가 없다면 최선의 의도를 지닌 정부조차 국가의 의사를 평가하고 대표할 효과적 수단이 없다. 이 문제는 흔히 '복사複寫민주주의'로 묘사된다. 민주적 결정이 이루어져서 특정한 정부를 선출한다. 그러면 이 정부는 정부 부서 같은 대행기관에 통치권을 위임해서 정책을 세우게 하고, 대행기관은 국제회의에서 정책을 주장하기 위해 대리인을 파견한다. 각각의 이런 '복사' 단계를 거치면서 민주주의는 점점 더 흐려지고 판독하기가 어려워진다. 국민투표로 이런 문제가 일부분 해소될 수도 있지만, 정부는 여전히 우리와 지구적 정책 사이에 여과기로 작용한다. 더구나 우리는 다른 나라 정부가 자국민의 여론을 수렴하리라고 장담할 수 없다. 국민의 의견을 고려한 정부가 그렇지 않은 정부에게 투표로 패할 수도 있다.

세번째 문제는 국민국가에 의해 중개되는 바람에 인류 전체가 하나라는 느낌이 줄어든다는 점이다. 그래서 지구 위의 모든 사람에게 영향을 주는 문제를 국가의 이해관계가 걸린 문제로 다루도록 부추기고 다 같은 인류라는 인식을 감소시킨다. 이에 못지않게 중요한 점으로, 지구적 차원의 민주주의 결핍은 국가 차원의 선택 결핍으로 이어진다. 개별 국가의 정부는 자국민의 의사에 부응할 자유를 가진 듯 행동하고자 하지만 지구적·국제적인 권력을 소유한 자가 (4, 5, 6장에서 설명할 수단에 의해) 부과한 정책에 속절없이 질질 끌려가게 될 것이다. 지구적 변화가 없다면 국가 내의 변화도 불가능하다.

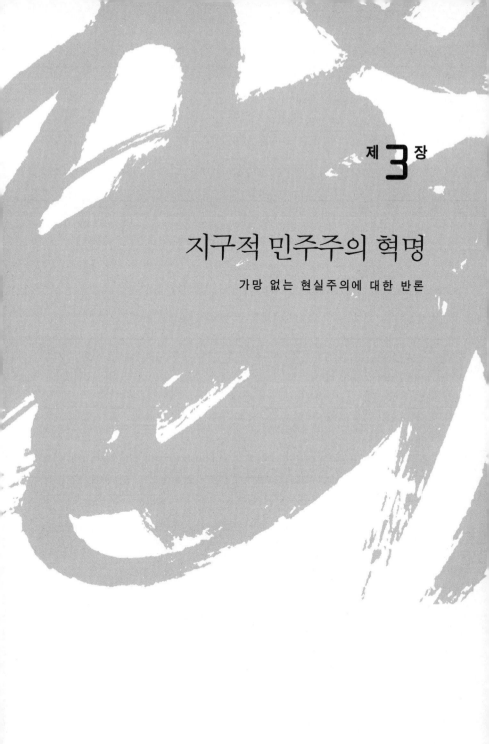

제 **3** 장

지구적 민주주의 혁명

가망 없는 현실주의에 대한 반론

3

세계가 운영되는 방식에 이의를 제기하는 사람들은 대부분 권력이 어떤 민주적 통제도 없는 영역으로 이동하는 문제에 관해 어렴풋이나마 알고 있다. 지구적 정의운동에 몸담은 민주주의자들은 이 문제를 다루는 데 많은 노력을 바쳤다. 이들은 두 진영으로 나뉜다. 한 진영은, 민주주의가 전혀 없는 (지구적이고 국제적인) 영역에서 정치를 빼내어 우리가 어느 정도 정치적 통제권을 쥐고 있는 영역으로 되돌려놓음으로써 그것을 다시 민주적으로 만들고자 하는 사람들이다. 이들은 세계화 자체가 문제라고 보며, 국내 민주주의의 재활성화는 세계화를 봉쇄 혹은 역전시키는 데 달려 있다고 믿는다. 다른 한 진영은 이런저런 수단을 통해 세계화의 민주화를 추구하는 사람들이다.

전자의 진영에서 가장 널리 퍼진 그리고 가장 가시적인 접근법은 '지역화'로 알려진 전략이다. 무역이론가 콜린 하인즈 Colin Hines 는 같은 제목으로 책을 출판했다.[24] 그의 제안 내지 제안 비슷한 것들은 몇몇 국가의 녹색당이 정책으로 채택했다. 하인즈는 세계화가 여러 나라의 노동자를 파괴적 경쟁으로 내몰았고 국민국가와 그 국민이 자국 경제를 통제할 수 없게 만들었으며 빈익빈 부익부를 조장한다고 지적했다. 그의 주장에 따르면 보호장벽을 수단으로 "지역에 유리하도록 차별"을 시행함으로써 세계화 경향을 역전시켜야 한다. 수입을 점차 줄여 마침내 모든 나라가 "가능한 한 많은 식량, 상품, 써비스"를 생산해야 한다. 새로운 무역규칙을 도입해 국가가 "산업과 써비스에 대한 지역적 통제를 감소시키는…… 법을 통과시키지" 못하게 해야 하며, 새로운 투자조약으로 "외국인 투자자를 내국인 투자자만큼 우호적으로 대우하는 일을 확고히 금지해야" 한다.[25] 모든 국가는 동일한 노동기준을 도입하도록 국제법으로 강제될 것이다.

그가 제안한 일부 조치는 논란의 여지가 있지만, 그의 목표 역시 모순이며 부당하다. 가장 가난한 나라가 자국의 산업을 보호·육성할 수 있도록 특정 수입품을 자국 경제에서 배제할 수 있게 하자는 주장을 보자. 6장에서 더 논의하겠지만, 현재의 부자 나라는 모두 처음엔 바로 이런 식으로 발전하기 시작했다. 정의에 입각한 논리라면 당연히 부자 나라들이 계속 그런 식으로 발전하도록 허용하지 말아야 한다고 주장할 것이다. 하지만 만일 모든 국가가 자국 경제를 보호하고자 한다면 부자 나라의 부가 줄지는 모르지만 가난한 나라의 가난도 줄지는 않을 것이다. 그의 처방을 따른다면 우리는 가난한 세계를 궁핍한 처지에 가두게 될 것이다. 현재로서는 국가 사이에 부를 이전하기에 비효율적인 수단이지만, 무역은 분배와 관련하여 거대한 잠재력을 갖고 있다. 사실상

이 잠재력은 증가하는 원조의 흐름보다 훨씬 더 큰 것으로, 원조는 부자의 온정주의와 가난한 사람의 의존을 강화할 뿐 아니라 어쨌건 서구의 기준으로 보아 '전략적 중요성'을 지닌 나라에 치중되는 경향이 있다.

그러나 이렇게 말하자니 가슴 아프지만, 비단 콜린 하인즈만이 아니라 지구적 정의운동에 몸담은 부유한 세계의 쟁쟁한 성원들 대부분이 문제에 접근할 때 일관성 없이 이랬다저랬다 한다. 언젠가 나는 어느 강연자가 하인즈처럼 경제정의를 근거로 대부분의 국제무역을 중지할 것을 요구하고는 바로 다음 순간 청중의 질문에 답하여 이라크에 가하는 경제제재를 비난하는 것을 들은 적이 있다. 지구적 정의운동의 거의 모든 성원이 그렇듯, 이라크와 무역을 금지하거나 혹은 쿠바에 내려진 통상금지조치가 그 나라 국민의 삶을 피폐하게 하고 많은 경우 생존을 위협한다는 점을 인정한다면, 지구적 차원에서 대부분의 무역을 중단하는 일이 같은 결과를 훨씬 더 큰 규모로 야기하리라는 사실 또한 인정해야 할 것이다.

많은 지역화론자는 시장근본주의자가 장려하는 것을 그대로 뒤집어놓은 조치를 요구해왔다. 근본주의자에게는 무역이 모든 것의 해답인 반면, 지역화론자는 무역이 그 어떤 것의 해답도 아님을 역설한다. 근본주의자는 어떤 경제도 보호받아서는 안된다고 단언하는 반면, 지역화론자는 모든 경제가 보호받아야 한다고 주장한다. 그들은 근본주의자의 접근이 '모든 것을 하나에 끼워맞춘다'고 정확히 지적하면서도 똑같이 조악한 정책으로 그에 맞선다.

하지만 아마 콜린 하인즈의 처방에 담긴 가장 명백한 모순은 경제적 지역화에 관한 그의 방책이 정치적 지구화의 증대에 전적으로 의존한다는 점이다. 이 점은 그의 책 어디에서도 다루어지지 않으며 심지어 인정되지도 않는다.

그의 모델은 '대안적 투자규약'Alternative Investment Code이나 '지속 가능한 통상을 위한 일반협정'General Agreement for Sustainable Trade 그리고 다소 뜻밖이라 할 '세계지역화기구'World Localization Organization 같은 지구적 조직을 통해 국가가 자체의 경제정책을 수립할 자유를 엄격히 통제할 것을 요구한다. 이런 조직은 자본의 흐름에 대한 지구적 통제, 금융투기에 대한 과세, 지구적 경쟁과 환율의 규정, 가난한 나라에 대한 채무 감면을 조정한다고 되어 있다. 하지만 이런 새로운 지구화가 어떻게 이루어지는지, 그것이 어떻게 민주주의의 책임을 다하는 것이 될 수 있으며, 국가는 어떻게 경제적 상호관계를 끊으면서도 정치적 협력 강화를 유지할 수 있을지에 관해 어떤 실마리도 제공하지 않는다. 말할 필요도 없이 이 모든 새로운 지구적 조치에는 "최대치의 정치권력 이전"과 "지역의 경제 통제권" 포기가 동반되어야 한다.[26]

세계화에서 권력을 되찾을 수단으로 지구적 정의운동 이론가들이 매우 선호하는 것이 또 하나 있는데, 그것은 우리 삶의 일상 패턴을 통제하는 결정들을 바꿔 정부와 벌이는 통상적 정치절차를 무시하고 곧장 지구적 미래를 만들자는 것이다. 『기업 없는 세계』The Post-Corporate World[27]라는 멋진 책에서 개발경제학자 데이비드 코튼David Korten은 권력과 부를 재분배하기 위해 정치운동을 벌이거나 지구적 조치를 시행할 필요를 인정하면서도 초국적기업의 권력과 싸우는 방법으로는 주로 그 기업에서 일하거나 그들의 상품과 주식을 구매 혹은 소유하는 사람들의 행동을 변화시키는 편을 택한다. '깨어 있는 삶'mindful living을 통해 "삶의 창조력을 제약하는 강압적 제도의 질서에서 우리 자신을 해방할 수 있다. ……진정으로 자유로워지기 위해 우리는 자유를 사용할 때 깨어 있는 자기 절제를 실천하는 법을 배워야 한다"는 것이다. 그의 처방은 '소비자 민주주의' '주식보유자 민주주의' '자발적 소박함'으로 요약할 수 있다.

코튼의 말을 빌리면 소비자 민주주의란 "현명한 구매방식은 돈으로 하는 투표와 같다"는 의미다. "자본주의 경제를 굶어죽게 만듦으로써" "깨어 있는 시장을 키울" 수 있다.[28] 달리 말해 돈을 조심스럽게 사용하면 사람들이 착취당하지 않고 환경이 파괴되지 않는 세계를 만드는 데 일조할 수 있다는 것이다.

시장근본주의자가 아닌 다음에야 누구도 돈을 조심스럽게 써야할 도덕적 의무가 있다는 점을 부정하지 않을 것이다. 노예제가 옳지 않다고 믿는다면 노예제에 기대어 유지되는 기업을 이롭게 하지 않도록 주의를 기울여야 한다. 또 아마존의 열대우림이 보존되길 바란다면 마호가니 가구를 사는 일을 삼가야 마땅하다. 아마존 일부에서 행해지는 마호가니 벌목은 다른 형태의 파괴행위를 야기하는 일이기도 하다. 하지만 깨어 있는 소비는 세상을 바꾸기엔 너무 미약하고 분산적인 방법이며 (데이비드 코튼이 그런 것은 아니지만) 필요한 정치갈등을 피하고 싶은 사람들에 의해 지나치게 강조된 측면이 크다.

소비자 민주주의의 명백한 문제점은 어떤 사람은 다른 사람보다 더 많은 표결권을 가진다는 점이다. 표결권을 많이 가진, 다시 말해 돈이 많은 사람들은 자신들을 잘 섬겨온 경제체제를 바꿀 의사가 가장 없을 법한 이들이다. 1달러당 투표지 하나라는 제도가 정치문제를 해결하는 수단치고 엄청나게 부당한 방법이라는 근거에서 세계은행과 IMF가 그런 식으로 운영되는 것에 반대한다면, 달러를 많이 가진 사람들의 선의에 기대어 세상을 바꾸겠다는 공식 또한 거부해야 마땅하다. 이같은 가중투표제도에서 돈을 아주 많이 가진 사람들이 내린 결정이 전체적으로 보아 돈을 아주 적게 가진 사람들의 이해를 대변하지 않으리란 점은 분명하다.

더구나 윤리적으로 구매하려는 사람은 자신이 전달하려는 신호가 종종 시장 전체의 소음에 묻혀 사라지는 일을 경험하게 될 것이다. 포장의 낭비가 덜하다는 이유로 특정 브랜드의 비스킷을 거부하고 다른 브랜드의 비스킷을 구매할 수는 있지만 구매하지 않기로 한 비스킷 제조회사에 그 결정을 설명하는 수고를 들이지 않는다면 그 회사는 소비자가 왜 그런 결정을 내렸는지, 심지어 그런 결정이 있었는지조차 알아낼 길이 없을 것이다. 설사 설명을 한다 해도 다른 소비자가 내린 수백의 (혹은 회사 규모에 따라 수천의) 선택과 통합되지 않으면 그 선택은 무익한 일이 될 것이다. 그런데 잘 알려진 대로 이런 소비자 불매운동은 지속되기가 극히 힘들다. 구매자는 대개 지치고 산만하며 넘치는 정보와 상충하는 주장에 압도되게 마련이다. 운동조직의 보고에 따르면 나라마다 1년에 최대 하나 혹은 두 개의 상품 불매운동까지는 효과가 있지만 그 선을 넘어가면 소비자의 힘을 모으기가 어려워진다. 따라서 소비자가 상품을 제약할 수 있는 역량은 제한되어 있다.

우리가 구입하는 거의 모든 상품이 우리에게 도달하기 전에 적어도 한 번은 이미 구매가 된 것이라는 사실은 문제를 더 복잡하게 만든다. 가령 구리시장의 예를 보자. 나는 인도네시아 템바가푸라의 거대한 구리광산에서 서파푸아 토착민이 받는 처우에 반대한다. 수백 명의 주민이 자기 땅에서 강제로 쫓겨났으며 작업을 보호한다는 인도네시아 군인들은 수백 명의 파푸아 토착민을 고문하고 살해했고 광산에서 나온 부스러기 광물은 다른 주민들의 중요한 단백질 공급원인 어업을 망치고 있다. 나는 광산이 아예 문을 닫든지, 그게 아니라면 지역 주민의 동의를 얻어 운영되기를 바란다. 하지만 내가 구리를 직접 사지는 않는다. 내 손에 들어오는 구리의 대부분은 배관공이나 전기기술자를 거치거나 혹은 전기설비의 구성요소라는 형태로 대개 내 눈에 띄지 않은 채 들어온다. 다시 말해, 나는 하나의 가격으로 지불한 한 묶음의 상품과 써비스의 일부로 그것을 구입하는 것이다. 그렇다면 구리시장에 행사하는 나의 영향력이란 다수의 매개단계를 통해 나의 의지를 전달하는 일에 달려 있다. 굳이 낭패를 겪어볼 작정이라면, 전기기술자를 설득하여 회사로 돌아가 회사로 하여금 공급처에 문의하게 한 다음, 다시 이 공급처를 설득해서 제조업자를 방문하게 하고, 다시 제조업자를 설득해서 채굴회사에 청원을 넣어 내가 쓸 구리가 그 지역 주민의 동의를 얻었고 환경에 해를 끼칠 염려 없이 생산되었는지 알아보게 할 수도 있을 것이다.

　설사 이런 요청이 어찌어찌 해서 채굴회사에까지 갔다가 다시 내게 전달된다 해도, 그리고 전기기술자가 진저리를 치며 가버리지 않는다 해도, 내가 얻을 거라고는 구리가 당연히 지속 가능한 방식으로 채굴되었다는 확증 불가능한 답변뿐일 것이다. 결국 나 자신이 성가신 참견꾼이나 탄원자가 된 듯한 느낌만 남을 텐데, 이를 정치역량을 강화할 입지라고 보기는 어렵다. 게다가 템바가푸라의 광산을 폐쇄하거나 광산이 운영되는 방식을 바꾸려는 목표에 전보다 조금이라도 더 가까이 가지도 못할 것이다.

물론 토양협회Soil Association나 삼림관리위원회Forest Stewardship Council 같은 몇몇 조직은 유통의 복잡한 연쇄를 뛰어넘거나 우리를 대신해 특정 제품(앞의 조직의 경우 식품과 목재)이 내세우는 주장만큼 환경친화적인지 직접 점검하여 소비자가 꼬리표를 확인하는 일만으로도 현명한 선택을 할 수 있게 만드는 일을 목표로 삼는다. 하지만 이 단체들이 중요하기는 해도 그들의 영향력은 모든 소비자 민주주의자를 괴롭히는 것과 꼭 같은 속박, 곧 그들은 어떤 반대능력도 갖지 못한다는 사실로 인해 제약받는다. 노예가 생산한 코코아를 사지 않고 공정무역을 거친 초콜릿을 샀다고 해서 다행스러워할 수는 있지만 그런 식으로는 노예무역을 끝장낼 수 없는 이유는 다른 사람들로 하여금 노예제에 기반하여 생산된 초콜릿을 못 사게 막을 수 없기 때문이다. 이건 공정무역의 자발적 실천이 도움이 되지 않는다는 말이 아니고 실제로 가난한 사람에게 부를 나누어주는 역할을 한 것은 사실이나, 다만 그것이 바람직한 행동을 장려하기는 해도 옳지 않은 행동을 중단시키지는 못한다는 의미다.

착취를 막고자 한다면 구매 연쇄의 다른 끝, 즉 착취가 발생하는 그곳에서 시작하는 것이 분명 더 이치에 맞는다. 지역 주민이 템바가푸라의 광산이 문을 닫길 원한다면 그때는 그들을 지원하는 운동을 벌여 더 이상 우리가 사는 구리가 그곳에서 생산되는지 아닌지 마음 졸이지 않게 하자. 바로 그런 방식으로 미얀마에서 서구 기업들을 쫓아냈으며 브라질에서는 마호가니 벌목을 중단시켰고 거대 생명공학 기업인 몬싼토의 운영을 잠깐이나마 막을 수 있었다. 소비자 민주주의는 문제의 근원에 도달하는 데 아무런 수식도 달지 않은 민주주의보다 훨씬 덜 효과적이다. 소비자 민주주의에 지나치게 기대는 것은 우리의 역량을 분산시킨다. 그것은 실제로는 아무것도 하지 않을 때도 마치 무언가 변화를 이루는 것처럼 느끼게 해준다. 또한 한데 모여 굳건해져야 할 때 정치적 행동을 개별화한다.

'주식보유자 민주주의'에 관해서는 좀더 자세히 이야기할 필요가 있는데, 왜냐하면 소비자 민주주의의 단점을 대부분 공유하면서도 매년 회사의 정기총회를 계기로 한데 모여 관심사를 조율할 수 있으므로 깨어 있는 구매자의 역량이 자동으로 집결되기 때문이다. 운동 참여자들은 주식을 산 회사의 업무가 마음에 들지 않으면 엄청난 영향력을 발휘할 수 있지만, 이런 일은 총회에서 그들이 제기하는 항의가 회사의 평판을 손상시키기 위해 계획된 더 넓은 운동의 일부일 때만 가능하다.

데이비드 코튼은 '자발적 소박함'을 "돈 벌기 위해 일하는 데 쓰는 시간을 줄이고, 물건에 덜 치이는 삶을 살며, 사는 일에 더 많은 시간을 쓰는 것"으로 정의한다.[29] 이는 (부자들만 추구할 수 있는 일이기는 해도) 가치 있는 목표지만 정치적 변화로 옮겨질지는 분명치 않다.

코튼은 파괴적 기업에게서 자신의 노동력을 회수하여 스트레스가 적은 직장을 찾고 삶에 더 많은 시간을 쓰는 사람을 찬양한다.

이들 중 다수가 여유 시간을 더 나은 세계를 위한 운동에 사용하지 않겠느냐고 그는 말한다. 확실히 직장에 대부분의 시간과 에너지를 소요한다면 능률적인 운동가가 되기는 쉽지 않다. 모든 부유한 소비자가 지구에 끼치는 영향을 줄이는 일이 시급히 필요하다는 것도 사실이다. 하지만 많은 사람이 그렇듯 코튼의 제안 역시 변화의 영향력을 과장하고 있다.

정치적 견지에서 보자면 자발적 소박함의 전체적 효과는 고용주기의 가속화에 불과하다. 60세나 65세까지 직장생활을 하다가 은퇴하는 대신 많은 사람이 이제는 중년 초반에 그렇게 하고 있다. 그리하여 그들이 실제로 하는 일은 체제를 굴복시키는 게 아니라 그저 더 젊고 더 잽싸고 더 공격적인 노동자에게 자리를 내주는 것이다. 젊은 노동자가 종종 더 쉽게 조종되고 자신들의 활동 영향력에 대한 의식도 더 낮다는 점을 감안하면 이런 사태는 기업의 권력을 위협하기는커녕 도리어 강화할 수가 있다. 노동력을 기업에서 회수함으로써 기업이라는 부문 전체에 타격을 주기 위해서는 모든 사람이 일시에 세계적 규모로 무기한 파업에 돌입해야만 가능하다. 여기서 다시 파업에 동참할 의사가 가장 큰 사람은 직장생활에 건 것이 가장 적은 이들이라는 문제에 다시금 봉착하게 된다.

일단 직장을 그만둔다 해도 '소박한' 삶을 유지하는 데 필요한 저축이나 연금을 제공하는 세력과 싸우는 데 시간을 쓰라는 법은 없다. 실상 자발적 소박함이 내세우는 두 가지 목표, 즉 더 마음 편하고 덜 치이는 삶을 추구하는 것과 더 많은 시간을 정치운동에 바치는 것은 완전히 모순된다. 세계가 운영되는 방식에 조금이라도 의미 있는 영향력을 행사하고자 한다면 '자발적 복잡함'을 택할 필요가 있는 것이다.

'소비자 민주주의'와 '자발적 소박함'은 이를 실행하는 사람에게 손쉽고 고통 없는 과정이다. 앞서 말한 대로 손쉽고 고통 없는 해결책은 심각하게 의심해봐야만 하는데, 왜냐하면 이는 그런 전략에는 아무런 반대도 없다는 것을 암시하기 때문이다. 세계를 변화시키려는 진지한 시도는 어렵고 위험하다. 다시 말해, 해결책처럼 보이는 것이 실상은 후퇴일지도 모른다. 자발적 소박함은 바리케이드라기보다는 수도원처럼 보인다. 실천하는 사람에겐 즐거운 일일지 모르나 고요한 묵상으로는 권력의 감옥을 뒤흔들지 못한다.

세계경제를 지역경제로 대체하려는 시도가 가난한 세계를 가난에 가두고 정치권력의 문제를 얼버무린다면, 그리고 소비자 민주주의와 자발적 소박함이 권력과 맞붙기보다는 권력을 피해간다면, 세계화에서 발을 빼는 방식으로 세계를 다시 민주화하려는 시도는 실패할 운명이다. 운동의 참여자 대부분이 이제 인정하게 되었듯이, 이렇게 되면 우리에게 남은 선택은 단 하나, 즉 세계화를 민주화하는 일이다. 하지만 심지어 여기서도 또 다른 거대한 분열과 마주치게 되는데, 이번에는 개혁론자와 혁명론자 사이의 분열이다. 혁명론자가 현존하는 지구적·국제적 기구를 쓸어버리길 원하는 반면, 거물급 투자가이자 『세계화에 대하여』 *On Globalization*[30]라는 선언문의 저자 죠지 쏘로스 George Soros 같은 개혁론자는 그런 기구 내부에서 일하기를 선호한다.

쏘로스는 가난한 나라를 원조할 기금 마련을 위한 특별인출권

Special Drawing Rights, IMF가 발행하는 금융적립금 같은 조치를 제안하여 IMF가 세계의 빈곤지역 경제에 개입하는 방식을 바꾸고 세계은행 임원들에게는 자신들을 임명한 정부에게서 독립할 수 있게 만들고자 한다. 이 조치들 자체만 놓고 보자면 진보적이라 할 수 있다. 하지만 쏘로스는 이것이 현실적으로 기대할 수 있는 최대치라고 주장한다. "국제금융체제의 주요 구조를 완전히 바꾸자고 부르짖는 일은 비현실적이다. …… 미국은 자신의 입지를 포기하지 않을 것이다. …… 권력자들이 여기에 약술된 온건한 조치조차 고려할 태세가 아닌 상황에서 급진적 해결책을 제안하는 일이 무슨 의미가 있는지 모르겠다"고 쏘로스는 말한다.[31] 다른 많은 사람들처럼 죠지 쏘로스 역시 혁명적 대안이 가망 없는 비현실적 견해라고 보는 것이다.

'권력자가 고려할 태세가 된' 것만 제안할 참이라면 아예 그들이 아무런 제지도 받지 않고 세계를 주무르도록 내버려두는 것과 다를 바 없어 보인다. 죠지 쏘로스가 제안한 IMF와 세계은행에 대한 온건한 개혁조치 그가 손질하려는 바로 그 구조에 의해 가로막힌다. 지금까지처럼 미국은 이들 조직의 어떠한 구조적 변화에도 거부권을 행사해왔다. 지금도 미국은 거부권을 버릴 이유가 없으며 쏘로스도 그럴 만한 유인책을 제안하지 않았다. 따라서 이 조직들은 구조적으로 개혁이 불가능하다.

문제를 바라보는 또 다른 시각은 이렇다. 미국의 행동을 바꿀 새로운 유인책을 발견한 다음 (뒤에서 다루겠지만, 우리가 끌어모을 수 있는 유인책이 한두 가지 있다) 미국이 거부권을 포기하고 세계은행과 IMF의 구조 변화를 허용하도록 설득하기에 충분한 정치적 압력을 결집해낼 수 있다고 가정하자. 그런 다음에는 세계 유일의 초강국이 자신의 패권적 지위를 자발적으로 단념할 수밖에 없게 만들어야 한다. 이런 일이 가능하다면 어떤 일도 가능하다. 그리고 어떤 일도 가능하다면 도대체 무엇 때문에 쏘로스 자신도 "해결해야 할 문제의 거대함에 비추어 보잘것없다"고 인정한 개혁에 만족해야 하는가?[32] 그저 '권력자가 고려할 태세가 된' 듯한 것이 아니라 우리가 원하는 것을 가져다줄 제안을 채택하지 않을 이유가 있는가?

죠지 쏘로스의 '현실적인' 조치들은 가망 없이 비현실적이거나 아니면 가망 없이 소심하거나 둘 중 하나로 판명이 난다. 그 자신도 인정하듯 이런 조치들은 설사 이행이 되더라도 세계의 문제를 해결할 어떤 수단도 제공하지 않는다. 어쩌면 이 조치들을 '가망 없이 현실적'이라고 부르는 편이 더 적절할지 모른다. 이것들은 두 가지 면에서 가망이 없다고 할 수 있는데, 첫째는 변화를 성취하는 수단으로 무용지물이고, 둘째는 희망의 부재를 반영하기 때문이다.

그에 못지않게 중요한 점은 처음부터 지고 들어가는 해결책은 대중의 열정을 끌어내지 못한다는 사실이다. '해결해야 할 문제의 거대함에 비추어 보잘것없는' 해결책을 위해 누가 최악의 경우 목숨을 내놓고 싸우려 하겠는가? 부당한 제도의 개혁은 다만 그 제도의 신뢰성을 높여줄 따름이고 그리하여 부당한 권력의 범위를 한층 넓혀주기 십상이다. 억압받는 이들에게 조금이라도 가치 있는 해결책은 엄청나게 많은 사람이 그저 한때가 아니라 지속적으로 요구할 때만 표면으로 떠오를 것인데, 가망 없어 보이는 해결책이 이런 일을 가능하게 할 리는 만무하다.

19세기에 유럽에서 각 나라의 민주화운동에 참여했던 사람들이 오늘날 지구적 민주화운동에 참여하는 개혁론자와 똑같이 가망 없는 현실주의로 자신들의 임무에 접근했더라면, 권력자들이 보편적 참정권을 허락할 태세가 안되어 있었으니 그들은 대신 '현실적인' 제안으로 해결을 보았을 것이고, 따라서 오늘날 그들의 후손은 여전히, 예컨대 연수입이 5만 달러거나 8만 제곱미터의 땅을 가진 자들만 투표할 수 있고 나머지 덜 가진 자들은 투표권이 없는 상태로 남아 있을 것이다.

어떤 혁명이든 일어나기 불과 몇 년 전에는 '비현실적'이란 평을 들었을 법하고 실제로도 거의 그런 취급을 받은 것이 사실이다. 미국 혁명, 프랑스 혁명, 여성 참정권, 공산주의의 발흥과 몰락, 전세계에 걸친 탈식민운동의 열망은 기껏 기존의 제도를 어설프게 손질하거나, 지배세력에게 약간의 양보를 구걸하는 것이 바랄 수 있는 최상이라고 믿는 개혁론자들의 비웃음을 샀다. 만일 1985년에 당신이 5년 이내에 사람들이 큰 망치를 들고 베를린 장벽을 두들겨부술 거라고 예고했다면 온 세상이 당신의 면전에 대고 웃을 것이다. 지구적 민주주의 혁명도 마찬가지겠지만, 앞에 열거한 혁명 혹은 운동은 모두 대중의 동원과 정치적 의지에 성공 여부가 달려 있었다. 이 요소들이 없었다면 성공할 수 없었다. 이 요소들이 있었기에 어떤 것도 이를 막을 수 없었다.

현실적인 것이란 실제로 일어나는 것을 말한다. 일어나게 만든 순간 그것은 현실적인 것이 된다. 다른 가능성이 사라져가는 이 와중에 지구적 민주주의 혁명은 두 가지 의미에서 유일한 현실적

대안이다. 그것은 기득권 세력의 지구적 독재에서 우리를 해방할 유일한 전략이며, 성공할 가망이 있는 유일한 전략이다. 우리는 강압의 시대에 대항하여 저항의 시대로 맞서왔다. 이는 싸움의 시작이지 끝이 아니다. 이제 동의의 시대를 불러올 때가 되었다.

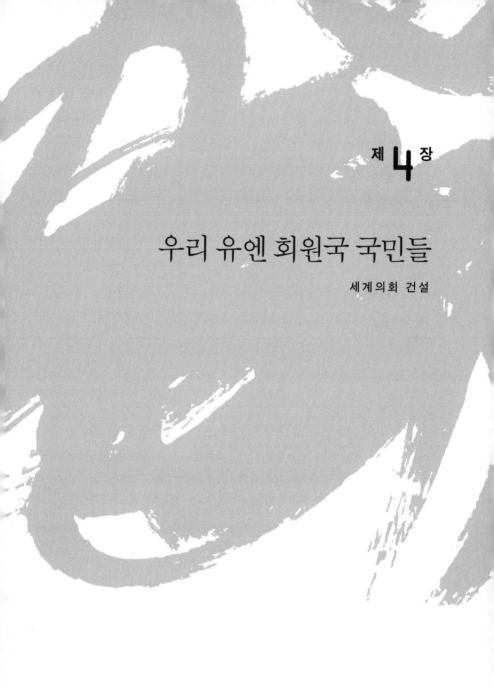

제 4 장

우리 유엔 회원국 국민들

세계의회 건설

4

우리의 지구적 혁명은 사형수 호송차도, 단두대도, 신원을 알 수 없는 무덤도 요구하지 않으며, 수구세력의 앞잡이를 벽에 늘어세워 처형하지도 않을 것이다. 우리 손에는 이미 평화롭고 민주적인 이행수단이 있다. 이런 수단은 세계가 어떻게 운영되는지, 기존의 세계질서가 왜 붕괴될 수밖에 없었는지에 관한 엄정한 분석의 산물이다. 이어지는 세 개의 장에서는 각각 지구적 통치의 한 양상을 중심으로 왜 현체제가 제대로 돌아가지 못하는지를 보여주고, 가능한 대안을 살펴보면서 가장 잘 작동할 것으로 보이는 것을 선택한 다음, 어떻게 부유한 세계의 반체제주의자와 가난한 세계의 시민이 실현 가능한 방책만을 사용하여 강자를 위해 작동했던 체제를 약자를 위한 체제로 대체할 수 있는지 설명할 것이다. 이런 임무 중 첫째는 아마도 가장 시급한 것으로, 전쟁과 평화의 중개수단과 국민국가간의 관계를 바꾸고 강압에 기초해 세워진 세계질서를 민주주의에 근거해 아래에서부터 출현하는 세계질서로 교체하는 일이다.

유엔은 미국, 영국, 소련에 의해 추축국에 대항하는 동맹으로 1941년에 창설되었다. 제2차 세계대전의 진행과정에서 그 범위와 참가국이 확장되어 1945년에는 50개국이 기본 원칙을 담은 선언문, 즉 「유엔헌장」에 서명했는데, 헌장의 목표는 평화와 인권과 국제법을 신장하고 사회발전과 생활수준의 향상을 고무하며 더 이상의 세계대전을 막는 일이었다.[33] 다시 말해 유엔은 최상의 의도로 설립되었다. 하지만 전후 처리의 면면을 둘러싼 동기가 하나같이 그랬듯, 이 의도 역시 그리 고매하다 할 수 없는 몇몇 이해관계와 얽혀 있었다. 어느 나라도 권력을 내놓지 않았고 유엔을 건설한 나라들은 그것이 자기들이 점한 세계적 우위를 훼손하지 않고 강화하도록 신중을 기했다.

이와같은 이해관계는 전쟁 방지 임무를 띤 최상위급 국제단체, 즉 유엔안전보장이사회(이하 안보리)의 구성에 반영되어 있다. 한 나라가 다른 나라를 위협하거나 공격하면 안보리는 이를 멈추도록 강제하는 데 필요한 모든 수단을 사용할 수 있다. 가령 정전停戰 명령을 내리거나 경제제재를 취할 수도 있고, 혹은 최후의 방책으로 유엔 가맹국의 군대가 침략국에 군사행동을 할 권한을 부여할 수도 있다. 국내에서 국가가 자신의 고유 권리로 주장하는 것, 곧 폭력의 독점을 (비록 성공한 경우는 드물지만) 국제적 차원에서 행사하는 것이다.

안보리는 민주주의 국가가 지닌 개념상의 강제수단을 그대로 흉내낸다. 그럼으로써 세계질서가 힘이 아닌 정당함에 근거하도록 수호한다고 주장한다. 전후 청산의 문제점은 힘 있는 자가 무엇이 정당한지를 결정한다는 것이다.

안보리에는 15개 이사국이 있고 그중 10개국은 비상임 의석(2년간 보유하다가 다른 국가에 넘김)을, 그리고 5개국은 상임 의석을 가진다. 5개 상임이사국은 거부권을 가지고 있어서 이 5개국 모두가 승인하지 않으면 안보리는 어떤 결정도 내릴 수 없다. 놀랄 일도 아니지만, 5개 상임이사국은 유엔을 설립한 3개 열강인 미국, 영국, 러시아와 그들의 주요 전시 동맹국인 중국과 프랑스다.• 이들은 유엔이 존속하는 한 누가 침략자이고 누가 침략당한 쪽인지 결정할 능력을 스스로에게 부여했다.

거부권은 부분적으로는 핵무기를 지닌 나라들이 서로 공격하는 일을 막기 위해 도입한 것이다. 예를 들면 소련이 이웃 나라를 위협한다고 결정한 다른 이사국이 군사행동으로 이를 저지하고자 할 경우, 소련은 이 무력을 더 큰 무력으로 맞서겠다고 반응할지 모르고 그렇게 되면 또 한 번 세계대전이 일어날 수도 있기 때문에 거부권을 도입한 것이다. 실제로 냉전기간 동안 소련은 계속해서 거부권을 행사했으며 그 주된 이유는 지배영역을 확장하려는 시도에 다른 나라가 제약을 가하지 못하도록 하기 위해서였다. 그러나 거부권이 안전밸브 기능을 해서 힘없는 나라들이 어느 한 상임이사국의 위협이나 공격을 받거나 받는 일을 묵인하고라도 세계의 평화를 유지한 면이 없지는 않지만, 그것은 또한 권력을 남용하고 정의 실현을 방해할 손쉬운 비법임이 입증되었다.

안보리가 자리를 잡는 과정의 문제점은 권력을 갖지 못한 나라

• 러시아는 예전에 소련이 차지했던 의석을 얻었다. 중국의 의석은 혁명 이후 대만에 넘겨졌다가 1971년에 다시 중화인민공화국(중국 본토)으로 되돌아갔다.

가 권력을 가진 나라의 행위에 책임을 물을 수 없다는 사실이다. 민주주의에 관한 핵심 질문, 즉 감시자는 누가 감시할 것인가 하는 질문에 아무런 답도 내려지지 않은 것이다. 안보리는 본성상 전제적이다. 세계가 운영되는 기존의 방식을 방어하려는 사람들은 냉전 종식 이후 거부권이 거의 행사되지 않았으며,● 이론상 이것을 (2003년에 프랑스와 러시아가 시도한 대로) 다른 이사국의 독단적 공격에서 세계를 보호하기 위해 사용할 수 있다고 지적하지만, 중요한 사실은 안보리가 내리거나 내리지 않은 모든 결정에 거부권의 위협이 영향을 미친다는 점이다. 예컨대 다른 이사국은 미국이 거부할 것이 뻔한 결의를 준비해봤자 아무 소용도 없음을 너무 잘 알고 있다. 이리하여 미국 그리고 미국만큼은 아니지만 다른 상임이사국 역시 묻지 않고도 자신들의 의사를 실현할 수 있다.

다른 나라들이 상임이사국에 책임을 물을 도리가 없으므로 이들(더 정확히는 유엔의 형성 이래 진짜 권력을 휘둘러온 두 상임이사국)은 유엔이 설립 취지로 내세운 원칙 전부를 간단히 무시할 수가 있다. 1945년 이래 미국은 200차례도 넘는 군사작전을 개시했으며[35] 그중 대부분은 세계평화를 고취하는 일과 무관하고 자국의 정치적·경제적 이해를 증진하기 위해 행한 것이다. 소련은 무력폭동을 후원하고 때로 직접 침략도 감행한 자신들의 행위에 다른 이사국이 간섭하지 못하게 하려고 계속해서 거부권을 행사했다. 5개 상임이사국은 또한 무기 판매에서도 다섯 손가락에 드는 나라여서, 안보리가 막아야 하는 분쟁의 상당수를 악화하는 데

●거부권은 1990년에서 2001년 사이에 11번 행사되었다. 이 중 6번은 팔레스타인에 대한 이스라엘의 처사를 제지하려는 결정에 반하여 미국이 행사했다.[34]

간접 책임이 있다. 위협을 어떻게 처리할지 결정할 배타적 권력을 지닌 다섯 나라가 세계에 가장 심각한 위협을 제기하는 다섯 나라인 것이다.

널리 알려진 것은 아니지만 안보리의 권한이 평화의 관리에 한정되지 않는다는 사실이 문제를 더욱 복잡하게 만든다. 「유엔헌장」은 5개 상임이사국에 유엔의 구조개혁에 관한 거부권도 부여했다.• 총회의 다른 모든 가맹국이 유엔의 운영방식을 바꾸는 데 투표했다 하더라도 이 결정은 단 하나의 상임이사국에 의해 기각될 수 있다. 다섯 나라 중 어느 한 나라라도 유엔 사무총장의 임명,• 국제사법재판소의 법관 선출, 유엔의 새로운 가맹국 승인을 저지할 수 있는 것이다.[36]

이 체제에서 이득을 보는 측은 그것이 다만 권력의 현실을 반영하고 있을 따름이고 5개 상임이사국은 거부권 행사가 아니어도 뭔가 다른 수단을 찾아내 다른 나라가 자신들의 지시대로 움직이도록 강제할 거라고 말한다. 이는 의심의 여지가 없는 사실이나, 안보리의 설립방식이 지닌 문제점은 권력의 현실을 완화하기보다 오히려 심화한다는 데 있다. 안보리는 상임이사국의 이해관계가 걸려 있을 때면 언제든 이들에게 나머지 세계의 평화와 정의 추구를 막을 즉각적이고 손쉬운 수단을 제공한다. 이와같은 특별권력 때문에 모든 가맹국이 평등한 한 표를 갖는 유엔총회는 무력해졌다. 안보리의 상임 의석을 갖지 못한 186개 회원국은 세계의 정당

• 제108조와 109조.
• 일례로 1996년에 미국은 부트로스 부트로스갈리(Boutros Boutros-Ghali)의 사무총장 재임명을 가로막았다.

한 운영방식을 놓고 이러쿵저러쿵 불만을 표시할 수는 있지만, 그러면서도 진짜 권력은 어딘가 다른 곳에 있음을 분명히 의식하고 있다.

하지만 설사 안보리가 내일 당장 해산되고 그것이 누리던 최고 권력이 총회로 넘어간다 한들 유엔은 여전히 민주주의와는 거리가 먼 상태일 것이다. 다수의 회원국 자체가 민주적이지 않으며 국민의 이해를 제대로 대표한다고 말하기 힘들기 때문이다. 선거로 권력을 잡은 정부조차 국제회의에서 어떤 식으로 투표권을 행사할지 결정하기에 앞서 국민의 의사를 묻는 예는 드물다. 부분적으로는 그 결과로, 총회가 모두의 소유라거나 총회가 내린 결정이 모두의 결정이라는 의식이 희박하다. 공식 모임에서 나는 종종 사람들에게 유엔 대사가 누구인지 아는 사람은 손을 들어보라고 한다. 가장 활발하게 정치활동을 하는 모임에서조차 안다고 하는 사람이 2 내지 3퍼센트 이상 되는 경우가 매우 드물다. 한번은 600명의 박식한 중산층 청중에게 물었는데(문예축제였다) 단 한 명도 안다는 사람이 없었다. 사정이 이렇기에 선출이 아닌 임명으로 직책을 얻은 대사 역시 대부분 그들이 대변해야 하는 국민의 의사보다는 자국의 안보 업무와 관련한 이해관계를 더 의식하는 듯하다.

총회 또한 부패 선거구로 구멍이 숭숭 뚫려 있다. 미국에서는 50만 주민을 가진 와이오밍이 3,500만 인구를 가진 캘리포니아와 같은 수의 상원 대표자를 선출하는 제도가 뭔가 잘못되었다는 점을 널리 인식하고 있다. 하지만 유엔 총회에서는 태평양 투발루 섬의 1만 주민이 10억 인도인과 같은 대표를 가진다. 다시 말해 그들의 인구당 투표수는 10만 배나 더 가중되어 있는 것이다. 총회가 실제 권한을 가진다면 이런 불공평은 중대한 장애가 될 것이며, 화학무기금지기구Organization for the Prohibition of Chemical Weapons나 국제포경위원회International Whaling Commission처럼 실질적인 결정을 내리는 국제기구에서는 지금도 부유하고 강한 국가가 원하는 투표수를 얻기 위해 작고 약한 국가를 매수하고 협박하고 있다.[37]

하지만 세계의 모든 국가가 똑같은 크기이고 그래서 세계의 모든 시민이 고르게 대표권을 가진다 해도, 안보리가 폐지되고 실제 세계에서 어느 나라가 다른 나라보다 더 강하거나 하는 일이 없다 해도, 유엔은 여전히 기본적인 민주주의의 시험대를 통과하지 못할 것이다. 다름이 아니라 유엔의 구조 자체가 이행해야 하는 의무를 감당하지 못하기 때문이다. 유엔은 세 가지 책임을 스스로에게 부여했다. 그중 두 가지는 **국제적인** 의무, 즉 상반된 이해관계를 가진 국가를 매개하는 일 그리고 회원국이 자국민을 대하는 방식을 규제하는 일이다. 세번째는 **지구적** 책임으로, 세계인의 공동 이해를 대표하는 일이다. 하지만 유엔의 실제 구조는 이 기능 중 첫번째만을 이행할 수 있게 되어 있다.

때로 유고슬라비아 연방공화국이 자행한 인종 청소처럼 어느 한 정부가 그 나라 국민에게 잔학행위를 가한다면 유엔 회원국의 거의 전부가 단합해 이를 비난할 것이다. 하지만 이런 일은 다만 그 나라의 행위가 이례적이기 때문에 가능하다. 거의 모든 회원국에는 그들 국민의 이해와 명백히 어긋나는 다른 문제가 있다. 국방비가 두드러진 예다. 민주적 초강대국에서 보잘것없는 군사독재국에 이르기까지 대부분 국가에서 아이젠하워가 '군산복합체'라 부른 이해관계의 총합체가 터무니없는 권력을 정부에 행사하고 있어서, 예컨대 공공보건과 교육에 써야 할 돈이 불필요한 무기에 쓰이고 있다. 하지만 회원국이 단결하여 이런 야바위를 비난하지는 않을 것인데, 거의 전부가 그와같은 행위에 연루되어 있기 때문이다. 국민국가들이 자국민을 대상으로 암암리에 공모한 것이다.

비슷한 이유에서 유엔은 애초부터 세계인의 공동이해를 대변할 수 없었다. 가령 최근 몇 년간 예전에는 건강했던 경제를 파탄내고 가난한 나라의 부채를 엄청나게 늘려버린 금융투기꾼의 자유를 엄격히 제한하자는 강력한 주장이 제기되었다. 하지만 한 나라의 금융자산을 모조리 챙겨나갈 정도로 큰 힘을 지닌 이들 투기꾼은 오히려 세계의 킹메이커 지위로 올라섰다. 오늘날 권력을 잡은 거의 모든 정부는 오직 금융시장이 받아들일 만한 정책만 제시하므로 실상 지구적 자본을 대표한다. 이런 체제에 저항할 만한 집단으로 야당이 있지만, 야당이 집권하면 시장이 어떻게 반응할지 두려워하는 국민이 이들을 선출하지 못하는 상황이다. 이렇듯 자본을 규제하고 다수의 투기형태를 종식시키는 일이 거의 모든 사람의 이해에 부합하지만 전세계 대부분의 정부는 자국민이 고통을 겪고 있음에도 기존의 체제가 썩 잘 들어맞는다고 여긴다. 그러니 국민국가의 의회가 이와같은 역병에서 세계를 구하는 데 필요한 지구적 집단행동을 취할 리 만무하다. 「유엔헌장」의 전문前文은 "우리 유엔 회원국 국민들"이라는 말로 시작된다. 정확히 말하면 '우리 유엔 회원국들'이라고 해야 할 것이다.

유엔이 생긴 이래 이런 비민주적 질서를 완화하려는 시도는 계속 있었지만 기존의 제안 가운데 근본문제를 건드린 예는 드물다.

많은 경우 제안들은 다음의 두 범주에 해당하는데, 하나는 개별국가의 의회가 유엔의 정책에 영향을 끼칠 수 있게 하자는 것이고, 다른 하나는 '시민사회'의 성원에게 자문 역할 내지 하급 의사결정체 역할을 부여하자는 것이다.

예를 들어 1889년에 설립된 회원국 국회의원의 연합인 국제의회연맹Inter-Parliamentary Union은 현재 유엔 경제사회이사회Economic and Social Council에서 '자문기관 지위'를 가지며 WTO에서는 '옵저버 지위'를 가진다.[38] 이는 비록 산만하고 간접적이기는 하지만 전세계 사람들을 일정하게 대표할 여지를 준 것이다. 국내의원에게 가상의 원내 토의공간을 마련해주는 전자국회처럼,[39] 국제의회연맹은 일부 주창자의 말대로 지구적 민주화를 촉진하는 데 기여할 수 있을지 모른다. 하지만 이런 고무적인 조치도 유엔총회의 민주적 잠재력을 억누르는 것과 똑같은 제약을 받는다.

국제의회연맹 혹은 전자국회의 모든 회원은 세 가지 상충되는 압력, 즉 개인적 혹은 지역적인 민원을 해결해달라는 유권자의 요구, 당 노선에 따르라는 당 간부의 요구, 그리고 관심을 가진 의원이라면 지구 차원에서 자신의 의사와 관점을 대표하라는 유권자의 요구를 받는다. 의원들은 대체로 두번째 요구에 부응하리라는 근거에서 당의 공천을 받는 반면, 첫번째 요구에 충실하리라는 근거로 유권자의 선택을 받는다. 이 상충되는 요구로 인해 국제적으로 여러 문제가 야기된다. 그 첫째는 진정으로 국제적인 혹은 지구적인 의원이란 기준으로 비추어볼 때 의원들의 주 관심이 지나치게 국지적인 데 머물기 쉽다는 점이다. 국제적인 연맹에 소속된 회원이라는 지위는 의원의 지역적 관심사에 비하면 부차적일 수밖에 없으므로 취미활동 비슷하게 되고 말 것이다. 유권자의 국내적 요구와 국제적 요구가 상충되면 의원들은 전자에 유리하게 해결할 것이다. 유럽의회 의원이 유럽 각국의 국회의원이 아니라 따로 선출된 의원인 것도 이 때문이다. 두번째 문제는 의원들이 국내정당에 소속된 신분이라는 점이다. 만일 소속당이 의원의 국제활동이 당 정책과 상충된다고 여긴다면 그 활동을 그만두라고 지시할 것이다. 당연히 국내정당의 관심사는 언제나 국내에 한정된 경우가 대부분이다.

　세번째 문제는 의원들이 속한 국제단체가 어떤 것이든 그 단체의 영향력이 활발해지는 순간 강대국이 국내 이해관계를 이용해 그들을 제어하려 할 것이란 점이다. 강대국은 이런 방식으로 약소국 대표들을 길들여왔다. 가령 미국은 1990년, 이라크를 상대로 전쟁을 벌이기 위해 유엔의 결의가 필요했는데 안보리의 비상임 회원국 일부가 반대하자, 싸우디아라비아를 설득하여 공짜로 기름을 제공하게 함으로써 자이르(현재의 콩고민주공화국)와 에티오피아, 꼴롬비아의 표를 샀다. 이리하여 안보리 회원국 중 꾸바와 예멘만 결의에 반대한 꼴이 되었다. 결의가 채택되자 미국 대사는 예멘 대표를 향해 이번이 "당신이 던질 수 있는 가장 비싼 표가 될 것"이라고 말했다.[40] 사흘 후 미국은 예멘에 제공하던 연간 7,000만 달러의 원조를 취소했다. 각국 국내의원으로 구성된 국제조직은 이렇듯 무력해서 무시되거나 아니면 쓸모가 있어서 궤멸되거나 둘 중 하나가 된다.

　그보다 더 심각한 문제는 유엔이 동원하는 잠재 대표의 수에서 발생한다. 민주적으로 선출된 세계의 대표 2만 5,000명 전부가

(혹은 몇이 되었건 그럴 만큼 관심이 있는 이들이) 모든 문제에 투표를 하든지, 위원회 혹은 소위원회에 권한을 이양해야 한다. 이렇게 되면 두 가지 정치적 결과 중 하나에 이른다. 잠재 대표의 수가 방대하기 때문에 책임의 엄청난 **수평** 확산이 일어나거나, 복사민주주의 절차의 결과로 책임의 엄청난 **수직** 확산이 일어난다.● 어느 편이건 유권자는 결국 의회가 내리는 결정에 실제로 영향을 미칠 힘이 없다고 느끼게 된다. 또 다른 명백한 문제점은 대의민주주의 국가에 살지 않는 사람에게는 세계가 운영되는 방식을 결정할 기회가 전혀 없다는 점이다. 아마 이들이야말로 억압적인 자국 정부를 무너뜨리기 위해 그리고 그 정부에게서 얻을 수 없었던 평화와 번영을 확보하기 위해 국제 혹은 지구적 원조를 지구상의 어느 누구보다 더 필요로 할 것이다. 현체제는 이들에게 억압에 맞설 수단을 제공하기는커녕 한층 더 큰 지구적 불이익을 줌으로써 대표권을 이중으로 박탈하고 있다.

이 밖에도 여러 다른 문제가 있기 때문에 유엔의 민주주의 결핍을 '이익선거구'constituencies of interest를 대표하는 방식으로 해결하자고 제안하는 이들도 생겼는데, 이들이 염두에 둔 것은 비정부조직 곧 NGO non-governmental organization다. NGO는 이미 몇몇 국제 조직에서 공식 권리를 부여받고 있다. 가령 유엔 경제사회이사회는 1,500개의 NGO에 '자문기관의 지위'를 주었다. 2000년에 유엔은 NGO의 '밀레니엄 포럼'을 주관했다. 이 포럼의 선언서는 유엔

●수평 확산이란, 결정이 엄청난 수의 대표들로 배분되기 때문에 개별 기여도는 무시할 만큼 작아서 대표 각각에게는 일어난 사태의 책임을 물을 수가 없음을 뜻한다. 수직 확산은 위원회와 소위원회의 모호한 위계 안에서 책임성이 상실되는 것을 말한다.

공식 문서로 채택되었고 포럼 대표자는 유엔 정상회담에 공식 사절로 참석했다. 몇몇 저명한 학자는 유엔과 나란히 존재하면서 유엔이 내리는 결정에 정보와 지침을 제공하는 'NGO 포럼'을 설립하자고 요구했다. 나는 이것이 민주주의에 재앙이 되리라 믿는다. NGO가 세계인을 대표하게 된다면 몇 가지 해결할 수 없는 문제가 생길 것이다. 그중 으뜸은 스스로를 'NGO'라 부르는 모든 단체가 참석하도록 허용하거나, 아니면 누군가 어떤 단체는 나올 수 있고 어떤 단체는 나올 수 없는지 결정해야 한다는 문제다.

만일 스스로 NGO라고 내세우는 모든 단체의 대표가 참석한다면 온갖 이익단체의 각종 하위 파벌이 모두 들어오려 할 것이므로 국제의회연맹의 가치를 손상시킨 책임의 확산현상이 몇 배나 증폭될 것이다. 또한 국제 NGO 포럼의 모든 회원이 하나씩 투표권을 갖게 된다면 가장 부유한 조직(특히 기업이나 기업 로비 단체)은 자신의 이익을 대표할 수백의 서로 다른 NGO를 설립할 능력이 되니까 사실상 금권정치를 확립하는 셈이다. 말할 필요도 없이 그런 포럼은 너무 비대해서 도무지 의사결정을 내릴 수가 없을 것이다. 한편 이익단체 부류별로 하나의 표가 할당된다면, 가령 외계인이 인류의 조상이라 주장하는 (극소수의 자그마한) NGO의 대표도 거대한 개발기구와 똑같은 지구적 권력을 갖게 될 것이다. 따라서 어떤 단체가 대표로 참석할 수 있는지 없는지 누군가 결정해야만 한다는 점은 분명해 보인다. 이 '누군가'가 적용할 수 있는 몇 가지 기준이 있을 것이다. 그중 가장 명백한 기준으로는 지구적으로 가장 많은 회원을 가진 NGO를 포럼에 임명하는 일일 법하다. 그렇게 되면 동물복지구호단체와 암연구신탁재단이 세계인을 대표하게 될 것이다.

　이렇듯 자격 심사 책임을 지닌 대심문관은 대표를 선정하기 위한 자체의 기준을 세울 필요가 있다. 이는 그가 NGO 포럼이 어떤 논의를 하게 되든 그 결과를 미리 결정하리라는 점을 의미한다. NGO는 확고히 구축되고 일반적으로 협상의 여지가 없는 이익을 대표하는데, 그렇기 때문에 어떤 단체가 어떤 비례로 참석이 허용되는지 결정하는 것만으로도 대심문관은 모든 문제가 어떻게 해결될지 미리 결정하는 셈이다.

　달리 말하면 이는 불가능한 임무일 뿐 아니라 어처구니없는 일이며, 민주주의의 증진이 아니라, 민주주의에 대한 선매수 행위다. 그리고 이런 제약은 동의 추정이나 책임 그리고 쟁점의 중요도를 고려하기도 전에 발생한다. 무엇이 중요한지 아닌지 결정하는 데 대심문관이 세계 민중의 자리를 대신하는 것이다. NGO 포럼은 대표의 범위를 확장하기는커녕 내재적으로 어떠한 책임도 없는 한 사람 혹은 한 위원회의 결정으로 환원한다. 지구적 정의운동 회원들에게는 가장 골수에 해당하는 적인 WTO 전 사무총장 마이클 무어Michael Moore와 전前 유럽연합 통상담당 집행위원 빠스깔 라미Pascal Lamy가 비록 NGO의 투명성과 책임성에 의문을 제기했음에도 모두 NGO 대표라는 발상을 지지했다는 점은 당연히 의외의 사실이 아니다. 그들의 업무가 기득권 세력의 독재체제에서 환영받는 이유는 바로 그들에게 책임이 없기 때문이다. 독재체제에 의해 등용된 NGO가 체제에 저항하는 순간 체제가 그들을 비합법적이라 몰아붙여 쫓아낼 수 있음은 당연지사다.

　오늘날 민주국가에 사는 사람이라면 누구나 자신들의 국회를 이런 조직으로 대체하자는 제안을 용인할 수 없는 일로 여길 것이다. 만일 정부가 국회나 의회를 폐지하고 하나의 방대하고 산만한 조직 혹은 그보다 더 종잡을 수 없는 소위원회를 통해 입법 기능을 수행하려는 수천 개 지역의회의 연합으로 대체할 의향을 발표한다면, 그 정부는 아예 정권을 포기했음이 분명하다. 국회가 아니라 스스로 나선 혹은 어떤 전능한 옴부즈맨이 선발한 자발적 조직의 포럼에 민의를 대표하는 임무를 넘기자고 제안한다면, 그 정부는 언제까지고 비웃음을 면하지 못할 것이다.

한 나라에서도 이럴진대 하물며 지구 차원에서 용인될 이유는 더구나 전혀 없다. 우리의 의사가 대표되기를 바란다면 말 그대로 대표되어야지, 더 이상 둘러대기와 미봉책, 방해물, 매개책 그리고 임명되었다는 사실을 마치 지구적 민주화의 증거인 양 내세우는 중재자를 용인하지는 말아야 한다. 진정으로 민중의 의사를 대표하는 유일한 지구적 포럼은 **직접** 대표하는 것이며, 이는 물론 세계의회를 말한다.

이제는 국가적 중요성을 지닌 쟁점치고 국내에만 한정되는 것을 생각하기가 힘든 시대다. WTO의 위임통치권은 식품 표시기준에서 기차 시간까지 모든 것을 좌우할 정도로 확장되었다. 세계은행과 IMF는 가난한 나라에 침투하여 학교에서 어떤 상표의 컴퓨터를 사야 할지 지시하는 지경에까지 이르렀다. 우리가 평화롭게 살지 아니면 끊임없이 테러와 전쟁의 위협을 받아야 할지는 상당 부분 안보리가 내린 결정에 따라 정해진다. 민주주의만 빼고 모든 것이 세계화됨에 따라 세계의 통치자는 우리와 상관없이 자신들의 사업을 추진할 수가 있다. 따라서 그들이 내리는 많은 결정, 아니 어쩌면 대부분의 결정이 거의 모든 세계인의 이해와 상충하고 소수 지배층의 이해만을 반영한다는 사실은 놀랄 일이 아니다.

세계의 통치자는 씨애틀이나 제노바의 담장 뒤로 숨거나 카타르의 수도 도하와 캐나다 카나나스키스의 접근할 수 없는 높은 둥지로 올라가 나머지 사람을 자기들의 논의과정에 참여하지 못하게 만든다. 우리는 바깥에서 욕설을 퍼붓거나 경찰 저지선에 몸을 던지거나 우리와 우리를 대표해서 이루어지는 결정 사이를 가로막은 담을 무너뜨리려 애쓰는 도리밖에 없다. 달리 표현하면 그들 자신이 우리를 폭도로 만들어놓고 우리에게 비난을 돌리는 식이다. 그들은 새로운 교황을 선출한 추기경들처럼 권력이 가져다준 태연자약으로 몸을 감싼 채 등장하여 결정이 내려졌노라 선언한다. 우리가 부르짖는 비난의 함성은 그들의 점잖은 초연함을 더욱 돋보이게 할 뿐이다. 그들은 배우이고 우리는 청중이다. 따라서 관객이 영화의 줄거리를 바꿀 수 없듯 우리가 아무리 야유하고 저주한들 그들이 연기하는 대본을 바꿀 수는 없다. 세계에서 가장 작고 가장 대표성이 없는 소수가 자기 소유가 아닌 위임통치권을 주장하면서 **우리**를 비합법으로 몰아붙인다. 인가도 보증도 받은 적 없는 자신들의 지배가 지고의 권리라는 것이다.

이론상 세계의회는 우리에게 세계가 이제껏 가져본 적 없는 세가지 민주주의 자원을 부여해준다. 하나는 영향력 있고 인정받는 포럼으로, 여기에서 좋은 발상이 나쁜 발상과 겨룰 수 있다. 물론 민주적 절차로 선출된 의회라고 반드시 분별 있는 결정을 내린다거나 사람들이 자신의 이해를 가장 잘 대표할 인물을 뽑을 것이라거나 혹은 이해의 다툼이 언제나 정의와 분배가 실현되는 방향으로 해결되리라는 보장은 없다. 하지만 이는 민주주의에 늘 따라다니는 위험이다. 민주주의를 보존하는 위험인 것이다. 민주주의가 우리가 생각하는 올바른 결과를 가져올지 장담할 수는 없다. 하지만 민주주의의 부재가 잘못된 결과를 가져오리라는 점만큼은 장담할 수 있다.

두번째는 이론상 지구적이며 국제적인 권력으로 하여금 책임의무를 다하게 하는 체제다. 이 체제는 세계의 민중에게 자신의 삶과 연관된 결정에 영향력을 행사할 기회를 제공하며 우리를 대표해 활동한다고 주장하는 이들이 우리를 존중하지 않을 수 없게 만든다.

세번째는 인간적 관심사가 한층 더 빨리 융합되어 우리를 형이상학적 변화*로 나아가게 한다는 것이다.

세계의회의 설립은 그 자체만으로는 충분한 조치가 못되지만, 일련의 변화활동의 일부로서는 필수적이다.

* * *

세계의회라는 것이 혁명의 잠재력은 갖고 있지만 새로운 발상은 아니다. 내가 알기로 이 개념을 최초로 언급한 예는 1842년에 쓰여진 앨프리드 테니슨^{Alfred Tennyson}의 시 「록슬리 홀」^{Locksley Hall}이다.* 현재 적어도 6개의 서로 다른 모델과 다수의 제안이 제기

*비록 인간의 사유방식의 변화를 **인식론적** 변화로 기술하는 것이 더 정확할지도 모르지만 나는 이 책 전반에 걸쳐 우엘베끄의 용어를 사용한다. 형이상학은 '존재의 학문'인 반면 인식론은 앎의 이론을 말한다.

된 상태이며, 각각을 주창하는 당파의 지원을 받고 있다. 여기서 이들을 비교할 생각은 없지만 최고의 판본을 가려내는 과정에서 실마리 역할을 할 구성요소는 단순성인 듯하다.

어떤 모델은 어마어마할 정도로 복잡해서 가중투표와 소수의 권익을 대표할 특별의회, 비례대표를 산출하는 정교하고 세밀한 수단을 요구한다. 이런 장치는 체제가 최대한 공정해질 수 있게 보증한다고 하며 원칙상 의회의 권위를 강화할 수 있다. 그러나 복잡성은 정당성을 약하게 만든다. 체제가 어떻게 작동하며 그것이 왜 자신들과 관련 있는지, 그리고 체제가 내리는 결정에 어떻게 영향을 미칠 수 있는지 즉각 파악하지 못한다면, 사람들은 흥미를 잃고 **알아야 하지만 제대로 이해하기엔 시간과 에너지가 부족한 것**의 목록으로 이 모든 것을 밀어놓게 될 것이다. 실제로 대중이 기득권 세력의 독재체제에 책임을 묻고자 할 때 장애가 되는 것 중 하나는 쟁점 자체도 그렇지만 독재의 작동구조 또한 여러 층의 권한 위임 단계가 있어서 엄청나게 복잡하다는 점이다. 참여하는 시민의 수가 적을수록 민주적 절차는 점점 덜 정당하고 덜 합법적인 것으로 변한다. 따라서 가능한 온갖 정의의 순열을 미리 조달해주는 의회를 고안해낸들 실제로는 복잡한 안전장치가 없는 체제보다 덜 정당하다고 판명될 공산이 크다. 그래서 내가 선택한 것은 가능한 것 중 가장 단순한 모델이다. 즉 지구에 사는 모든 성인이 하나의 투표권을 갖자는 것이다.

세계의회는 광범위한 시각을 대표할 만큼 크면서도 효율적으로

● "인류의 의회에서, 세계의 연맹에서 전쟁의 북소리가 더 이상 울리지 않고 전투의 깃발이 접힐 때까지."

결정을 내릴 만큼 작을 필요가 있다. 그러니 우수리를 뺀 말끔한 숫자로 만들어 각각 1,000만 명씩의 유권자를 갖는 600명의 대표를 포함한다고 해보자. 이것이 지구적 정의에 미치는 함의는 분명하다. 서아프리카 부르키나파소의 와가두구 주민이 워싱턴 주민과 똑같은 잠재적 영향력을 갖게 되는 것이다. 아이티인은 헝가리인과 똑같은 대표선출권을 가진다. 중국인은 독일인보다 16배 많은 투표권을 가지게 된다. 다른 모델과 달리 이 구상에는 가난한 사람의 투표권을 위한 특별 조항이 따로 없지만 이들의 대표는 부유한 사람들의 대표를 수적으로 크게 능가할 것이다. 달리 말하면 이것이 바로 혁명의회다.

더 나아가 600개의 같은 규모의 선거구를 만들려면 그중 다수는 국경을 걸쳐야 할 것이다. 어떤 사람은 이것이 불리한 조항이라 주장하지만 그보다는 오히려 자산이다. 우리 대표가 국가의 요구에 덜 묶일수록 그들의 시야가 국지적 편협함에서 벗어날 가능성이 더 커진다. 유권자로서 우리가 다른 나라 사람과 정치 운명을 나누면 나눌수록 그들과 함께 중요한 문제를 이해하고 해결하지 않을 수 없게 된다. 어떤 사람은 이런 선거구를 만들자면 적대 관계의 두 나라 사람들이 합쳐지는 경우가 생긴다는 점을 들어 반대한다. 하지만 그럴수록 더 좋은 일이다. 존재하는 모든 선거구가 부와 가난, 농업과 공업, 인종과 종교의 경계를 가로질러 전혀 다른 이해관계를 가진 사람을 한데 묶은 것이다. 그렇지 않고 현재의 NGO 포럼이 그렇듯 이익공동체만을 대표한다면 대부분의 정치적 결과물이 미리 결판이 난, 단순한 산술의 문제가 된다. 이런 상황이라면 선거구의 경계를 누가 가르는가에 따라 선거 결과가 결정될 것이다.

세계의회가 성공하려면 무엇보다 의원들이 출신 국가의 정부와 관련을 맺지 말아야 한다. 이것은 정부가 행사할지 모를 압력에서 그들을 방어하는 데 도움이 된다. 가령 미국이 예멘 출신 의원에게 정책을 바꾸지 않으면 예멘 정부에 제공하는 원조를 중단하겠다고 말한다 해도 이 의원은 자기가 내리는 결정은 정부와 아무 상관이 없다고 답할 수 있는 것이다. 세계의회는 국민국가가 세운 의회가 아니고 세계의 민중이 세운 의회다. 이것은 국제적인 것이 아니라 지구적인 것이다.

그렇다면 어떻게 시작해야 하는가? 국민국가가 지구적 정의를 낳을 수 있게 옆에서 시중을 들어야 한다는 인식을 벗어던지는 일에서 시작해야 한다. 세계의회는 민중의 것이며 그것을 설립하는 데는 누구의 허가도 필요하지 않다. 그러니 참가자가 선출되진 않았지만 어디선가 시작은 해야 하므로, 모두에게 개방된 일련의 지구적 모임에서 출발하는 과정을 그려보자. 가령 세계사회포럼●이 조직한, 이미 수만 명이 참여하는 연례모임을 생각해보자. 이런 모임은 어느 모로 봐도 대표자의 회의는 아니다. 여기에 참석한 사람은 스스로 나섰거나 (브라질이나 인도로 가는) 비행기 운임을 지불할 역량이 되거나 아니면 다른 사람을 설득해서 표를 구할 수 있는 사람 가운데 뽑힌 이들이다. 하지만 이 모임은 세계의회 의원이 대표하게 될 잠정 선거구의 거의 전지역에서 시민의 참

●이것은 지구적 정의운동 모임 가운데 가장 큰 규모다. 2003년에는 10만 명이 넘는 사람이 참가했다. 첫 3회까지는 브라질의 뽀르뚜알레그레에서 열렸다. 2004년에는 인도에서 열릴 예정이다. (2004년 1월 16일에서 21일까지 인도 뭄바이에서 개최됐고, 2005년에는 다시 뽀르뚜알레그레에서 5회 행사가 열렸다―옮긴이.)

여를 이끌어낸다.

우리의 첫 임무는 이런 발상을 설명하는 팸플릿과 웹페이지를 가능한 한 다양한 언어로 만들어내는 일일 것이다. 두번째는 이 제안이 대중의 동의를 얻는지 알 수 있도록 임의로 선택한 표본으로 예산이 허락하는 한 많은 사람이 참여하는 협의기구를 조직하는 일이다. 협의기구에서 이 계획이 대중의 지지를 받지 못한다고 판명되면 그때는 (더 많은 출판과 토의활동으로 사람들의 마음을 바꾸고자 노력할 수는 있겠지만) 진행을 멈추어야 한다. 하지만 지금은 우리가 의견을 묻는 사람들 대부분이 이 제안을 승인한다고 가정하자. 그런 다음에는 기금을 모으고 전문가가 포진한, 엄격한 중립의무를 지닌 선거위원회를 설치하기에 한층 유리한 상황이 될 것이다. 이 위원회는 선거구를 나누고 선거계획에 착수한다. 그리고 지구적 협의를 위해 보고서를 작성하고 배포할 것이다.

이와같은 전前 민주주의 단계에서는 최소한의 결정만 내리고 이후 전체투표나 의회에서 잘못되었다고 판단하면 이미 내린 결정이라도 얼마든지 뒤집을 수 있어야 한다는 점이 중요하다. 가령 최초의 총선은 실제로 의회를 설립해야 할지 어떨지, 그리고 설립 후에는 어떻게 운영해야 할지를 묻는 전체투표와 함께 이루어질 수도 있다. 그리고 모든 단계에는 민중이 참여해야 한다.

그렇게 되면 이 계획은 더 많은 돈이 들고 더 복잡하고 더 위험해진다. 가장 분명한 장애는 돈이다. 지구적 총선을 한 번 치르는데 50억 달러에 육박하는 경비가,● 그리고 의회 설립에는 대략 3억 달러,● 연간 운영경비로 10억 달러가량이● 더 소요될 공산이 크다(전자의회는 훨씬 저렴하지만 실제 원내의회와 견주면 보잘것없는 대용품이다). 이 중 개인과 자선재단에서 모을 수 있는 금액은 얼마 되지 않을 것이다. 그 나머지를 제공할 만큼 큰 재원을 가진 조직은 국가, 국제기관, 기업뿐이지만, 그들이 의회를 장악하거나 그들의 편리에 맞게 계획을 조정할 수밖에 없는 사태가 벌어지지 않도록 그들에게 돈을 받는 일은 마땅히 신중을 기해야 한다. 기업이 제공하는 자금은 완전히 배제해야 한다. 그 이유를 따로 설명할 필요는 없을 것이다. 상당한 금액을 지불하고도 아무 댓가를 기대하지 않을 몇몇 자유주의 국가와 어쩌면 심지어 호의적인 유엔 기구도 있을지 모르는데, 모델의 창시자나 그들이 조언을 구한 사람에게나 이런 자금은 받을 만하다고 여겨질 수도 있다. 그러나 국내 혹은 국제 기금과 세계의회의 목표 사이에는 어쩔 수 없는 모순이 내재한다.

어떤 사람은 세계 규모의 복권을 만들고 엄청난 당첨금을 제시

●각국의 국내 선거비용에 관한 기초자료는 빈약하다(그러나 어떤 이유에선지 아프리카의 자료는 다른 대륙보다 더 풍부하다). 나는 가난한 다섯 나라(케냐, 쎄네갈, 토고, 모잠비크, 가나)와 부유한 두 나라(미국, 오스트레일리아)의 총선비용을 더한 다음 이들의 인구수로 나누어 시민 1명당 평균 1.03달러라는 값을 구했다.[41] 여기에 세계의 인구수를 곱하면 어림하여 64억 6,000달러가 나온다. 이를 규모의 경제를 감안하여 줄였다(선거는 단 하나의 행정기관이 조정할 것이다).

●스트라스부르에 있는 2만 200제곱미터의 유럽의회 건물을 세우는 데 3억 6,000만 달러가 소요되었다.[42] 뒤에서 제안하겠지만, 만일 세계의회가 가난한 나라에 본부를 둔다면 건립비용은 줄어들 것이다. 필리핀에서는 건축비용이 제곱미터당 평균 567달러, 케냐에서는 657달러이므로[43] 각각 1억 2,470만 달러와 1억 4,450만 달러가 든다. 이 수치를 두 배로 한 다음 설비와 직원 채용 비용을 감안해 반올림했다.

●스트라스부르 의회는 연간 운영경비로 10억 500만 달러를 사용한다.[44] 이는 제안된 세계의회(750석)보다 그리 많지 않은 규모. 가난한 나라에서는 직원 채용 비용이 적은 대신 의원들의 이동과 통역 비용이 더 많을 것이므로 전체 지출은 거의 같으리라고 본다. 물론 이런 계산은 초보적인 단계로, 비용이 대략 어떤 규모일지 보여주기 위해서 해본 것이다.

해서 돈을 걸 사람을 많이 끌어모으는 방법을 제안한다. 비록 아름답지 못한 몇몇 결과가 예상되기는 하지만, 이 경우 독립자금과 더불어 제아무리 적대적인 매체라도 '세계의회 복권 추첨' 결과는 보도하지 않을 수 없을 것이므로 매주 선전 기사도 제공될 것이다. 또 하나의 대안은 5장에서 내놓을 제안이 이행되기를 기다리는 것인데, 이 방법은 우리가 앞으로 내내 필요로 하는 것보다 훨씬 더 많은 돈을 만들어낼 잠재력을 가지고 있다. 그렇다 하더라도 이 자금을 둘러싸고 국민국가와 세계의회 사이에 격렬한 다툼이 일어나리라는 점은 충분히 예상된다.

다음으로 명백한 장애는 정부의 저항이다. 민주적으로 선출된 정부라면, 미련하게 세계의회 선거를 방해하다가는 즉각 전제정치라는 비난을 살 것이므로 큰 방해는 하지 않을 것이다. 반면 비민주적인 정부는 세계의회 선거과정을 통해 자기 국민이 투표의 가치를 음미하게 될 것이므로 이 선거가 체제 전복적임을 정확히 간파할 것이다. 따라서 이들이 세계의회 선거를 방해하리라는 것은 확실하다.

그들을 물리치는 데는 두 가지 방법이 있다. 첫번째는 지하선거를 치르는 것이다. 그러나 지하선거는 선거 참여자와 감시인 모두에게 위험한 일이기 쉽다. 가시성이야말로 민주주의의 필수요소이므로 어쩌면 이들은 애초에 그들을 지하로 몰아간 정부에 의해 체포되거나 이용될 수도 있다. 다른 하나는 폐쇄된 선거구에서 망명한 사람을 대상으로 선거를 치르는 방법이다. 이는 유권자의 절대다수가 적어도 초기 단계에는 투표권을 박탈당하는 반면 해외에 거주하는 사람이 과도하게 많은 권한을 갖게 됨을 의미한다.

이 두 해결책 모두 이상과는 거리가 멀지만 그렇다고 무시되어서도 안되는데, 그 이유는 바로 각국 정부가 두려워하듯이 이런 방식이 정부의 근간을 약화시키기 때문이다. 지하선거는 비민주정권을 향한 저항을 조정하고 규합하는 과정에 다름 아니다. 망명자 선거는 국내 거주자가 자기 정부에게서 선택권을 박탈당했음을 인식하는 계기가 되므로 이들의 격렬한 분노를 자아낼 잠재력을 가진다. 두 경우 모두 민주주의의 자가 증진 잠재력을 활용한다. 독재자에게 가장 큰 위협인, 희망의 급경사가 만들어진다. 그렇다 해도 여전히 세계의 몇몇 지역은 참여하지 못한 채 시작해야 할지 모른다.

세계의회를 건설하는 일은 세계정부를 세우는 일이 아니다. 예상대로라면 민중의 대표가 논의를 벌이며, 결의안을 놓고 논쟁하는 의회를 보게 될 것이다. 적어도 초기 몇 년간은 이 의회가 군대나 경찰력, 법원, 정부부처를 지휘하는 일은 없을 것이다. 대통령이나 내각에 의해 활동에 지장을 받을 필요도 없다. 그러나 우리가 창조한 조직은 다른 어떤 지구적 혹은 국제적 기구도 내세울 수 없는 것, 즉 정당성을 가진다. 세계의 민중이 직접 선출하고 소유하는 의회이므로 다른 모든 기구가 결핍한 도덕적 권위를 갖게 될 것이다. 효과적으로 포진된다면 이 권위만으로도 권력을 창출할 수 있다.

기껏해야 분산되고 파생적이며 애매한 정당성을 지닌 조직도 세계 유일의 초강대국인 미국의 행동을 누그러뜨릴 만큼의 도덕적 권위는 갖고 있다. 미국 정부는 어느 누구의 허락도 구하지 않고 언제든 원할 때 이라크를 공격할 수 있었을 것이다. 지상의 어떤 나라라도 쳐부술 군사력이 있는 것이다. 그동안 미국 대통령이 끊임없이 암시해온 대로 미국은 군사모험을 추구하는 데는 동맹국을 필요로 하지 않는다. 하지만 2002년 말, 미국은 유엔안보리의 다른 회원국에게 매우 암담하고 때로 굴욕적인 조사를 받기로 했다. 그런 결정을 내린 이유는 자국민에게 이라크를 상대로 벌이려는 전쟁이 정당한 것이라고 설득하고 싶었기 때문이다. 미국(잇따른 정부의 최대한의 노력에도 이 나라 국민은 아직 대체로 품위 있고 인도적이다) 내 여론조사에 따르면, 미국인은 유엔이 승인한 전쟁이 더 당위성이 있다고 생각한다. 그들은 스스로를 폭력에 기반한 대외정책을 가진 나라의 국민으로 여기고 싶지 않은 것이다. 그러나 2003년에 일어난 사건들은 안보리가 지닌 얼마 안되는 도덕의 힘마저 바닥났음을 시사한다.

도덕적 권위에 대한 이와 유사한 양보가 몇몇 폭압적인 국가를 제외한 모든 나라의 행동을 제약한다. 유럽연합에 속한 각국 정부는 제반 의사결정에 대한 지배력을 둘러싸고 유럽연합이 각 나라 정부와 경쟁관계에 있음에도* 유럽의회의 권한을 계속해서 증진시켰다. 자국민에게 유럽연합이 민주적으로 책임을 다하는 조직이며 따라서 그에 속한 정부도 그렇다고 설득하기 위해서였다.

도덕의 힘을 보여주는 가장 놀라운 사례를 만나려면 우리 의회의 출발점이 될지도 모를 과거로 되돌아가야 한다. 2002년 세계사회포럼에 참석하기 위해 브라질의 뽀르뚜알레그레에 모인 5만의 사람들은 그들 스스로가 아닌 다른 누구도 대표하지 않았다. 하지

* 법이론가 리처드 포크(Richard Falk)와 앤드루 스트라우스(Andrew Strauss)가 지적했다.

만 이 포럼은 세계인의 견해를 조금이라도 반영한다고 주장할 수 있는 유일한 국제적 회합이라고 널리 인식되었다. 그 결과 몇몇 초강대국 정부와 기관의 관리들이 찾아와 포럼에 귀를 기울인다는 점을 보이려 했다. 세계사회포럼에 온 프랑스 장관의 수는 같은 기간 뉴욕에서 열린 각국 정부의 공식 모임인 세계경제포럼보다 두 배나 많았다.[45] 심지어 국제기구 가운데 민주적 책임의무를 가장 소홀히 하는 세계은행 총재마저 이곳에서 발언하고 싶어 했다. 그러나 도덕의 힘이 진정 어디에 있는지 보여주려는 듯 포럼은 그의 요구를 거절했다.[46]

이처럼 스스로 나선 협의회가 초청하지 않고도 몇몇 세계 최강 기관의 대표를 끌어들일 수 있을진대, 선출된 지구적 의회라면 얼마나 더 큰 힘을 행사할 수 있을지 그저 추측만 할 수 있을 따름이다. 세계의회는 어느 한 정부나 기관의 국제행위가 세계인의 지지를 받는지 아닌지를 결정할 수 있을 것이다. 세계의 주요 정부와 기관 대부분이 민주적으로 활동한다고 주장하는만큼 나방이 불에 끌리듯 이들도 세계의회로 몰려들 것이다.

도덕적 권위를 바탕으로 하여 민중의 의회가 건설된 사례는 과거에도 이미 있었으며, 이 의회가 세계 최강의 정부를 복종하게 만들었다. 기원전 5세기에 로마는 파트리키, 즉 귀족계급 출신 집정관이 통치했다. 이것은 다른 계급에 절대의 권력을 행사하는 억압적 통치였다. 기록이 다소 모호하긴 해도 기원전 494년 어느 날, 현재의 지구적 정의운동에도 낯설지 않은 문제(부채, 불평등한 토지사용권, 권력 당국의 자의적 처분)로 인해 수천의 플레브스, 즉 로마의 평민이 갑자기 사라지는 이른바 '성산聖山 사건'이 일어난다.[47] 이 사건은 '최초의 평민 분리운동'으로 알려지게 된다. 이들은 도시 바깥의 산, 즉 성산에 모이기로 합의했다. 거기서 그들은 민중의회, 즉 평민회Consilium Plebis를 만들고 두 명의 호민관護民官 즉 평민 대표를 선출했다. 언덕에 모인 사람들은 호민관에게 위해를 가하는 자는 계급과 권력의 유무를 막론하고 죽임을 당할 것이라 맹세했다.

처음에 호민관에겐 입헌 권한이 전혀 없었고 그저 당국이 유권자의 요구를 인정하도록 촉구할 수 있을 따름이었다. 그러나 엄청난 지지자를 등에 업고 있기에 이들을 무시하기란 쉽지 않았고 죽이기는 더욱 불가능했다. 점차 평민회의 권한이 커지기 시작했고, 기원전 449년 두번째 분리운동 이후 국가의 공식 인정을 받았다. 이제 10명으로 늘어난 호민관은 정부의 사업에 거부권까지 행사할 수 있게 됐다. 평민회가 채택한 (주민투표로 알려진) 결의사항은 점차 법률로 전환되기 시작했다. 또한 호민관은 상당수의 관리, 특히 조영관造營官을 선출했다. 조영관의 임무는 의원들이 약속을 지키게 하기 위해 원로원(귀족회의)의 의사록을 기록하는 것과 집정관의 전횡에서 평민을 보호할 성문법 체계를 확립하는 일이었다.

평민의 권력은 약 100년 동안 지속되었다. 기원전 367년경에는 호민관 중 적어도 한 사람은 집정관 자격으로 원로원에 들어갈 수 있었다. 그러나 (이 점은 확실히 모든 민주화운동을 위한 교훈이 된다) 지나친 권력을 축적한 나머지 점차 호민관은 스스로를 평민의 일원이 아닌 새로운 지배계급으로 인식하게 되었다. 야심만만한 젊은이들이 호민관 직책을 원로원 진출 수단으로 이용하기 시작했고 그리하여 점차 평민의 운동은 귀족의 손으로 넘어가게 되었다. 하지만 대략 한 세기 동안 로마의 억압받던 민중은 도덕적 권위를 토대로 창설된 의회를 통해 지배계급의 권력을 축소했다. 그렇다면 우리 의회가 이런 식으로 작동**할 수 있다**는 사실을 암시하는 증거는 많은 셈이다. 그러나 이런 식으로 작동**할 것이 확실한가?** 강압적 권력의 대안이 오로지 도덕적 권위에만 기반을 둘 수 있는가?

적어도 초기 단계에서는 그럴 수 없으리라 본다.● 필요하다면 무력을 사용해서라도 결정사항을 준수하도록 다른 조직에 강제하는 의회가 가능한 유일한 대안이다. 현재 안보리의 운영방식이 바로 이렇다. 하지만 안보리가 소집하는 군대와 무기는 국가의 수중에 있다. 안보리의 강제력은 (그리고 안보리가 주장하는 폭력의 독점권은) 강대국 정부들의 순응 여부에 달려 있으며, 그것이 그토록 당파적인 조직이 될 수밖에 없는 이유도 이 때문이다. 민중의회의 핵심은 기존의 권력에서 독립되어 있다는 점이다. 모든 국가로 하여금 요구대로 행동하지 않을 수 없게 만들 정도의 무기를 어떻게든 갖고 있어야만 의회가 자신의 뜻을 강제할 수 있을 것이나, 그러기 위해서는 엄청나게 강력한 세계정부가 필요하고, 이는 신속하게 지구상에서 가장 억압적인 세력으로 변할 것이다.

더욱이 권력을 전적으로 도덕적 권위에 기댄 의회에는 한 가지 커다란 이점이 있는데, 이는 계속해서 민중의 지지를 받고 있다는 점을 보여야 권력이 유지된다는 사실이다. 민중과 교감을 상실하

●트로이 데이비스(Troy Davis)의 도움으로 이런 접근방식의 이점을 납득하게 되었다.

는 순간 그 세력은 크게 약화된다. 그 때문에 자기제어력을 지닌 체제가 될 가능성이 있는 것이다.

따라서 우리에게 남은 것은 다른 권력으로 하여금 민주적 책임 의무를 다하게 하는 일을 주목적으로 삼는 의회다. 이 의회는 각 국 정부와 거대 금융기관 그리고 유엔과 WTO 같은 조직이 내린 국제적 결정을 재검토한다. 세계의 민중과 협의하여 그리고 원내 토의를 통해 의회는 이들 다른 조직체의 운영에 대한 개괄적인 원 칙을 세울 것이다. 또한 그들이 내린 결정을 조사하고 원칙에 비 추어볼 것이다. 그리하여 의회가 세운 통치원칙을 위반했다고 판 단되면 의회는 결의안을 통과시키고 비판 보고서를 간행할 것이 다. 제대로만 구성된다면 세계의회는 세계의 민중을 대표할 정당 한 자격을 갖춘 유일한 단체이므로 다른 조직이 반응하지 않을 수 없으리라 믿을 이유가 충분하다.

가령 세계은행 같은 조직이 초거대 수력 댐 건설에 자금을 대기 로 결정하는 상황을 생각해보자. 삶의 터전이 물속에 잠기게 될 마을 사람들이 세계의회에 연락해 은행의 결정을 검토해달라고 요청할 수 있다. 의회는 은행에 설명을 요구하고 필요하다면 사실 확인을 위해 댐 건설 현장에 대표를 파견할 것이다. 그런 다음 확 립된 원칙에 의거해 그 계획을 평가할 것이다. 만일 댐이 이러한 원칙에 미치지 못한다고 판단하면 그렇게 통보할 것이다. 은행은 사업을 수정하는 일도 자금 조달을 철회하는 일도 거부할 수 있지 만 그럴 경우 신용을 잃을 각오를 해야 할 것이다. 선출된 대표의 모임도 아니고 잘 알려지지도 않은 세계댐위원회^{WCD}라는 조직이 세계은행으로 하여금 운영방식을 바꾸겠다는 약속을 받아낸 사실로 미루어보건대* 세계은행은 세계의회의 결정에 따를 수밖에 없을 거라고 본다.

정도는 덜하지만, 거대 국제조직의 운영방식을 통제하는 근본 원칙의 일부를 수정하는 일에도 똑같은 접근법이 활용될 수 있다. 예를 들어 WTO의 결정은 기업변호사협회에 의해 은밀히 내려진 것이므로 부당하다는 판결을 세계의회가 내린다면, WTO가 이 절차를 수정하리라 기대할 수 있는 것이다. 하지만 이렇게 되면 곧 몇몇 정치적 현실과 충돌이 일어날 것이다. 독재자가 국민을 살해하거나 강대국이 다른 나라를 침략하는 일을 세계의회가 막을 수 있다고 기대할 수는 없는 노릇이다. 의회가 IMF나 세계은행, WTO는 자진해산해야 한다고 결정할 수는 있지만 이 조직들이 순순히 따르리라고 예상할 순 없다. 그런 임무는 다른 접근법을 요구하며 이에 관해서는 다음 장에서 설명하도록 하겠다. 세계의회는 민중의 뜻에 더욱 공명하는 새로운 기구가 책임의무를 다하게 만드는 조직이다.

한편 세계의회의 존재를 바라지 않는 기관들로 인해 도리어 의회의 힘이 강화되는 현상을 예측할 수 있다. 국민이 불만사항을 들고 의회로 오면 이들이 비난하는 조직은 반응하지 않을 수 없다고 느낀다. 그럼으로써 이들은 의회의 권위를 입증하고 인정하는 셈이다. 일단 권위를 인정하면 그에 따르는 사태에 반응할 의무가 더 커지고, 그리하여 모르는 사이에 점차 더 많은 권력을 의회에 넘겨주게 될 것이다. 이런 점에서도 민주주의에는 스스로 확립해 가는 능력이 있다.

적어도 처음 몇 년 동안 세계의회는 다른 조직으로 하여금 책임 의무를 다하게 하는 것을 주된 일로 삼을지 모르지만, 점차 자체적으로 조치를 제안하고 실행할 수도 있을 것이다. 의회가 아무 제약도 받지 않은 채 유권자의 인도에 따를 때 세계가 안고 있는 문제에 대해 새로운 해결책을 고안할 수 있을지 미리 알 수는 없지만, 이미 발의가 되었으나 여태까지는 이행하기가 불가능했던 몇몇 진보적 조치를 추진할 수 있으리란 점은 쉽사리 알 수 있다.

예를 들어 이상기후에 대처하는 유일한 방법은 '수축과 수렴'으로, 이 모델은 비올라 연주자이자 실전에 유독 능통한 운동가 오브리 마이어Aubrey Meyer가 만들어냈다.[49] 이 계획은 먼저 인류가 지구를 튀김으로 만들지 않을 한도 내에서 매년 배출 가능한 이산화탄소와 다른 온실가스의 양을 정한다. 그런 다음 그 총량을 세계의 인구수로 나누고 인구를 기준으로 각 나라에 가스 배출 할당량을 배분한다. 이것은 이상기후를 야기하는 가스의 세계 총배출량과 현재 할당된 양을 초과하는 나라의 과도한 배출량을 꾸준히 줄일 것(즉 '수축')을 제안한다. 국가별 인구당 배출량은 점차 동일한 수치로 '수렴'되고 할당된 몫보다 더 많이 배출하려면 다른 나라에서 쓰지 않은 할당량을 구입해야 한다.

이 모델은 수십 개국의 장관과 정부 과학자의 승인을 받았고, 이제 유엔과 심지어 세계은행까지 선호하는 해결책이 된 듯하다. 그러나 이 계획은 국가이익에 상충되므로 지지를 주장하는 어떤 정부도 이를 이행하거나 다소라도 옹호할 태세가 아니다. 세계의회가 이 발상에 어떻게 반응할지는 모르지만 만일 이 모델을 정책으로 채택한다면 국내정치의 제약을 받는 정부나 현존하는 국제기구보다 세계의회가 훨씬 더 효과적인 주창자가 되리라는 점은 쉽게 추측할 수 있다. 또한 다자간 군축, 금융투기에 대한 지구적 과세(토빈세$^{Tobin\ tax}$) 혹은 부자 나라 각각이 자국 부의 0.7퍼센트를 해외원조에 제공해야 한다는 유엔 안案의 강력한 방어자가 될 것이다.

어떤 경우든 가치 있는 목표라는 데 동의한다면 의회는 정직한 중개인이자 국가간 경쟁에 제약받지 않는 대행기관 역할을 할 수 있다. 실제로 각국 정부가 법적 분쟁을 조정하기 위해 국제사법재판소를 활용하듯 정치문제의 중재는 당연히 세계의회에 의존하게 될 법하다. 물론 그렇게 함으로써 이들 정부는 의회의 도덕적 권위를 인정하고 강화하게 될 것이다.

어쨌든 세계의회가 이런 식으로 시작되리라고 기대할 수 있다. 하지만 민주주의 체제하에서 그것이 어떻게 발전해 나갈지는 미리 규정할 수 없다. 세계의회는 앞에서 묘사한 것 같은 온건한 기능을 앞으로도 계속해나갈 수 있다. 혹은 사람들의 의지가 있고 각 나라가 공식적으로 권한을 인정하기 시작한다면 입법기관이 될지도 모르고, 유례없는 민주적 동의를 받아 지구적 법체계를 세울 수도 있다. 의회는 앞으로도 국민국가에 직접 통제력은 발휘할 수 없겠지만, 의회에 특정한 공식 권한을 부여하는 조약에 서명한 나라들은 의회에서 통과되는 법안을 준수해야 한다고 느낄 것이며, 그렇지 않으면 신뢰도 상실의 위험을 감수하게 될 것이다. 의회는 국제형사재판소$^{International\ Criminal\ Court,\ ICC}$의 사법 권위를 보완하고 합법화하는 입법기관이 될 수 있을 것이다. * 혹은 세계의 민중이 요구한다면, 지구적 정부의 초기 형태를 세우기 시작하여 이제까지는 국민국가의 손에만 주어졌던 권력을 축적할 수도 있다. 하지만 그런 결정을 내리는 일은 이 조직체를 제안하는 우리의 소임이 아니다. 민주주의의 핵심은 통제를 벗어난다는 데 있으며, 더구나 개인이든 당파든, 이 모든 과정을 시작할 체제를 계획한 사람들은 그것을 조종할 수 없어야 한다. 의회는 모델을 만든 사람이 아니라 세계의 민중에게 속해야 한다.

많은 사람에게 그러하듯 세계의회라는 발상이 두려움을 불러일으킨다면, 자신의 반응을 자세히 들여다보길 바란다. 그와같은 조직이 민중에게서 유리되어 지나치게 강력해질 수 있다고 믿기 때문인가? 실제로는 벨기에의 수도 브뤼셀의 주민이 세계적인 쟁점에 관해 아프리카 콩고민주공화국 수도 킨샤사 주민보다 더 큰 발언권을 가질 수 없게 된다는 생각을 견딜 수 없기 때문이 아닌가? 에티오피아 사람이 이딸리아 사람과 같은 수의 (그리고 인구가 증가하면서 더 많은 수의) 대표를 선출할 수 있기 때문이 아닌가? 멕시코 사람이 하나의 집단으로 볼 때 스페인 사람보다 2배 반 더 강하고 인도 사람이 영국민보다 17배 더 많은 투표권을 갖기 때문이 아닌가? 다시 말해 몇몇 나라가 세계를 지배할 때 확립한 권력의 흐름이 역전될 것이 두려워서가 아닌가? 이 의회가 민주주의를 위

●2002년 ICC의 재가는 민주적 세계화를 위한 최초의 분명한 승리로 간주할 수 있다. 국제사법재판소와 달리 국민국가간의 직접 중개에 의존하여 결정을 내리지 않으므로 몇 가지 면에서 그것은 명실상부한 **세계적** 형사재판소다. 그것은 부분적으로 시민사회, 특히 1,000개가 넘는 NGO의 네트워크인 '국제형사재판소를 위한 연합'의 확고한 로비활동에 힘입은 결과다.

협할까봐 두려워하는가, 아니면 민주주의를 발동시킬까봐 두려워하는가?

유럽 혹은 북미의 가장 급진적인 운동가조차 마음 한구석에는 황화黃禍, Yellow Peril의 두려움, 우리와 같은 세계관을 갖지 않은 다른 나라 사람들이 지나치게 강해질 것을 두려워하는 마음이 숨어 있지 않은가? 우리는 안보리의 과도한 권력을 개탄하면서 동시에 마음 깊은 곳에서는 우리 정부가 세계를 뜻대로 좌우할 수 있다는 사실에 감사하고 있지 않은가? 부유한 세계에 사는 우리 가운데 자국 정부가 다른 나라에 권력을 휘둘러 공공지출과 안전한 주택 공급, 충분한 식량 공급이라는 이득을 얻고 있다는 사실을 모르는 사람이 누가 있는가? 침략을 두려워할 필요가 없다고 주장하는 세속 권력에 은밀히 감사의 기도를 바치지 않은 사람이 우리 중에 누가 있는가? 다시 말해, 식민지경제가 없었다면 우리 사회의 지배계급은 국민의 생존전망을 위태롭게 만들 정도로 억압적이었을 텐데 바로 현재의 권력 배분 체계 덕에 우리가 이들의 경제적 통제를 무너뜨릴 필요가 없었다는 사실을 깨닫지 못하는 사람이 우리 중에 누가 있는가? 다른 나라에 순응을 강요하는 우리 정부의 권력 덕분에 그들이 우리를 정복하여 처벌하지 못하리란 점을 알고서 우리 좋을 대로 그들을 대했다는 사실을 모르는 사람이 우리 중에 누가 있는가? 내심 과두정치의 지지자가 아닌 사람이 누가 있는가?

말뿐만이 아닌 진정으로 '지구적 정의운동'을 지지한다면 우리에게 이득을 보장해주는 국가권력의 상실을 받아들일 각오가 되어 있어야 한다. 과도한 정부의 권력에 저항하면서 우리 자신의 본능에도 저항해야 하며, 다른 나라 사람이 자유로워질 것이라는 두려움에도 저항하고, 우리의 행동하지 않을 자유가 그들의 행동할 수 없음에 의존한다는 점을 인정해버리는 나태함에도 저항해야 한다. 우리의 주장이 도달하는 논리적 귀결을 받아들일 각오가 없다면 깃발을 도로 말아서 집으로 돌아가는 편이 낫다.

다른 나라 사람들의 자유가 두렵다고 솔직히 인정하는 사람도 거의 없지만 인정할 때조차 그들의 자유가 우리의 자유를 손상할 거라고 주장하는 경향이 있다. 일례로 하버드대학교 케네디행정대학원 학장인 조지프 나이Joseph Nye는 세계의회를 열렬히 반대하는 사람 중 하나다. 그는 세계의회가 설립되면 "10억 이상의 중국인과 역시 10억 이상의 인도인이 나머지 약 200개국의 국민을 투표에서 계속 이기게" 될 거라고 주장한다. "민주주의뿐 아니라 환경과 노동에 관한 국제기준을 향상시키고자 하는" 사람들에게 이런 결과는 "악몽"이라는 것이다.[50]

이와같은 단언은 몇 가지 흥미로운 가정에 의존하는 듯하다. 첫째는 중국인과 인도인은 자신이 원하는 것이 아니라 국가가 원하는 대로 투표할 거라는 가정이다. 두번째는 이들이 나머지 나라 사람들에 반대하여 투표하리라는 것이다. 그는 중국이나 인도 사람의 이해관계가 왜 나머지 사람들의 이해와 상반되는지 설명하지 못한다. 중국, 인도, 방글라데시, 멕시코, 아이티의 빈곤한 직물노동자들이 상당히 비슷한 이해관계를 나타내리란 점은 분명히 예상할 수 있다. 나아가 이들은 자신들의 고용주와는 다른 선택을 할 것이며, 고용주의 선택은 서구 엘리뜨의 선택과 더 일치하리라 예상된다.

나이 교수는 여전히 설명을 제시하지 않은 채 중국과 인도 사람이 더 높은 환경기준과 노동기준에 반대하고 심지어 민주주의에도 반대할 것으로 가정한다. 세계에서 가장 큰 민주주의를 가진 사람들이 왜 민주주의를 전복하려 한다는 것인지 분명치 않다. 몇 차례의 혁명과 혁명 시도, 탈식민운동, 톈안먼天安門광장에서 탱크에 맞서던 사람들의 비상한 용기가 일러주듯, 중국과 인도 사람들은 정치적으로 선택 가능한 것을 평가하고 합리적인 결정을 내리는 일에서 우리 못지않다. 또 열악한 환경과 노동기준 때문에 가장 고통받는 사람들이 가장 열렬히 나서서 이 기준을 유지하려 들리는 만무하다. 실제로 세계 최대의 환경운동 단체들이 인도에 있고 (중국에서는 종종 가혹하게 진압되곤 하지만) 이들 두 나라에서 노동기준을 높이기 위한 운동은 끊임없이 이어지고 있다. 중국과 인도 기업의 총수들은 고용인이 계속해서 반半노예 상태로 지내는 데 투표할지 모르지만 노동자가 같은 표를 던지지 않을 거라고 생각할 이유는 충분하다.

진실은 지난 몇 세기 동안 그래왔듯이 많은 서구인이 중국인에게 강한 혐오감을 품고 있다는 것이다. 우리는 오랫동안 그들을 익명의 무리로, 인간이라기보다 차라리 통계수치이며 이성이나 자유의지를 갖지 못한 사람들로, 무엇을 할지 스스로 결정하기보다 누군가 일러주는 것을 좋아하는 이들로 여겨왔다. 150여 년 전에는 우리와의 교역을 거절하고 우리의 경제적 강요에 반항한다는 이유로, 이제는 그들이 교역에 성공적이며 우리의 경제적 강요에 반항하지 **않을 것**을 우려하여 그들을 싫어한다. 우리의 혐오는 그들이 자유로워지고 그렇게 되는 과정에서 우리가 그들을 억압할 수 있었던 부당한 세계질서에 도전할지도 모른다는 두려움을 반영한다. 물론 인도와 중국 사람들이 언제나 민주주의와 더 높은 환경기준과 노동기준을 옹호하는 쪽에 투표하리라 보장할 수는 없지만, 민주주의의 핵심은 우리가 아무것도 보장할 수 없다는 데 있다. 반면 현재의 지구적 통치체계가 이런 진전에 **반대하여** 차별을 유지하리란 점은 분명하다.

이와 반대로, 세계의회가 서구 정치·문화의 가치를 다른 세계에 강요하는 또 하나의 예가 될 거라는 주장이 있다. 이 역시 민주주의가 비서구 국가에 이질적이라는 추정에 입각한다. 실상은, 결함이 있는 경우도 있지만 의회민주주의 체제 아래 사는 사람들 다수가 가난한 나라의 시민이다. 이들 나라에서 일한 적이 있는 사람이라면 그들 중 다른 통치체제를 선호할 사람은 극소수임을 알 것이다. 그들의 의회 상당수가 기초로 삼은 모델이 서구에서 처음 발전한 것은 분명하나 이 모델이 더 이상 서구에만 속하지 않는다는 점 또한 사실이다.

더구나 세계의회는 출발점부터 민중의 것이므로 부유한 세계에서 지배적인 부류를 이루는 민주주의와는 다르고, 오히려 그것의 개선이 되리라고 예상할 수 있다. 의회는 유권자의 동의를 지침으로 삼아 자체의 정치 동력을 발전시킬 것이고, 그것은 세계의 모든 민중, 특히 서구 국가에 살지 않는 다수 민중의 결합된 의지를 반영할 것이다. 하지만 강제를 저지할 가장 좋은 안전장치는 아무것도 강제되지 않도록 확실히 단속하는 일이니, 만일 최초의 전체 투표에서 민중이 세계의회를 거부한다면 세계의회는 아예 존재하지 말아야 할 것이다.

그렇더라도 이런 우려는 10년 내지 20년마다 한 번씩 새로운 전체투표를 하는 형식으로 안전장치를 강화할 필요가 있음을 알려주는데, 전체투표를 통해 세계의 민중은 의회 해산에 표를 던질 수 있을 것이다. 자국 정부의 반대로 세계 어떤 지역의 참여가 배제된 상태에서 출발해야 한다면 이 점은 특히 중요해진다. 소수의 가치를 강제하지 못하게 막아줄 뿐만 아니라 세계의회가 억압적 권력을 축적할 가능성을 막는 데도 도움이 될 것이기 때문이다.

반대 견해의 한 변형으로, 세계의회의 창설은 세계가 하나의 국가라는, 아직 존재하지 않는 의식에 좌우된다는 의견도 있다. 조지프 나이는 의회 건설의 토대가 되기에 "충분할 정도로 강한 지구 차원의 공동체의식이 존재한다는 증거가 거의 없다"고 주장한다. 먼저 세계가 "같은 시민이라는 광범위한 정체성"을 갖추어야 한다는 것이다.[51]

의회민주주의가 강한 공동체의식에 의존하지 않는다는 점은 분명한 사실이다. 가장 오랜 민주주의 역사를 가진 국가에조차 같은 나라에 거주하며 같은 선거에 투표한다는 점 말고는 이웃과 연계의식이 거의 없는 수많은 공동체가 있다. 나이 교수의 모국인 미국이야말로 민주주의와 나란히 가는 다양성의 결정적인 사례를 제공하는지 모른다. 예를 들어 딥 싸우스Deep South●의 극단적 보수주의 기독교 공동체가 쌘프란시스코의 동성애 혹은 히피 공동체와 공유하는 점은 눈을 씻고도 찾아보기 힘들다. 로스앤젤레스

●흔히 구남부(Old South)와 구분하여 남북전쟁 이전 시기에 확장된 미국 남부와 몇몇 주를 일컫는 표현으로, 조지아·루이지애나·미씨씨피·테네씨 등이 포함된다─옮긴이.

의 가난한 히스패닉계 거주지는 비벌리힐즈의 대저택과 더 다르려야 다를 수 없을 정도다. 이 나라의 정통파 유대인과 이슬람근본주의자가 서로를 동료로 본다고는 말할 수 없다. 하지만 미국인 누구도 '전 국민의 공동체의식이 약하기' 때문에 민주주의가 불가능하다고 생각하지는 않는다.

사실상 국민이라는 정체성은 모두 어느 정도 인위적이고 역사적인 우연의 산물이며, 폭군에게는 편리하고 식민주의자에게는 수고를 덜어준 도구다. 구성원이 단 하나의 종교, 인종 혹은 종족 공동체에 속하는 국가를 상상하기는 힘들다. 태평양의 자은 섬 국가조차 한때는 서로의 머리를 전리품으로 모으던 부족들이 모여 이룬 것이다. 국민이 제각기 다른 방식으로 생각한다고 해서 총선 때마다 국가가 산산조각 나는 것은 아니며, 실제로는 민주절차가 자신들을 위해 작동하도록 공동체끼리 서로 경쟁함으로써 무의식적으로 이 절차를 강화한다. 유럽연합의 확장은 헝가리인이 이제 자신들이 적어도 2007년까지는 루마니아인이 아니라 뽀르뚜갈인과 공동운명을 갖고 있음을 인식하도록 요구한다. 그리스인은 언젠가는 터키인과 같은 국가공동체에 속할지 모르지만 러시아인과 같은 공동체에는 결코 속할 수 없을지 모른다는 생각을 받아들여야 한다. 이런 정치적 기획이 실현 가능하며 유럽연합 사람들이 이 가공할 정도의 인위적인 구분을 받아들일 만큼 적응력과 선견지명을 갖추었다고 믿는다면, 하나의 지구적인 정치적 정체성의 실현 가능성을 알아보는 데도 분명 큰 지장이 없을 것이다.

세계에 소속된 주민이란 국민국가의 국민과는 대조적으로 스스로 정의하는 존재이고 국경을 놓고 다툴 수 없으며, 공동운명 의식은 애국주의 연설이나 깃발 내걸기 또는 다른 세계와 전쟁할 것을 요구하지 않는다. 우리 대부분은 아직 인정하지 않지만 인류가 처음으로 두 발로 걷기 시작한 그 순간부터 하나의 지구적 정체성, 더 정확히 말하면 단일한 종種적 정체성이 있었다. 국가를 만들고 제국을 세운 선동자들은 국경 밖의 사람들이 국경 안 사람들과는 근본적으로 다르다는 언설로 자신들의 통치를 정당화하고자 했다. 하지만 이제 제국이 요구하는 인종의 고정관념이 약해지고 (정확히는 강대국의 다인종성으로 인해 적의 **지도부**에만 한정되어 적용되고) 있으므로 많은 사람이 인류라는 종의 다른 구성원에게도 대체로 같은 요구와 반응이 있으며 이런 요구와 반응은 몇 가지 점에서 다른 종과 구분된다는 사실을 인식하게 될 것이다. 테니슨이 "인간의 의회"라 부른, 하나의 인류라는 정체성은 이미 성립되어 있다.

사실 이런 정치적 정체성을 눈에 보이는 것으로 만듦으로써, 다양한 국가의 사람들이 국적과 무관하게 쟁점에 따라 결속하기도 분리하기도 하는 포럼을 창설함으로써, 우리 의회는 공동운명 의식을 확립할 잠재력, 즉 형이상학적 변화를 추동하는 과정을 시작할 잠재력을 지닌다.

그러나 여기서 나이 교수가 내놓은 것과는 완전히 상반되는 이유로 실제적인 갈등에 봉착하게 된다. 인류가 가진 관심사의 보편성과 인류 문화의 다양성 사이에 충돌이 생기지 않을까? 세계의회나 여기서 제안된 다른 조치 혹은 이 점에 관한 한 형이상학적 변화 자체가 많은 사람이 지구적 정의운동을 통해 지키고자 하며 또 지켜져야 마땅한 여러 사회조직의 파괴를 가속화할 수도 있지 않을까? 이것은 일부 보편주의자에게서 나타나는 신비적이거나 미학적인 관심이 아니다. 인류 문화의 다양성은 단지 그것이 세계를 더 매혹적인 것으로 만들기 때문에 가치 있는 것이 아니다. 인류 문화는 환경의 제약에 따른 복잡미묘한 반응을 만들어내고 수백 세대를 거치며 다듬어져왔다. 예를 들면 인류학자 대럴 포우지 Darrell Posey는 아마존 남부에 사는 카야포 Kayapó족이 농업에 맞지 않는 지역에서도 생존할 수 있는 영농체계를 개발했음을 보여준다.[52] 이들은 내화성耐火性이 있어서 나무줄기가 타면서 방출하는 양분을 흡수하는 고구마를 재배하는데, 이 작물은 스스로 살충 성분을 만들어낼 뿐 아니라 특정 종의 개미와 공생하면서 잡초까지 제거한다. 이 고구마의 생존은 국지적 기후와 동식물의 관계를 세밀히 파악한 결과에 따른 것이다. 나중에 아마존에 정착한 거의 모든 경작자와는 대조적으로, 카야포족은 토양을 개선하는 동시에 사바나 지역에 쓸모 있는 삼림지대를 가꾸어 숲의 면적을 확장한다.

그들의 기술은 노래와 이야기 그리고 다른 언어로 번역될 수 없는 개념 속에 암호처럼 녹아들어 있다. 세계의 토착민 대다수와 마찬가지로 이제 그들의 언어와 자긍심은 사라질 위기에 처했으며, 여기에는 경제적 세계화와 정치적 억압 그리고 브라질 정부의 자원 강탈이라는 문제가 결합되어 있다. 이런 사실은 그들의 경제적 생존뿐만 아니라 그들이 살고 있는 생태계의 생존까지도 위태롭게 한다. 또한 카야포족과 같은 토착민은 우리가 흔히 상상하듯 매우 작은 규모의 소수집단이 아니다. 유엔에 따르면 그들은 세계 인구의 약 5퍼센트, 즉 3억 명에 달한다.

여기에 부인할 수 없는 갈등이 있다. 다양성과 보편성 사이에는 언제나 투쟁이 있었다. 지구적 정의운동을 펼치는 이들과 마찬가지로 인권 향상을 위해 애쓰는 사람들은 여성 할례나 간통한 사람을 돌로 쳐 죽이는 데 반대할 때마다 문화의 특성과 반목하는 상황에 놓인다. 사람들을 정치적으로 결합하는 일은 공동의 언어나 사고방식의 이용을 증진시키기 쉽다. 또한 경제적 세계화를 가속화하는 결과를 가져올지도 모른다. 이 모든 요소는 문화의 정체성을 더욱 약화시킬 잠재력을 갖고 있다.

그러나 우리에게는 이를 상쇄할 힘을 불러모을 유례없는 보호의 기회가 있다. 토착민 대표들은 개발 NGO를 제외하면 다른 어떤 시민단체보다 이미 국제기구를 더 잘 활용하고 있다. 전세계에 걸쳐 문화를 위협받는 사람들은 몇 개월 단위로 모임을 가진다. 그린란드에서 온 이누이트Inuits족은 서파푸아의 다니Dani족과 공동의 대의를 발견하고, 마야Maya족은 마오리Maori족과 전략에 동의한다. 토착민과 그들의 옹호자가 국경 너머에서 보내는 지원이야말로 그들의 최종적 파괴를 막는다고 할 수 있다. 그들은 보편성에 호소함으로써 다양성을 옹호한다.

세계의회는 토착민에게 더욱 막강한 지원을 제공한다. 가령 노르웨이의 사미Saami족이나 호주 원주민의 처우를 비난하는 의회 결의안은 민주적으로 선출된 이들 나라 정부에 심한 당혹감을 안겨줄 수 있다. 현재로서는 정치적 세계화의 도덕적 힘이 경제적 세계화의 강압적 힘에 필적하지 못한다. 아마 동의의 시대가 가져올 하나의 역설적 산물은 다를 권리에 대한 보편적 의식을 계발한다는 점일 것이다.

하지만 이런 점이 우리의 민주주의 모델에 대한 경고를 담고 있는 것도 사실인데, 그것은 완벽의 추구를 경계해야 한다는 것이다. 우리는 민주주의가 항상 어딘지 혼란스러운 상태임을 받아들여야 한다. 그것을 지나치게 말끔히 정리하려는 시도는 다양성을 보편성에, 그리고 개인의지를 일반의지에 지나치게 종속시킴으로써 자유가 아니라 속박의 전제조건을 확립하게 된다. 잘못해서 벽을 쌓는 불상사를 낳지 않으려면 기초 요소들 사이에 틈을 남겨두어야 한다.

실제로 과도한 말끔함이 지닌 위험을 가장 뚜렷하게 설명해주는 예는 세계의회에 대한 가장 선진적이고 가시적인 계획 가운데 하나로, 세계헌법의회협회World Constitution and Parliament Association라는 이름을 내건, 교수와 관료, 기타 훌륭한 인사들의 모임이 제시한 안案이다.[53] 이 협회의 제안은 결과를 미리 정해놓음으로써 지구적 민주주의가 도입할 모든 불확실성을 세심하게 제거했다.

이 협회는 협의과정이나 선거도 없이 '지구연맹헌법'Constitution for the Federation of Earth을 입안했다. 이 헌법이 마련한 세계의회는 민중의회, 국가의회, 인류 전체의 최대 행복과 최상의 이익을 대변할 목적을 지닌 자문의회라는 세 개의 의원議院으로 이루어진다.[54] 자문의회의 구성원은 전세계의 대학과 과학학회 대표, 쉽게 말해 '같은 부류'로 묶일 수 있는 이들에게서 추천받는다. 이 '최대 행복'의 수호자들은 친절하게도 나머지 사람들이 세계 대통령을 선택하는 수고를 덜어줄 것이다. 의회는 서른 개의 정부부처로 이루어진 '세계행정부'를 동반하며 그 부처들의 직무와 권한은 이미 협회가 결정해두었다. 행정부는 간부회, 종합청사, 세계감사원,

세계법무부, 세계대법원 그리고 그 밖의 다른 거창한 직무와 직위를 얼마든지 갖게 될 것이며, 그중 몇몇은 이미 자리가 채워진 듯하다. 여기서 내린 결정은 "세계법률을 위반한 개인을 체포하는 데 적합한 무기로만 무장한 채" 핵무기 폐기 같은 가벼운 직무를 수행할 '세계경찰'에 의해 '집행'될 것이다. 세계헌법 "제17조 C-8항과 D-6항에 의거하여 모든 회원국은 세계연맹에 가입하고, 혜택을 받기 위한 조건으로 군축을 실행할 것"이므로, 다행히도 이들은 큰 저항에 부딪히지 않을 것이다.

협회는 고맙게도 우리를 통치할 법률도 미리 마련해두었다. 그들은 18항에 걸친 '권리장전'과 19항의 '지도원칙' 한 묶음 그리고 "40항의 권한 양도 규정에 명시된" '세계정부의 관할권'을 작성했다.[55] 이런 철인 수호자의 훌륭한 선견지명에도 혹시라도 세계의 민중이 이런 장치를 바꾸고 싶어 할 경우에 대비하여 세계정부의 진화과정 역시 '첫번째' '두번째' '작동' 단계로 나누어 이미 정해놓았다. 요컨대 세계민주주의가 너무나 세심하게 계획된 나머지 어느 것도 바꿀 수 없으며 선택이라 불리는 무시무시한 통제불능의 현상은 더구나 있을 수 없다.

스스로 정립하는 것이 아니면 민주주의가 아니다. 우리가 만든 모든 체제는 자체의 변형 내지 개선의 여지 그리고 자유로운 논의라는 집단 기풍이 추진하는 온갖 예기치 않은 발전의 여지를 포함해야 한다. 우리는 절대로 그 결과를 미리 정해놓으려 하지 말아야 하고 대신 유권자의 선택 결과가 발전하는 데 필요한 개방성만을 마련해두어야 한다.

어떤 이들은 '보충성subsidiarity 원칙' 즉 의사결정이 항상 가능한 한 가장 낮은 차원에서 이루어져야 한다는 원칙을 규정할 필요가 있다고 제안할 것이다. 그러나 세계의회가 개별국가와 지역의 의회에게서 국가 내지 지역 정책의 통제권을 빼앗을 정도로 일일이 나서거나 간섭하지 않길 바라는 것은 얼마든지 좋은 일이지만, 사전에 의회의 영역을 제한하려는 시도에는 세 가지 문제점이 있다. 첫째는 이런 제한이 불필요하다는 점으로, 국가가 계속해서 존재하는 한 세계의회가 국내정치에 속속들이 개입하는 데 저항할 것이 확실하거나 혹은 당연히 그러리라 예상된다.* 둘째, 개별 정부의 영역이어야 마땅한 것과 지구적 단체의 영역이어야 마땅한 것을 나누는 구분은 원칙이 아니라 실제로 일을 해나가는 과정에서만 확립될 수 있다. 가령 어떤 정부가 자국민을 비인도적으로 대우할 때 그 정부의 통치권을 어디까지 문제 삼을 수 있는지 규정하기란 힘들고 경우마다 다른 답이 나오기 쉽다. 셋째, 미래 세대의 의지를 미리 봉쇄해서는 안된다는 점이다. 그들은 오늘날 우리가 대응하는 것보다 훨씬 더 극단의 조건에 직면하여, 가령 국민국가는 아무런 타당성이나 목적이 없다고 결론 내릴지도 모른다. 세계의회 의원들이 유권자를 희생하고 지나치게 많은 권한을 가지려 하지 않는지는 경계해야 하지만, 10년 혹은 20년마다 한 번씩 세계의회를 해산할지 여부를 묻는 전체투표를 실시하면 이들이 권력을 남용할 여지는 줄어든다.

지구적 정의운동의 몇몇 성원은 다른 무엇에 앞서 참여보다 대의에 의존하는 속성 때문에 가장 개방적인 의회 모델조차 결국 민

* 유럽의회가 지금까지 국내정책에 속속들이 개입한 것은 그것이 애초에 회원국이 그럴 권한을 부여한 국제기구이기 때문이다.

주적 선택의 영역을 제한한다는 논지를 펼친다. 대의민주주의가 허점이 많은 체제임은 의문의 여지가 없다. 여기서 제안하는 모델은 설사 유권자의 49퍼센트가 격렬히 반대하더라도 의원들이 '우리'를 대표하는 일을 허용한다. 우리는 그들을 한 번 선출하지만 그들은 설사 우리가 나중에 마음을 바꾼다 해도 임기 내내 계속해서 우리를 대표한다. 우리는 그들이 역점을 두는 정책이나 제안하는 정책 대부분에 찬성해서 그들에게 투표할 수도 있고, 아니면 그저 그들의 정책이 다른 후보들만큼 나쁘지는 않아서 그럴 수도 있다. 하지만 그들은 일단 직위에 오른 다음에는 유권자의 극소수만이 지지할 다른 정책을 추진할지도 모른다.

그러나 참여 없는 대의가 허술한 반면 대의 없는 참여는 누구든 나서는 사람에 의한 독재에 불과하다. 지구적 모임에 참여한 사람들은 여행경비를 조달할 수 있고 휴가를 낼 여유도 있어야 할 테니 세계의 민중 대부분과 비교할 때 부자임에 틀림없다. 또 그들은 여권과 이동의 자유도 있으므로, 여기서 참여란 망명자라는 혐의로 출국 금지될 위험 없이 자기 나라를 떠날 수도, 또 모임이 열리는 나라에 들어갈 수도 있는 사람들의 특권이다. 이와 유사한 제약이 전자electronic 직접민주주의에도 적용되는데, 그것은 돈이 있거나 교육받은 사람만이 필요한 기술을 구할 수 있으며 자유로운 사람에게만 그 사용이 허락된다.

실상은 이런 종류의 '직접민주주의'란 적어도 지구 차원에서는 대의민주주의의 한 형태, 그것도 참가자가 선거를 통하기보다 스스로 세계의 나머지 사람의 견해를 대표한다고 나서는 형태에 불과하다. 세계헌법의회협회를 운영하는 교수나 관료처럼 이들은 대중의 위임도 받지 않고 세계의 운영방식을 결정할 권한을 빼앗을 것이다.

그러나 지구적 대의체제가 참여의 형식을 적절히 배합하지 말아야 할 이유는 없다. 예를 들어 중요한 결정, 특히 헌법 차원에서 해결해야 할 문제는 대중의 협의를 거치는 방안을 구상해볼 수 있다. 또한 선거구 투표가 필요하다는 주장도 상당히 근거 있어 보인다. 가령 한 선거구의 구성원이 청원에 필요한 수만큼 서명을 확보했다면 자신들의 대표가 내리려는 결정에 대해 투표를 요구할 수 있다. 어쩌면 대표 불신임에 관한 선거구 투표를 도입할 수도 있다. 이것이 성공적으로 이루어진다면 보궐선거 실시로 이어질 수밖에 없는데, 이 가능성이 유권자에게서 떨어져나가기 시작한 의원들의 마음을 제자리로 돌려놓으리라 보장할 수 있다.

* * *

이런 안전장치만으로는 세계의회가 직면할 법한 온갖 비민주적 압력에서 의회를 수호하기에 부족할지도 모른다. 정치적으로 영향력 있는 조직이면 어떤 것이든 특별한 호의를 얻으려는 단체의 관심을 끌게 되고, 이런 단체 중 몇몇은 자금력이 어마어마하며 설득에도 능할 것이다. 어느 곳에서나 특수 이익단체, 특히 거대 기업과 유력 종교집단의 이익을 대변하는 단체의 막강한 로비 때문에 민주주의가 손상되고 있다. 개별국가나 유럽 전체 차원에서 발생하는 민주주의의 변질을 연구한 사람이라면 그동안 많이 활용된 일련의 수법을 잘 알고 있을 것이다. 부유한 로비단체는 경쟁관계에 있는 어떤 이익단체도 거뜬히 능가할 규모의 상임고문단을 갖춘 사무실을 낸 다음, 명석하고 유능한 사람들을 특정한 쟁점에 대비하도록 배치하여 점차 선출된 대표들의 저항을 둔화시킨다.

많은 나라에서 민주주의에 대한 이들의 공격에 후보나 정당에 대한 정치자금 기부가 한몫을 한다. 그들은 또한 뇌물이라는 범죄행위나—다른 글에서 내가 자료로 입증했다시피[56]—교묘한 혹은 노골적인 협박에 의존하기도 한다. 후보 자신이 엄청난 부자거나 그런 사람의 후원을 받는다면, 이들은 대대적인 선전과 물품공세 혹은 선거 직전에 대중에게 공짜 파티나 가로등, 심지어 축구 경기장 같은 어마어마한 선물을 제공함으로써 효과적으로 표를 매수할 수 있다.

이 모든 왜곡행위는 (흔히 유력 기업이나 종교단체의 계열 회사인) 또 다른 특수 이익단체가 장악한 미디어 조직 탓에 나날이 더심해지는데, 이 조직을 소유한 억만장자가 바로 그들이다. 영국의 일간지 『데일리 텔레그래프』*Daily Telegraph*의 전 편집자 맥스 헤이스팅즈Max Hastings는 사장이었던 콘래드 블랙Conrad Black에 관한 글을 써서 독자가 소유주의 압력이 어느 정도인지 볼 수 있는 흔치 않은 기회를 제공했다.[57]

대부분의 실업계 거물과 마찬가지로 콘래드도 부자 조합의 한 구성원으로서 자신의 책임을 의식하지 않을 때가 거의 없었다. 많은 재산을 모은 사람은 대개 남의 불행을 바라는 누군가가 자신의 돈을 빼앗아갈 방법을 발견하지나 않을까 하는 초조감을 떨치지 못한다. 그들은 재산을 어떻게 모았든 간에 동료 억만장자에게 본능적으로 공감한다. ……
동료 유력인사를 비판한 우리 신문의 기사가 콘래드의 격분을 자아낸
적도 드물지 않다. 우리 신문의 뛰어난 미술비평가 리처드 도먼트
Richard Dorment가 한번은 어마어마한 부자 월터 애넌버그Walter Annenberg
가 국제 미술품시장에 끼치는 악영향을 통렬히 비판하는 기사를 쓴 적
이 있다. …… 며칠 동안 끈기 있게 설득한 끝에야 겨우 자신의 옛 친구
인 월터를 나쁘게 말한 죄로 도먼트를 자르겠다는 콘래드를 말릴 수 있
었다.[58]

자신들의 관점을 대변하고 헤아려주는 편집자를 임명함으로써
그리고 고용인에게 '자르기'라는 두려움을 불어넣음으로써, 소유
주는 자신들의 견해가 지배하도록 따라서 그들의 신문과 TV, 라
디오와 웹싸이트가 정부의 계획이나 대중시위에서 미술품시장의
구조에 이르기까지 모든 것을 보도하는 방식을 왜곡할 수 있게 해
놓는다. 억만장자들은 원래 불평등에서 이득을 얻기 때문에 거의
대부분 가난한 사람의 이익 증진에 격렬히 반대한다. 콘래드 블랙
만큼 노골적인 정치적 견해를 갖지 않은 사람조차 광고주의 요구
때문에 자본의 이익을 증대하라는 부추김을 받게 된다. 광고주는
자기 회사의 새 차 광고가 나온 바로 다음 면에서 개인 교통수단
의 부정적 영향을 지적한 기사를 보고 싶어 하지 않는다. 세계 미
디어의 절대 다수는 우리의 정치적 선택을 왜곡해 전달함으로써
이 선택을 제한하는 일에 한몫한다.
　모든 특수 이익단체는 근본 속성상 그들을 막기 위해 세운 장벽
을 요리조리 넘어갈 수단을 적극 찾을 것이므로 로비스트와 억만

장자의 왜곡행위를 해결할 확실한 대책은 없다. 그러나 불충분한 안전장치를 지닌 체제에서 배워야 할 교훈은 많다. 일례로 후보나 정당이 선거에 쓸 수 있는 자금을 엄격히 제한할 조치를 도입해야 한다. 또한 개인 기부금을 허용할 요량이라면 그 액수를 몇십 달러로 한정하자는 논의도 고려함직하다. 몇몇 나라는 정치자금을 제공하는 유일한 공정한 체제는 국가의 후원임을 인식하기 시작했다. 물론 세계의회는 자금을 의존할 국가가 없지만 이 책이 내놓는 다른 제안 중 하나를 실행할 경우 수백억 달러가 생길 것이고, 그 일부가 의회의 영속과 의원 후보들에게 지원되리라 기대할 수 있다. 그렇긴 해도 의회나 의원이 사용할 수 있는 재원을 관리하고 어떤 후원자도(가령 국민국가나 다른 기관) 의회의 결정에 영향을 미치지 못하도록 규칙을 정할 필요는 있을 것이다. 내가 보기에는 자금이 넘쳐나되 후원자에게 좌우되는 의회보다는 차라리 우리가 구상하는 기능 중 단 몇 개만을 수행할 수 있는 최소한의 의회를 운영하는 편이 낫다.

직업 로비스트의 도를 벗어난 활동을 막으면서도 유권자의 뜻에 부응하는 지구적 의회가 마땅히 고려해야 할 대중의 청원이나 불평, 제안(그리고 대중의 불평 대상이 되는 기관의 역逆청원)을 받아들일 방법을 찾기란 쉬운 일이 아니지만, 우리의 대표가 특수 이익단체의 부당한 영향에서 벗어나게 할 수 있을지는 모른다. 한 가지 방지책은 완전한 정보공개다. 의원들이 대중의 이익을 위해 활동한다면 아무것도 숨길 필요가 없을 것이다. 자신이 무엇을 하는지 알리길 거부하는 관리는 의혹을 사기에 마땅하다.

지구적 대표들은 '국가안보' 때문에 자신들이 참석하는 모든 모임과 토론의 전체 세부사항을 공개하지 못하겠다고 주장할 수는 없을 것인데, 그들에게 지켜야 할 국가안보란 없기 때문이다. 따라서 세계의회는 어느 국회보다 더 투명할 수 있다. 우리가 대표들을 개별 혹은 집단적으로 파면할 수 있어야 한다는 앞의 제안과 더불어 이 조항은 우리의 대표가 강자의 수중에 넘어가지 않게 할 여지를 제공할 듯하다. 또한 부패의 정의를 엄격하게 마련하여 이 규칙을 어긴 대표를 기소하도록 국제형사재판소에 요청할 수 있을 것이다.

이때 반드시 해야 할 일은 대표들의 활동과 그들의 결정을 좌우한 주변 여건에 대한 보고다. 억만장자 소유의 대중매체에 정보를 의존하는 사람은 자신들의 대표가 억만장자에게 지나치게 영합하는지 어쩌는지 알아낼 수 없을 공산이 크다. 또한 그들은 논의를 둘러싼 지구적 맥락이나 의회가 내릴 결정의 함의에 관해서도 심각하게 오해하기 쉽다. 세계의 운영방식에 대한 우리의 인식을 체계적으로 왜곡하는 대중매체는 민주적 선택에서 가장 큰 장애 가운데 하나다. 이 문제에 대한 손쉬운 해결책은 없다. 세계정세가 보도되는 방식을 좌우할 규칙을 세우려는 어떤 시도도 시행 불가능한 것이거나 억압적인 것에 그칠 것이다. 예를 들어 가장 심각한 왜곡은 종종 매체가 행하는 '누락'에서 발생하는데, 강자가 저지른 폭력행위는 못 본 척하고 약자가 일으킨 것만 강조한다든지, 피억압자의 요구는 무시하고 억압자의 요구만 옹호하는 등, 없는 사실을 지어내지는 않지만 실상은 편파적인 그들의 보도는 오보만큼이나 잘못된 방향으로 이끈다. 법을 제정해서 이를 막을 수 있으리란 보장은 없다. 그리고 편집권을 좌우할 강력한 규정을 지닌 법이라면 민주주의의 선결조건인 언론의 자유 또한 빼앗을 것이 분명하다.

우리가 할 수 있는 최상은 그들과 겨루는 다른 정보원을 확립하는 일이다. 지구적 정의운동은 이미 수천 개의 웹싸이트와 잡지, 비디오, 팸플릿, 책을 제작했다. 대부분은 이미 관심을 가진 사람에게만 활용되고, 우리가 맞서는 기업에 비해 우리의 정보자원은 제한적이다. 하지만 여기에 귀를 기울이는 독자는 늘어나고 있다. 세계의 대안 미디어가 하는 역할은 로마 시대의 평민회가 임명한 의회 리포터, 즉 조영관과 유사하다. 지구적 운동이 성장함에 따라 시민 대비 조영관의 비율도 그에 따라 증가할 것이고, 마침내 주류 미디어와 대등하게 맞설 정도가 될 것이다.

다만 난제 가운데 하나는 글을 모르고 기술을 활용할 수도 없는 사람에게 다가가는 일이다. 이 과제는 수십만 명의 자원봉사자를 필요로 하므로, 요컨대 우리의 역량에 상응한다. 당면한 문제의 근본원인이 무엇인지 인식을 고취하고 권력자의 목소리를 의심하게 만드는 기법은 이미 많이 개발되어 있으며 그중에서도 브라질의 교육학자 빠올루 프레이리Paolo Freire가 고안한 것이 가장 효과 있을 것이다.[59] 흥미로운 사실은 각 나라의 정부가 이런 일에 도움을 주었다는 점으로, 그들은 정치에 관심을 불러일으키려는 (그래서 자신들 민주주의의 정당성을 강화하려는) 필사적 시도로 시민권 수업을 학교교육에 도입했다. 몇몇 나라에서는 이런 일이 비정규 교육자들의 진보적이고 해방적인 교육법에 의해 이루어진다.

이 밖에도 세계의회 의원이 공격적인 특수 이익단체가 아니라 변함없이 유권자를 대표할 수 있게 도와줄 몇몇 다른 조치가 있다. 첫째, 그들을 정당조직에서 보호하는 조치다. 대부분 의회에서 대표자는 당 간부의 통제를 받으며 지도부가 중요하다고 여기는 쟁점에 관해서는 어떻게 투표할지 지시를 하달받는다. 실상 어떤 체제에서는 '자유투표'란 사치품으로 간주되며 당 지도부가 의회의 반란을 예방하고자 할 때, 아니면 사소한 문제라서 어떤 결정이 나더라도 문제가 되지 않을 때나 행사된다. 더구나 의원들은 연설이나 공식 성명에서 당과 당의 정책에 대한 충성을 다른 관심사보다 우위에 두리라 기대된다. 흔히 '원내총무 체제'로 묘사되는 이런 억제수단은 잔인한 방식으로 실행되기도 한다. 일례로 영국의 의원은 투표용지를 받아보면 사전에 이미 작성이 끝난 상태일 때도 있고, 원내총무가 하원 복도에서 달려들기도 하며, 당이 하라는 대로 하지 않으면 당황스러운 사생활의 일면이 선정적인 신문에 흘러들어갈 거라는 경고도 받는다고 토로한다.[60] 영국의 국회의원은 지시대로 하지 않으면 당 지도부로 진입할 기회가 없으리란 점을 잘 알고 있다.

달리 말하면, 원내총무 체제는 협박의 체제다. 그것의 목적은 의원들이 민주적 의무를 이행하는 일, 즉 유권자의 이익에 근거하여 양심에 따라 투표하고 활동하는 일을 막는다. 이 체제 때문에 정당의 서열구조가 의원들을 통제하며, 의원들이 내린 결정은 유권자가 아닌 당 간부를 대표하게 된다. 그리고 당 간부의 이해가 흔히 유권자의 이해와 모순된다는 사실은 아주 명백하므로 우리가 이 체제를 용인하는 유일한 이유는 다만 그것에 익숙하기 때문이다.

집권당 간부들은 종종 이 체제가 자신들의 정치 강령을 이행하는 유일한 수단이라고 주장한다. 그들은 입법부에 제출할 정당선언서에 공약했고 의원들이 지시대로 움직이는 한에서만 강령을 완수할 수 있다는 것이다. 하지만 정당선언서에 담긴 모든 것에 찬성표를 던지는 의원은 거의 없고 대부분의 의원은 선언서의 공약 중 최소한 몇 개에는 불만을 갖고 있다. 더구나 정치적으로 이롭다고 판명될 때는 그토록 신성시하던 이 공약은 정부가 예상보다 많은 기득권 세력의 반대에 부딪히는 순간 간단히 내던져질 수 있는 것이 된다. 세계의회 대표들은 집권당으로 하여금 유권자가 불만스러워하는 공약을 재검토하거나 유권자가 찬성표를 던진 공약을 지키도록 강제할 수 있어야 한다.

물론 만일 초기단계에서 세계의회가 행정부나 직접적인 법적 위임통치권을 갖지 않을 거라면 이런 평계의 소지는 즉각 제거된다. 하지만 모든 의회체제에서 민주적 동의가 의미를 갖기 위해서는 정당의 간부가 세계의회 대표들이 내리는 결정에 간섭하는 일을 금해야 한다. 세계의회에서는 국제형사재판소의 도움을 얻어 시행할 수 있는 부패 방지 규칙에 그와같은 규정을 덧붙일 수 있을 것이다.

의원의 급료를 상대적으로 낮게 유지하는 방법도 또 하나의 보호장치가 될 수 있다. 의원의 임금이 국가 전체의 평균임금보다 훨씬 높은 나라의 의원은 국민에게서 멀어진다. 그들의 급료가 스스로를 지배계급으로 보게 부추기는 것이다.

의원의 고임금을 옹호하는 사람들은 그것이 '최상'의 후보를 끌어들이기 위해 필요하며 임금만으로도 충분하므로 그들의 부패를 방지한다는 논리를 내세운다. 하지만 '최상'의 후보란 자신의 이익을 자기가 대표하는 사람들의 이익에 종속시킬 자세가 된 사람이다. 고임금은 탐욕스러운 사람을 끌어들일 뿐이다. 의원의 보수가 적다면 입신출세에만 관심이 있는 사람은 의회에 접근하지 않을 것이다. 정계에 속한 사람 대부분이 그렇듯 그들이 사라지는 사태를 개탄하기는커녕, 그들이 떨어져나가 주어서 잘됐다고 여겨야 한다.

1990년대 초 브라질의 국회의원들은 스스로에게 세계에서 가장 높은 급료를 책정함으로써 부패를 근절하고자 했다(적어도 그것이 그들이 내세운 이유였다). 결과는, 넉넉한 합법적 재산이 생기게 되자 뇌물로 챙겨받은 가욋돈을 효과적으로 감출 수 있게 되었다는 것이다. 이제 아무도 그들의 새 차나 새집이 받지 말아야 할 돈을 받은 증거라고 지목할 수 없게 되었다. 기업의 임금체계를 연구한 사람이라면 누구나 알다시피, 고임금은 탐욕을 충족시키는 게 아니라 더욱 부추기는 경향을 보인다.

그렇기 때문에 세계의회 의원의 급료를 세계 평균임금에 가깝게 못 박아두자는 주장이 나온다. 또한 임기 중에는 다른 곳에서 돈을 받지 못하게 하고 세계시민을 대표하는 직무를 전업으로 삼게 해야 한다는 견해도 있다. 이런 논의는 세계의회 의원에게 매우 높은, 심지어 가혹한 기준을 요구하는 것이지만, 의회가 가진 역설적 측면은 의원의 선택이 제한될수록 체제는 더 개방적일 수 있다는 사실이다.

비슷한 이유로 세계의회는 가난한 나라에 본부를 두어야 한다. 이렇게 되면 의원 스스로 주변 사람들보다 우월하다고 여길 우려가 있지만, 이 위험은 그들이 의회 업무를 수행하면서 마주치는 사람들의 관점을 받아들이게 된다는 장점으로 상쇄될 법하다. 돈 많은 나라들의 과도한 권력에 맞서고자 하면서 부자 나라에 의회를 둔다면 세계의회의 대의가 훼손될 것이다.

지금까지 열거한 것 같은 반(反)민주적 압력은 종종 세계의회를 반대하는 근거로 제시된다. 만일 한 나라의 국회 대표들로 하여금 책임의무를 다하게 만들기가 이토록 힘이 든다면 지구 차원에서는 얼마나 더 힘든 일이겠는가? 조직은 작동규모가 클수록 조직이 대표하는 사람들의 요구에 덜 반응하게 된다. 하나의 정책에 대해 1,000만 명의 반대를 조율하기란, 특히 그들이 국경을 가로질러 퍼져 있는 경우라면 1만 명이 반대할 때보다 더 힘든 것이다. 그러나 여기서 열거한 반민주적 압력은 세계의회가 존재하든 안하든 작용한다. 실상 그 압력은 민주적 정당성을 도무지 내세울 수 없는 단체, 곧 현재의 모든 지구적 통치기관에 적용될 때 한층 더 강력해진다. 세계의회라는 발상을 버린다고 이런 압력이 사라지지는 않으며, 다만 이것이 행사되는 것을 막을 수단이 없어질 따름이다. 다시 말해 세계의회의 대안이란 지구적 통치의 소멸이 아니라 제멋대로 나섰기에 아무 책임도 지지 않는 부유한 세계의 몇몇 사람들에 의한 통치다. 민주주의가 위험이 많고 성공 여부가 불확실하다는 이야기는 민주주의에 대한 반론이 아니다. 그것은 공적 감시에 대한 옹호론이다.

하지만 세계의회의 권한에 한계가 있다는 사실은 금방 드러날 것이다. 의회의 도덕적 권위는 국제기구들에게 일부 관행을 고치도록 강제할 것이지만, 앞서 지적했다시피 이 기구들 스스로 문을 닫도록 설득하지는 못할 것이다. 군대에 의존하지 않으므로 국가간의 갈등을 방지하거나 한 국가가 자기 국민을 살해하지 못하게 막을 수도 없을 것이다. 국민국가가 존재하는 한, 국제적 폭력사태를 방지할 가능성을 조금이라도 가지려면 아무리 정당한 정치적 세계화라도 국제주의를 동반하지 않을 수 없다. 이는 폭력에 의존하는 지구적 통치를 바꿔보려면 무장한 국가 사이에서 평화를 중재하는 국제기구가 계속 필요하리란 점을 암시한다. 우리는 유엔안보리를 해체할 수 있고 또 해체해야 하지만 곧바로 그와 유사한 위임통치권을 갖는 또 다른 조직을 만들어내야 한다는 사실을 알게 될 것이다.

만일 그와같은 기관이 정당하고 권위 있는 것으로 받아들여지려면 강압이 아닌 동의에 의해 작동된다는 점을 확실히 보여줘야 한다. 이는 지구적 안보를 책임지는 이 조직이 **국제**기구로서 가능한 한도까지는 최대한 민주적이어야 함을 뜻한다.

민주적 안보체제는 제멋대로 나선 다섯 나라의 정부가 아닌, 전체 총회의 통제를 받게 될 것이다. 각 나라의 투표권은 그 나라가 대표하는 사람들의 수와 민주적 정당성에 의거하여 신중히 판단될 것이다.

그렇다면 1만 명의 인구를 가진 폴리네씨아의 투발루 정부는 중국 정부보다 훨씬 적은 투표권을 갖게 된다. 하지만 중국 또한 민주적으로 선출된 정부였을 경우보다 훨씬 적은 투표권을 가진다. 민주화를 가늠하는 엄정한 수단은 스웨덴의 '사업과 정책 연구쎈터'Center for Business and Policy Studies나 영국의 '민주감사원' Democratic Audit 같은 단체가 개발에 착수하고 있다. 그들의 평가기준을 활용한다면 객관적인 지구적 민주주의 지표를 마련하기란 그리 어렵지 않을 것이다. 이런 체제에서는 민주화의 강력한 유인책이 각국 정부에 제시될 것인데, 민주적인 정부일수록 세계정세에 미치는 영향력도 커진다.

또한 어떤 국가도 거부권을 가질 수 없을 것이다. 전쟁을 일으킨다거나 하는 중대한 결정은 총회의 가중표결에서 압도적 다수의 동의를 얻어야만 한다. 이는 강대국이 전쟁에 소극적인 나라를 자신의 편으로 끌어들이려면 나머지 나라 대부분을 매수하거나 협박할 도리밖에 없음을 뜻한다. 그들이 가장 필요로 하는 표를 가진 나라는 표를 매수하기 가장 어려운 나라일 것이다.

이 기구와 세계의회는 서로 정당성을 강화하기도 하고 활동을 제한하기도 할 것이다. 민주화의 유인책이 각국 정부가 세계의회 선거를 금지하지 못하게 만들 것이다. 우리는 간접적으로 선출된 기구에서 직접선거에 의한 기구로 옮겨가는 권력의 이동을 예견할 수 있다. 다시 말해 지구적인 양원兩院 의회의 발전을 보게 될 것이며, 이 의회는 정부 주요 기능의 일부를 실행할 수 있을 것이다.

하지만 유엔의 작동방식을 바꾸려는 이런 계획이 실행되려면 모든 결정을 좌지우지하는 다섯 나라의 명령을 통하는 방법밖에 없다. 이들은 자신들의 거부권을 없애려는 어떤 시도에도 거부권을 행사할 것이다. 「유엔헌장」의 수정을 막기 위해 「유엔헌장」을 이용할 수도 있다.

2003년 3월까지는 어떻게 해볼 도리가 없는 문제처럼 보였다. 과거에는 오직 궤멸적인 세계대전을 통해서만 지구적 안보협정을 전면 수정할 수 있었다. 하지만 이라크와 전쟁을 하기 위해 유엔 안보리를 밀쳐냄으로써 미국은 예전까지 그토록 충직하게 자신에게 봉사해온 체제를 무너뜨리기 시작했다. 안보리의 인가도 받지 않고, 그리고 상임이사국 세 나라와 대부분의 비상임이사국의 의사를 무시한 채 전쟁을 시작했으므로 미국은 규칙을 지키는 **시늉** 조차 포기한 것이다. 그렇다면 안보리가 근근이 주장해온 그나마의 정당성과 적합성마저 사라질 것이다. 안보리는 억제력도 상실할 것이다. 이렇게 되면 다른 나라에는 두 가지 선택권만 남는다.

첫째는 안보체제가 무너졌고 미래에는 국가간의 분쟁이 군사력을 배후에 둔 양자간 외교로 해결될 것임을 받아들이는 일이다. 곧 깨닫게 되겠지만 체제 없는 세계는 잘못된 체제를 가진 세계보다 훨씬 더 잔인할 것이다. 분쟁의 가속화와 세계대전의 가능성을 막을 수단이 없는 것이다. 둘째는 유엔의 구조를 허물고 미국의 거부권을 무효로 만들어 새로운 (그리고 당연히 바라건대 더 민주적인) 지구적 안보체제를 구축하는 일이다. 이것은 대담하고도 위험한 전략이다. 국제형사재판소와 이상기후에 대한 쿄오또 의정서의 경우와 마찬가지로 새로운 체제는 미국의 개입 없이 시작해야 할 것이다. 그렇게 되면 세계 최강의 군사대국이 국제법 체제의 일원이 아닐 것이란 얘기가 된다.

우리는 미국 정부가 형사재판소에 그랬던 것보다 훨씬 더 심한 적개심으로 이 제안에 반응하리라 예상할 수 있다. 미국은, 비민주적이라는 단 한 가지 이유 때문에 현체제를 용인해왔다. 거부권을 행사할 수도, 또 손쉽게 대외정책의 도구로 만들 수도 없는 체제는 미국의 힘에 대한 위협으로 인식될 것이다. 그렇게 되면 미국 정부는 어느 나라도 상관하지 않고 분쟁을 해결하겠다고 위협할 것이다. 따라서 총회의 가중표결에 기초하여 민주적 안보체제를 고안하고자 한다면 미국을 설득하여 규칙을 따르게 하거나, 아니면 체제 바깥에서 활동할 미국의 역량을 약화시켜야 한다. 후자는 지금의 안보리가 붕괴하건 아니건 반드시 필요한 일이다.

여기서 중요하게 기억해야 할 점은 미국 정부의 지나친 행위가 미국 국민에게 뭔가 문제가 있음을 가리키지는 않는다는 사실이다. 미국 정부는 민주주의 국가로서 세계 유일의 초강대국이라면 어느 나라라도 그랬을 법한 방식으로 행동해왔다. 그것이 위협적인 유일한 이유는 강하기 때문이다. 민주적 안보체제의 목표는 다시는 어떤 나라도 이만큼 강해지지 못하게 막는 일도 포함한다.

미국은 군사력 면에서 도전할 수 없는 것처럼 보이지만 다른 면에서는 보기보다 훨씬 약하다. 엄청난 부채와 예산적자에 시달리는 미국 경제는 단지 달러가 지배적인 국제통화이기 때문에 지탱되고 있다. 5장에서 설명하겠지만, 미국은 이 통화제도에서 막대한 보수금을 얻는다. 그러나 이런 방식이 언제까지 지속될 수는 없을 듯하다. 유럽과 러시아, 중국에서 통화준비금을 달러가 아닌 유로나 위안으로 보유하자는 주장이 심각하게 고려되고 있다. 2000년에는 후쎄인^{Saddam Hussein}이 이라크의 석유를 달러가 아닌 유로로 구입하도록 요구했다. 유로의 가치가 상승하고 유럽과 무역이 확장됨에 따라 다른 산유국도 그 뒤를 따를 강력한 경제적 이유를 갖게 되었다. 그렇게 된다면 달러에 대한 국제적 요구는 크게 줄어들 수 있다. 사실상 이런 가능성을 막을 필요가 미국 정부가 이라크전을 결행한 이유 중의 하나였다.[61] 다시 말해 세계의 나머지 나라들이 미국 경제를 파탄낼 수단을 갖고 있으며, 따라서 지구적 패권국가라는 미국의 지위를 위협할 수단도 가진 셈이다.

형평과 정의에 입각한 세계질서를 건설하려면 이런 일이 필요하게 될지도 모른다.

각국 정부는 이와같은 도전을 가급적 피하고자 할 것이다. 초강대국과 대결하는 일은 거의 모든 정부가 회피해오던 일이다. 하지만 석유상과 금융투기꾼, 독립적인 중앙은행은 자신들을 위해 미국을 봉쇄하는 재정적 전제조건을 부지불식간에 확립하기 시작할 것이다. 그렇다면 이들의 용기는 그렇게 해서 만들어진 기회를 포착할 태세가 되어 있는지의 여부로 판가름 날 것이다. (많은 나라에서 새로운 평화운동을 일으켰고 또 그와 결합해온 지구적 정의운동이 이끄는) 유권자가 그들로 하여금 세계대전이 또 일어날 가능성을 방지할 의무를 촉구할 때만 그들이 이런 용기를 발휘할 것이다.

제 **5** 장

결단의 조치

국제청산연맹

5

민주주의적 세계화를 위한 계획이 제아무리 성공한다 하더라도 국민국가가 사라질 때에야 비로소 국제주의의 요구를 피할 수 있다. 국가가 존속하는 한 국가와 국가기관은 다른 기능과 함께 계속해서 지구적 부의 흐름을 감독할 것이다. 부와 가난은 여전히 국가경제가 강하냐 약하냐에 영향을 받고, 이것은 다시 국가간의 관계에서 영향을 받을 것이다.

지난 500년간 이 관계의 본질은 약탈이었다. 다양한 역사적 사건을 통해 현재의 무역체제가 기초한 국제 네트워크를 맨 먼저 확립한 나라들은, 자신보다 약한 무역 상대에게서 자신의 경제로 부가 흘러들어오도록 보장하는 무역체제를 만들어놓았다. 전반적으로 보아 이 방식은 비공식적인 강압에서 공식적인 식민주의로, 식민주의에서 다시 비공식적인 강압(일반적으로 '독립'이라 일컬어진다)으로 바뀌는 두 차례의 전환을 무사히 거쳐내면서 존속해왔다.

왜 어떤 나라는 남이 부자가 될 때에도 여전히 가난한지 알려면 두 가지 문제를 이해해야 한다. 하나는 국가가 서로 거래하는 **조건**, 즉 국가간 교환과 자원의 가치평가를 관할하는 규칙이다. 이 문제(그리고 이런 조건을 개선하는 방법)는 6장에서 다룰 것이다. 또 하나는 국가간 무역의 **균형**인데, 이 장에서 다룰 주제가 바로 이 문제다.

사람들은 이 점을 잘 납득하지 못하지만 가난한 나라가 진 외채의 상당부분은 불공정무역의 결과다. 어떤 나라가 해외에서 약품이나 컴퓨터 혹은 곡물 같은 상품을 구입하고 싶지만 그것을 살 외화가 없다면 돈을 빌려야만 한다. 이렇게 해서 대외채무가 생긴다. 이 나라는 외화를 벌어들여 빚을 갚는 수밖에 없으므로 자국 상품을 수출하고자 한다. 만일 수입에 지출하는 만큼을 수출에서 벌어들이는 데 계속 실패한다면 빚은 쌓이기 시작한다.* 이런 일이 발생하면 이자를 갚기 위해 점점 더 많은 외화를 빌려야 한다. 수출품 가격을 올리지 못하면 점점 더 많은 돈을 빌려야 하고 그리하여 더 많은 빚에 몰리게 된다. 부채의 늪에 더 깊이 빠져들어 더 많은 돈을 이자로 갚아야 할수록 경제를 건설하고 수출품에 투자할 돈은 더 적어진다. 이렇게 해서 가난한 나라는 부채의 악순환에 꼼짝없이 빠지게 되는 것이다.

가난과 싸우는 나라로 하여금 부채를 피하고 또 거기서 빠져나오도록 돕는다는 두 국제기구가 IMF와 세계은행이다. 이들이 그

*버는 것보다 쓰는 것이 더 많은 나라는 **적자** 상태라고 할 수 있다. 벌이가 더 많은 나라는 **흑자** 상태다. 세계경제는 닫힌 체제이므로(우리가 다른 행성과 거래를 하지는 않으므로) 세계의 흑자 총액은 적자 총액과 등가일 수밖에 없다.

일에 실패했다는 사실은 어렵지 않게 알 수 있으니, 심지어 채무 공제를 받은 다음에도 몇몇 가난한 나라는 초등교육보다 이자 지불에 더 많은 돈을 쓴다.● 사실상 두 기구의 지원을 받는 나라 대부분은 그들이 개입하기 전보다 훨씬 더 많은 빚을 지게 되었다. 일부 정부가 부패와 관리 잘못으로 나라의 부채를 크게 늘렸다는 데는 의문의 여지가 없지만, IMF와 세계은행의 지시를 그대로 실행한 나라도 이 기구들이 무책임하다고 비난한 나라와 조금도 다를 바 없이 많은 빚을 지고 있다. 실제로 그들의 처방을 가장 충실히 따른 나라가 가장 심한 경제 붕괴를 겪었다는 점은 논증이 가능한 사실이다.

제2차 세계대전의 승자들이 세계의 안보체제를 자신들에게 맞도록 조정했듯, 그와 동시에 벌어진 무역전쟁의 승자들 또한 국제 금융체제가 자신들의 권력을 강화하고 확장하도록 보장해놓았다. 그들이 만든 체제에서는 약소국이 부채에 빠져들수록 그들이 원하는 대로 할 수밖에 없게 되어 있다. 다시 말해 채무는 한 나라를 경제적으로 곤궁하게 만드는 데 그치지 않고 정치적으로도 곤궁하게 만든다.

이 장에서 차차 논의하겠지만, IMF와 세계은행은 둘 다 구조적으로 개혁이 불가능하며 실패할 운명이다. 실상 두 기구의 실패는 탄생 순간부터 세계 유수의 많은 경제학자들이 예언한 것이기도 하다. 게다가 그 전에 이미 작동의 효율성으로 보나 결과의 공정

● 씨에라리온이 현재 최고 기록을 보유하고 있는데, 초등교육에 지출하는 것보다 부채의 이자를 치르는 데 6.7배나 더 많이 지출한다. 그 결과 이 나라 아동의 24퍼센트만이 학교에 다닌다. 정부 수입의 거의 90퍼센트가 부채 지불로 소모된다.[62]

함으로 보나 훨씬 더 낮다고 널리 인식된 체제가 계획되어 있었다. 이 제안이 폐기되고 현제도를 만든 안이 채택된 것은 강한 정치적 압력이 없고는 불가능했다. 우리는 이미 일회성이 아니라 영구적으로 무역균형을 이루고 대외채무를 제거할 이론적 수단을 갖고 있다. 이후 제시하겠지만 이보다 더 흥미로운 것, 즉 현존하는 체제를 전복하고 찬탈당했던 그 전의 체제로 대체하는 데 필요한 무기도 있다. 이 무기에 저항하는 일은 불가능할 것이다. 일단 이 무기의 사용법을 익힌다면 세계의 어느 정부도 이에 맞서 방어할 수 없을 것이다.

스티글리츠의 책이 준 충격은 몹시 대단해서 어쩌면 지구적 정의운동에 대한 대중의 인식을 스티글리츠 이전과 이후로 나누어도 좋을 것이다. 세계은행의 수석 경제학자와 미국 대통령 경제자문위원회 의장을 역임한 노벨상 수상자, 조지프 스티글리츠 Joseph Stiglitz는 이런 직책을 맡는 동안 발견한 사실을 책으로 출판했는데,[63] 그 전까지 정의운동의 문제제기는 부유한 국가의 전문가나 정치인에 의해 판에 박힌 듯이 일축되곤 했다. 스티글리츠 이후에는 일부 시장근본주의자조차 우리의 분석이 어떤 점에서는 정확하다는 점을 받아들이지 않을 수 없게 되었다.

IMF의 애초 취지는 국제수지 문제를 겪는 나라를 지원하고 환율을 안정시키며 경제성장과 고용, 임금상승을 촉진함으로써 세계경제의 안정을 유지하는 것이었다. 설립자들은 이런 일들이 한 나라가 직면한 경제적 어려움이 다른 나라로 전염되어 제2차 세계대전의 전제조건이 된 세계적 경기침체를 야기하지 않도록 막아주리라 기대했다. 스티글리츠는 IMF가 지난 몇 년간 이와는 정확히 상반되는 일을 해왔음을 보여준다. 가난한 나라의 허덕이는 경제가 아니라 부유한 나라의 민간은행과 금융투기꾼을 지원하는 정책으로 환율을 불안정하게 만들고 국제수지 문제를 격화시켰으며 여러 나라를 부채와 불경기로 몰아넣었을 뿐만 아니라 수천만 노동자의 직장과 수입을 파탄냈다.

스티글리츠가 논증했듯이, IMF의 프로그램은 "서구 금융공동체의 이익과 이데올로기"를 반영한다.[64] 그 프로그램은 구체적인 상황과 무관하게 약소국에 강요되는데, IMF의 지시를 받는 모든 나라는 인플레의 통제를 다른 경제목표에 우선하고, 무역과 자본의 흐름을 막는 장벽을 즉각 제거해야 하며, 금융체계를 자유화하고 채무상환 이외의 모든 정부지출을 줄이고, 해외투자가에게 매각될 수 있도록 자산을 민영화해야 한다. 이런 일은 공교롭게도 부유한 나라의 금융투기꾼에게 딱 들어맞는 정책이다. 스티글리츠는 "어떤 의미에서 IMF야말로 투기꾼들이 사업을 계속해나가게 해준다"고 썼다. 약소국은 IMF가 자금지원을 중단할 수 있고 또 민간은행에도 같은 일을 권고할 수 있음을 알고 있기 때문에 "드러내놓고 반대하기를 두려워"한다. IMF는 "지원을 받는 나라 안에서 널리 이루어지는 토론은 말할 것도 없고 그 나라 정부 내에서조차 경제정책에 관해 어떤 토론도 할 수 없도록 효과적으로 억누른다." 스티글리츠가 연구한 IMF 프로그램 대상국 국민은 "합의의 논의과정에 접근할 수 없을 뿐 아니라 합의내용이 무엇인지 들어보지도 못했다."[65]

1980년대에 들어와 IMF는 개발도상국 가운데 가장 성공한 몇몇 나라의 경제를 불안정하게 만들기 시작했다. 타이와 한국, 필리핀과 인도네시아는 동아시아의 다른 많은 나라와 마찬가지로 IMF와 세계은행이 하지 말라고 한 바로 그런 일을 함으로써 부를 창출하기 시작했다. 그들은 교육에 많은 투자를 했고 특정 산업을 적극 육성했다. 또 자국의 회사가 다른 나라의 거대기업과 직접 경쟁에 돌입하기에 앞서 어느 정도 발전할 수 있도록, 보호조치를 제거하는 일을 서두르지 않았다. 또한 자국 경제에 들어오고 나가는 투기자본의 흐름을 통제했다. 이들 나라는 모두 엄청난 성장률을 기록했고 한국과 타이 같은 나라에서는 국민 대다수가 가난에서 벗어날 수 있었다.

미국 재무부와 월스트리트 은행가들과 합세하여, 그리고 (지시대로 하지 않는 나라들은 파탄나게 되어 있다고 금융시장에 경고함으로써) 스스로를 실현시키는 예언의 위협으로 무장한 채 IMF는 효과적으로 이 나라들이 자본 이동의 규제를 풀지 않을 수 없게 만들었다. "높은 저축률을 감안할 때 동아시아 국가들은 추가 자본이 필요 없었음에도 1980년대 후반에서 1990년대 초반에 자본계정 자유화를 강요받았다. 나는 자본계정 자유화가 경제위기를 낳은 가장 중요한 요인이라 믿는다. ⋯⋯ IMF는 단순히 자유화정책을 강제하다보니 본의 아니게 위기를 야기한 정도가 아니라, 이런 정책이 성장을 촉진한다는 증거가 거의 없음에도 그리고 개발도상국에 엄청난 위험을 부과한다는 충분한 증거가 있었음에도 이 정책을 강제했다."[66]

이들 나라의 많은 사람이 예견한 대로 결과는 금융투기꾼이 자유화된 통화를 공격하기 시작했다는 것이다. 1997년에 그들은 이 지역의 가장 취약한 통화인 타이 바트baht를 덮쳤다. 그들은 간단한 투기 게임을 해서 돈을 벌어들였다. 바트의 가치가 있을 때 타이 은행에서 엄청난 양의 바트를 빌려서 달러로 바꾼다. 이런 일을 매우 갑작스럽게 그리고 충분한 규모로 행한다면 이 통화의 가치는 붕괴한다. 그 결과 바트는 전보다 더 값이 떨어진다. 그럴 때 달러의 일부로 대부금을 갚아버리고 차액을 챙기는 것이다. 서구 세계에서 가장 찬양받는 '투자자'가 하는 사업이란 게 바로 이런 것이다. 그들은 횡령peculation이라는 오래된 수법을 사용하면서 앞에 's' 자를 붙여 점잖은 투기speculation 활동인 양 치장했다. 이런 일은 IMF가 자본시장 자유화를 강요했기 때문에 가능했다.

타이의 통화를 결딴낸 다음 IMF는 '환율을 유지하기 위해서'라는 그럴싸한 명분을 내세워 융자 형태로 이 나라에 수십억 달러를 쏟아부었다. IMF를 비판하는 사람들의 예측에서 한 치의 어김도 없이, 서구의 은행이 융자금을 회수하고 국내 엘리트 세력이 투자 대상을 다른 나라로 옮겨감에 따라 이 돈의 거의 전부가 곧장 나라 밖으로 다시 빨려나갔다. IMF는 투기꾼에 의해 통화가 붕괴된 모든 아시아 국가에 똑같은 방법을 되풀이했고, 결과적으로 외국의 은행에 막대한 이익을 챙겨주었다. 융자는 불구가 된 이들 나라를 전보다 나아지게 하는 대신 엄청난 빚더미를 새로 안겼다. 이 나라들이 파국의 언저리를 헤매는 동안에도 IMF는 계속해서 떠밀었다. 먼저 위협받는 경제를 '큰소리로 꼼짝 못하게 만든' 다음 이자율을 터무니없는 수준으로 올리도록 요구함으로써 불경기로 밀어넣었다. 충분히 예상한 대로 이들 국가의 기업은 파산했고, 이 파산의 영향으로 다시 은행이 쓰러지기 시작했다. 그렇게 되면 대부분 미국에 본사를 둔 외국 기업이 상어떼처럼 몰려들어

파산한 회사를 실제 가치의 극히 일부만 지불하고 사들이기 시작한다. 마치 경제위기를 최대한 빨리 전염시킬 작정인 듯 스스로 유도한 불경기 와중에서 IMF는 감염된 나라들에게 예산의 균형을 맞추도록 강요했다. 이는 이 나라들이 수입을 줄여야 한다는 뜻인데, 그럴 경우 불가피하게 그들의 무역 상대국(주로 같은 지역의 다른 나라)은 수출을 할 수 없게 된다.

1998년까지 IMF는 자신이 초래한 이 재앙을 러시아에까지 퍼뜨렸는데, 러시아는 신흥경제국을 상대로 한 수출에 크게 의존하고 있었고 IMF의 그릇된 충고로 이미 고통을 겪고 있었다. 그런 다음 IMF는 러시아의 병든 경제를 '회복'시키기 위해 똑같은 공식을 적용했고, 그리하여 완전한 세계경제 붕괴를 재촉할 뻔했다. 스티글리츠의 지적대로 IMF는 "대공황 이래 가장 심각한 경제위기"를 야기했다. 이 글을 쓰는 지금도 IMF는 불경기에 접어든 싯점에서 아르헨띠나에 지출을 줄이도록 강요하고, 그래서 침체를 재앙으로 능숙하게 바꿈으로써 라틴아메리카 또한 붕괴의 나락으로 떠밀고 있다.

동아시아에서 붕괴를 견뎌낸 나라들은 IMF의 지시를 거부한 국가들이다. 말레이시아는 IMF가 하지 말라고 한 바로 그것, 즉 자본의 흐름을 통제했다. 스티글리츠는 이 때문에 말레이시아가 이 지역 전체의 불경기에서 "더 빨리 회복할 수 있었고 침체의 폭이 상대적으로 적었으며 미래의 성장에 부담이 될 국가채무의 규모가 훨씬 적었다. …… 오늘날 말레이시아는 IMF의 권고를 따른 나라보다 훨씬 나은 상황에 있다"고 말한다.[67] 중국 또한 자본 통제권을 보유했고 이 지역 대부분의 경제가 수축하는 동안에도 연간 8퍼센트의 성장을 이루었다. IMF의 지시대로 했다가 붕괴한 러시아와 IMF의 권고를 거부하고 번창한 폴란드 사이에도 이와 비슷한 비교가 가능하다.

IMF가 유발하고 악화시킨 이런 위기와 그에 연관된 재앙은 수천만 명을 일자리에서 쫓아냈고 안락한 삶을 누리던 사람을 가난하게, 가난한 사람을 절망하게 만들었으며, 교육과 보건, 다른 공공써비스에 대한 투자를 파탄내고 식량 자급 능력을 훼손했으며 IMF가 활동한 거의 모든 나라에서 소요사태를 불러일으켰다. IMF 프로그램의 명백한 수혜자라고는 외국의 은행과 기업, 투기꾼과 일부 국내 엘리뜨가 전부다. 스티글리츠는 "IMF는 (동아시아 각국 정부에) 환율을 유지하고 채권자를 구제하는 데 쓰도록 약 230억 달러를 제공한 반면, 가난한 사람을 원조하는 데 드는 훨씬 적은 액수의 자금은 내놓지 않았다. 미국식으로 말하면, 기업의 번영을 위한 몇십억 달러는 있어도 평범한 시민의 복지를 위한 몇백만 달러는 없는 것이다"라고 지적한다.[68]

스티글리츠의 책은 두 가지 중요한 점을 빠뜨렸다. 첫째, 자신이 제기한 문제들에 실행 가능한 해답을 제시하지 못했다. 둘째, 아마도 신사다운 태도에서 비롯한 것이겠지만 자기가 갖지 못해서 헐뜯는다는 인상을 줄까 우려한 듯 그가 몸담았던 세계은행의 역할에 대해서는 엄밀히 조사하지 못했다.● 세계은행이 비판의 목소리에 좀더 귀를 기울이는 듯 보여도 그 정책은 거의 IMF만큼이나 파괴적이다. 세계은행의 원래 취지는 제2차 세계대전의 결

●세계은행에서 공개적인 의사 표명을 금지당한 후 스티글리츠는 사임할 수밖에 없게 되었다.

과로 초토화된 국가의 경제회복을 위해 장기융자를 제공하는 것
이었다. 이는 유용하고도 중요한 역할이었고 초기 몇 년간은 분명
해로운 일보다는 유익한 일을 더 많이 했다. 하지만 세계은행은
활동 대상국의 동의를 받지 않은 채 꾸준히 권한을 확장했다. 세
계은행이 스스로 부여한 다른 직무 중에는 댐을 건설하거나 환금
작물을 경작하기 위한 '기획원조', 채무변제를 도울 의도로 만들
어진 '조정자금', 대개 부유한 나라에 본사를 둔 기업을 위한 채무
보증이 있다. 책임이 커지고 부유한 국가의 요구가 점차 압박을
가해오자, 세계은행의 파괴적 영향력은 유익한 결과를 능가하게
되었다. 의도하지는 않았지만 세계은행은 가난한 나라의 빈곤과
환경파괴, 부채의 주요 원인 중 하나가 되었다.

　경험이 주는 가르침에 둔감해 보이는 IMF와 대조적으로 세계
은행은 몇 년에 한 번씩은 일부 정책이 재난을 불러왔고 업무방식
을 바꿀 필요가 있음을 인정한다. 그런 다음에는 프로그램의 이름
을 바꾸고 명시된 목표를 정정한 다음 이전과 대동소이하게 계속
해나간다. 예를 들어 세계은행은 자신이 후원한 많은 수력 댐이
가난을 구제하고 부를 창출하는 것이 목표였음에도 실제로는 수
십만의 사람들을 자기 땅에서 몰아냈으며 천연자원을 파괴하고
원조 대상 국가에 이익을 훨씬 상회하는 비용을 부과하여 부채 부
담을 가중시킨 점을 인정하는 것 같다. 하지만 다른 한편으로는 라
오스에서 우간다에 이르기까지 동일한 문제점을 지닌 수력발전 계
획을 계속해서 원조하고 있다. '조정자금'이 삼림 벌채를 부추긴
다는 비판의 목소리에 동의하는 듯하지만, 개정된 삼림정책 역시
예전과 마찬가지로 이런 문제에 적절히 대처하지 못한다.[69] 경기

침체기에 국가의 지출을 줄이게 하는 것이 경제를 불경기에 더 깊숙이 몰아넣는다는 점은 알지만, IMF와 함께 아르헨띠나에 바로 이런 일을 하도록 강요했다. 세계은행은 경험에서 배울 자세가 되어 있지만 실패를 자인한 전략을 지키느라 이 가르침을 저버린다.

세계은행과 IMF가 기획한 자금지원의 상당수가 엄청난 수익률을 요구함으로써 빈곤을 크게 확대해왔고, 그 가운데서도 많은 나라를 극빈상태에 가둔 것은 '조정자금'이다. 세계은행의 융자는 채무국이 부채를 갚을 수 있게 도와주는 한편 그 나라 경제를 구조조정하여 정부의 방만함을 억제하고 투자가를 끌어들인다고 되어 있다. 이런 지원을 받기 위해 정부는 특정한 '금융지원 조건'에 합의해야 한다. 흔히 공공써비스 분야 정부지출의 대규모 삭감, 공적 자산의 매각, 국영 식량수급과 주요 농산물거래소의 민영화, 노동자 해고를 포함하는 이 융자조건은 세계은행의 애초의 목표, 즉 공공써비스의 증진과 빈곤의 감소, 더 많은 사람에게 일자리 공급하기와는 정반대의 것을 대변한다. 이런 조건은 수십만의 죽음에 간접적인 책임이 있다.

채무국은 보건비와 교육비 지출을 줄이라는 압력을 받았다. 세계은행과 IMF가 활동하는 나라의 국민은 이제 돈을 내야만 이런 써비스를 받을 수 있다. 결과는 대참사였다. 일례로 에이즈가 최악의 영향을 끼친 나라 가운데 하나인 케냐에선 진료 유료화가 실행된 이래 성관계로 전염되는 질병의 치료나 진찰을 받은 여성의 수가 65퍼센트 감소했다.[70] 가나에서는 새로 도입된 수업료 때문에 농촌 가정의 3분의 2가 자식을 학교에 보내지 못하게 되었다.[71] 세계은행과 IMF가 잠비아에 강요한 보건지출비 삭감으로

영아사망률이 1980년의 1,000명 출산당 97명에서 1999년에는 202명으로 늘어났다.[72]

이제 세계은행은 힘든 구조개혁의 시간이 끝났다고 주장한다. 채무국에 '구조조정 프로그램'을 부과하는 대신 이제 채무국이 자체적인 '빈곤 감축 전략'을 설계하도록 허용한다. 이는 개선안처럼 들리지만 빈곤 감축 전략이 구조조정 프로그램만큼이나 강압적이란 사실은 이내 드러난다. 세계은행의 한 고위관리가 밝힌 대로 이 새로운 계획은 "강제성을 띤 프로그램이며, 따라서 돈 있는 자가 없는 자에게 돈을 얻기 위해 무슨 일을 해야 하는지 지시할 수 있다."[73] 그리고 다시 한 번 그들이 해야 하는 일이란 외국의 은행과 기업에 경제를 개방하고 채무상환을 제외한 거의 모든 일에서 국가지출을 줄이는 것이다. 세계은행과 IMF가 가장 절망적인 경제위기를 겪는 나라를 구조한다고 내세우는 채무 구제 프로그램, 이른바 '과다채무빈국 부채탕감책'Highly Indebted Poor Countries Initiative은 부채의 일부만을 구제해주면서 훨씬 강도 높은 조건을 부과한다. •

IMF와 세계은행이 요구한 융자조건 가운데 '효율적 통치'와 '민주화'가 들어 있다는 사실은 가난한 나라의 쓴웃음을 자아낸다. 그들은 빈곤국 경제에 더할 수 없을 만큼 크나큰 손실을 끼쳤으며, 책임성과 투명성 그리고 평화로운 수단을 통한 제거 가능성이라는 견지에서 볼 때 그들 자신의 민주화 정도는 대략 미얀마 정부만큼이다. 그들이 통제하며 '민주화'를 촉진하고 있다고 주장하는 나

• 일례로 2001년, HIPC Initiative의 구제대상 자격이 되는 26개국 가운데 19개국이 여전히 정부예산의 10퍼센트 이상을 부채의 이자를 갚는 데 써야 했다.[74]

라에는 단 하나의 정치·경제 전략, 곧 시장근본주의의 선택만이 허용된다. 이는 때로 전체주의로 보일 만큼 광적으로 강요된다.

그들이 이런 식으로 하는 이유는 가난한 사람을 대상으로 활동하면서도 부자의 통제를 받기 때문이다. 경제규모가 클수록, 그리하여 이들 국제기구에 내는 기금 분담액이 더 클수록, 그 나라는 더 많은 표결권을 가진다. 'G8' 국가, 즉 미국, 캐나다, 일본, 러시아, 영국, 프랑스, 독일, 이딸리아는 IMF 표결권의 49퍼센트[75] 그리고 세계은행 표결권에서 (4개 주요 기관 평균) 48퍼센트를 차지한다. • 이 수치가 184개 회원국 가운데 8개 나라의 권한이 불균형을 이룬다는 점을 암시하지만 동시에 이들 기구를 실제보다 더 민주적으로 보이게 해주는데, 왜냐하면 이 수치는 그 밖의 다른 나라가 합심할 경우 부자 나라들의 결정을 뒤집을 수도 있다는 인상을 자아내기 때문이다. 이 두 조직의 규약에는 모든 주요 결정이 85퍼센트의 동의를 필요로 한다고 되어 있다. 미국은 혼자서 IMF 표결권의 17퍼센트[77] 그리고 세계은행 주요 기관 표결권의 평균 18퍼센트를 갖고 있다. • 다시 말해, 나머지 가맹국 전부가 지지하더라도 미국은 단독으로 다른 나라가 제안한 중대한 결정에 언제든 거부권을 행사할 수 있다.

가난한 나라가 혹시라도 진의를 파악하지 못할까봐 IMF의 총

• 세부 명세는 다음과 같다. 세계은행에서 G8은 투표수의 45.9퍼센트, '국제금융공사'(International Finance Corporation)에서는 55.3퍼센트, '국제개발협회'(International Development Association)에서는 48.6퍼센트, '국제투자보증기구'(Multilateral Investment Guarantee Agency)에서는 43.3퍼센트를 보유한다.[76]

• 세계은행에서 16.5퍼센트, 국제개발협회에서 14.6퍼센트, 국제금융공사에서 23.7퍼센트, 국제투자보증기구에서 16.4퍼센트.[78]

재는 언제나 유럽인이고 부총재는 북아메리카 출신이며,[79] 세계은행 총재는 늘 미국인일 뿐 아니라[80] 미국 재무장관의 추천을 받는다.[81] 두 기구 모두 워싱턴 DC에 본부를 둔다.

그 결과 부자 나라에 적용하는 규칙 따로, 가난한 나라에 강제하는 규칙 따로다. 가난한 나라에는 청산할 길 없는 부채를 갚기 위해 빈털터리가 되라고 강요하는 반면, 총 2조 2,000억 달러를 빚진 세계 최대 채무국 미국은 알아서 하게 내버려두는 식이어서 이 나라는 외부에서 강요하는 어떤 긴축 프로그램도, 인플레 조절이나 강제적 자유화도 겪지 않는다. 사실 미국에서 채무가 경제붕괴를 낳지 않은 이유 중 하나는 IMF와 세계은행이 다른 나라의 투기 공격을 방어하기 위해 유지하는 국제통화준비금을 달러 형태로 보유하라고 우기기 때문이다. 이는 지배적 국제통화로서 달러의 지위를 강화하고 인위적으로 그 가치를 상승시키며 미국이 가난한 나라에게서 세 가지 중대한 보수금을 거둬들일 수 있게 해준다.[82] 첫째는 달러 준비금이 미국 내 자산에 투자될 수밖에 없으므로 미국의 자본계정을 끌어올린다는 사실에서 비롯한다. 둘째는 가난한 나라가 빌린 달러에는 18퍼센트가량의 이자를 요구하지만 미국에게는 3퍼센트의 이자밖에 받지 못한다는 점이다.[83] 셋째, 통화를 발행하는 정부는 화폐발행차익seignorage으로 알려진 것, 즉 통화의 액면가에서 그것을 만드는 데 드는 비용을 뺀 금액을 획득한다. IMF와 세계은행은 약소국 경제의 파괴를 조장할 뿐 아니라 미국이 경제적 지배를 유지하고, 따라서 정치적 패권을 유지하는 데 기여하고 있다.

과거 60여 년 동안 표결권을 재분배하고 규약을 수정함으로써 이

기구들을 개혁하려는 제안이 수십 차례나 있었다. 하지만 차라리 지구의 궤도를 바꾸도록 요구하는 편이 나았을 것이다. 왜냐하면 이 모든 제안이, 때로 분명 의도적으로 간과한 사실은 주요 결정에 미국이 행사하는 거부권은 **규약 차원의** 거부권이어서 미국이 변화에 동의하지 않는다면 어떤 것도 바꿀 수 없다는 점이다. 세계은행과 IMF는 유엔안보리만큼이나 철저히 미국이 장악하고 있다.

* * *

하지만 설사 이런 기구를 운영하는 나라들이 선의에 따라 행동한다 해도 가난한 나라의 삶을 향상시킬 수는 없는데, 이는 세계은행과 IMF가 구조적으로 실패하게 되어 있기 때문이다. 그 이유는 단순하다. 이 기구들이 국제무역의 균형을 유지하는 짐을 전부 가장 영향력이 없는 나라, 즉 채무국에 지우기 때문이다. 채무국은 통화의 약세, 인프라와 공공써비스와 투자자금 부족으로 그럴 만한 입장이 못되는 데도 막대한 무역흑자를 이루어 부채를 청산해야 한다. 부유한 나라가 장악한 세계경제는 가난한 나라에게 불리하게 되어 있다. 그 결과 세계은행과 IMF는 가난한 나라가 부채에서 벗어나게 돕는다는 시늉을 그만둔 지 오래고, 대신 그들의 천연자원을 해외로 이전함으로써 그저 부채를 갚게 만드는 일에만 열심이다. 이 기구들은 세계경제의 집달관, 곧 갚을 돈을 내지 못할 때 TV를 압류하는 따위의 일을 지구 차원에서 집행하는 전담기관이 되었다.

이들 기구는 또한 활동방식을 바꿀 아무런 동기도 갖고 있지 않다. 세계은행에서 일하는 관리 스딘 이외안슨Steen Jörgensen이 프라하에서 열린 세계은행 고위급과 NGO의 모임에서 말한 대로 "만일 부채를 완전 탕감한다면 세계은행이 없어질 것이다. 세계은행이 없으면 누가 내 봉급을 주겠는가" 하는 식이다.[84]

세계의 빈곤국이 앞으로 그들의 부채를 갚을 수 있으리란 전망은 없다. 그들은 총 2조 5,000억 달러를 주로 민간은행과 세계은행, IMF에 빚지고 있다. 1980년에서 1996년 사이에 사하라 이남의 아프리카 국가는 부채 총액의 2배를 이자 형태로 지불했으나 여전히 1980년보다 1996년에 3배나 많은 빚을 지고 있다.[85] 부채를 갚는 일을 돕는다는 세계은행의 융자 자체가 부채의 주요 원인이 되었으니, 세계은행은 수익을 만들기는 고사하고 자체 비용조차 감당할 수 없는 계획에 자금을 쏟아부은 것이다. 무역흑자를 달성했고 또 몇 년간 유지했던 채무국 역시 그 돈으로 원금을 갚기 시작하기는커녕 이자를 감당하기에도 모자랐다. 부유한 나라들도 이제 인정하기 시작했듯이 부채를 갚기란 불가능하다.

이와같은 부채의 축적은 가난한 나라에서 부유한 나라로 대대적인 천연자원의 이동을 수반했다. 이런 자원이 효용에 의거하여 가치가 매겨졌다면 분명 가난한 나라가 채권자가 되고 부유한 나라가 채무자가 되었을 것이다. 미국 토착민 지도자 과이까이뿌로 꽈우떼목Guaicaipuro Cuautemoc이 지적한 대로 1503년부터 1660년 사이에 18만 5,000킬로그램의 금과 1,600만 킬로그램의 은이 라틴아메리카에서 유럽으로 흘러들어갔다. 꽈우떼목은 이 자원 이전을 전쟁범죄가 아니라 "유럽의 발전을 위해 아메리카가 교부한 최초의 호의적인 융자"로 여겨야 한다고 주장한다. 라틴아메리카의 토착민이 이 융자에 10퍼센트가량의 가장 저렴한 복리複利이자를 물렸더라도 유럽은 그들에게 지구 전체의 무게를 넘는 양의 금과 은을 빚졌을 것이다.[86]

500년 동안 부를 약탈당한 식민지가 부유한 나라에 갚을 빚이 있다는 생각, 이 빚이라는 게 너무 어마어마한 것이어서 굶주린 사람을 먹이고 가난한 사람에게 집을 마련해주고 아무 혜택도 못 받는 사람에게 의료와 교육과 깨끗한 물과 교통수단과 연금을 제공하는 데 쓸 수도 있었을 3,820억 달러의 돈이 매년 가난한 나라에서 부유한 나라의 은행과 금융기관에 부채상환의 형태로 이전되는 사태는[87] 거기에서 이득을 보는 우리 모두를 타락시키는 역겨운 행위다. 그리고 이 역겨운 행위를 종식시키기 위해 만들어진, 혹은 그렇게 알려진 체제가 이를 영속화하고 있다.

이 책을 쓰기 위해 연구하는 과정에서 발견한 더욱 흥미로운 사실은 논쟁 당사자들의 역사인식이 전무하다시피 하다는 점이다. 국제기구를 비판하는 사람이나 일하는 사람 중에 이 기구들이 어떻게 생겨났고 왜 현재의 형태를 취하게 되었는지 아는 사람은 거의 없다. 대안에 대한 근본적 무지가 이 논쟁의 특징이 된 이유도 부분적으로는 바로 이것 때문이다.

이 점에 관해서는 세계은행과 IMF의 기원에 대해 널리 퍼져 있는 오해보다 더 좋은 예는 없다. 거의 모든 사람이 탁월한 자유주의 경제학자 존 메이너드 케인즈John Maynard Keynes가 이 기구들을 설립했다고 믿는 듯하다. 일례로 저널리스트 존 로이드John Lloyd는 지구적 정의운동을 공격하는 팸플릿에서 케인즈가 "국제단체 (IMF와 세계은행)의 창설을 후원한 가장 중요한 이론가"라고 주장한다.[88] 심지어 다름 아닌 세계은행의 수석 경제학자였던 저 훌륭한 스티글리츠조차 케인즈를 "IMF의 지적 대부代父"로 묘사한다. 그는 "케인즈가 자기 자식에게 무슨 일이 일어났는지 알았다면 무덤에서 뒤척일 것"이라는 말을 비추기도 한다.[89] 자신이 이렇듯 심하게 잘못 알려졌음을 안다면 불쌍한 케인즈 경은 분명 무덤에서 뒤척일 것이다.

IMF와 세계은행의 설립을 낳은 협정은 1944년 미국 뉴햄프셔 주 브레튼우즈라 불리는 인적 드문 철도기착지 근처의 한 호텔에서 시작됐다. 오늘날 브레튼우즈 협정은 가난한 국가 문제를 해결하려는 부유한 나라들의 논의로 인식되지만, 사실 그들의 주된 관심사는 전후 유럽의 재건이었다. 가장 긴급한 무역균형 문제에 직면한 채무국은 당시 유럽의 식민지였던 모잠비크나 탄자니아 혹은 인도네시아가 아니라, 영국이었다.

회의는 주목할 만한 두 인물 사이에 벌어진 전투나 마찬가지였다. 한 사람은 미국의 수석 협상가인 해리 덱스터 화이트Harry Dexter White였다. 그는 독창적인 정책 입안자이자 잔인하리만치 능란한 인물로, 그의 견해가 미국 재무부의 판단을 지배하고 있었다. 다른 한 사람은 영국의 수석 협상가이자 당대의 가장 위대한 경제학자로 인정받던 존 메이너드 케인즈였다. 미국은 오늘날과 마찬가지로 당시에도 세계의 지배적 경제강국이었다. 한편 영국은 주로 전쟁으로 인해 주요 채무국이 되어 있었으나 마침 자국 경제를 구원할 경제학 천재를 가지고 있었던 것이다. 우리가 그 사실을 이만저만 뒤늦게 알게 된 것이 아니지만, 이 천재가 설계한 것은 오늘날 가난한 나라가 직면한 훨씬 더 심각한 문제에 대처하는 데도 그보다 더 나을 수가 없는 체제였다.

케인즈는 채무국이 무역수지에 영향을 미치기 위해 할 수 있는 일이 거의 없다는 사실을 알았다. 채무국은 자국의 수출품을 더 구미 당기는 것으로 만들기 위해 통화가치를 떨어뜨릴 수 있지만, 그렇게 되면 실제로는 수출량의 증가와 똑같은 비율로 수출품 가격이 떨어지는 일이 발생한다. 케인즈는 이 문제가 다른 두 가지 문제와 한데 뒤섞여 있음을 발견했다. 하나는, 엄청난 부채를 진 채무국은 가진 돈의 상당수를 빚 갚는 데 써야 하는데 그러면 수출품 생산 사업에 투자할 돈이 더 적어지고 그 결과 빚이 늘어나면 무역적자도 덩달아 증가한다는 문제다. 두번째 문제는, 금융투기꾼에 의해 세계를 돌아다니는 돈은 재정적인 어려움에 놓인 나라를 제쳐두고 번영하는 나라에 들어가는 경향이 있는데, 이는 채무국에서는 수출품 생산에 투자할 돈이 더 줄어드는 반면 채권국은 점점 더 많이 갖게 됨을 의미한다. 그리하여 채무국은 갈수록 더 가난해지고 더 깊이 부채의 늪으로 빠져들게 되는 반면, 채권국은 세계의 자본을 점점 더 많이 축적하게 된다.

케인즈는 국가간 무역조건에 실질적으로 영향을 주기 위해서는 채무국뿐 아니라 채권국도 이 조건들을 바꾸지 않을 수 없게 만들어야 한다는 명백한 결론에 이르렀다. 그의 해결책은 채권국이 그들의 흑자를 채무국에서 소비하도록 설득하는 독창적인 체제였다. 그는 국제청산동맹International Clearing Union이라 이름 붙인 세계 규모의 은행을 설립하자고 제안했다. 이 은행은 자체 통화를 발행할 것인데, 그는 이를 '방코'bancor라 불렀다. 방코는 고정환율로 각국 통화와 환전이 가능하며 국가간 대차계정의 단위로, 다시 말해 한 나라의 무역적자나 무역흑자를 측정하는 데 사용될 것이었다.● 모든 나라는 국제청산동맹의 방코 계정에서 지난 5년간의 무역 평균치의 절반에 해당하는 초과인출 써비스를 받을 수 있다. 세계무역의 모든 적자와 흑자를 합하면 당연히 영(0)이 되므로 초과인출액의 총계는 흑자와 일치할 것이다.

동맹의 모든 가맹국에게는 연말까지 그들의 방코 계정을 '청산'하라는, 즉 영(0)으로 만들라는 강력한 유인책이 주어지는데, 이는 모든 것을 계산에 넣었을 때 그 한 해 동안 무역적자도 무역흑자도 축적하지 않아야 함을 뜻한다. 유인책은 놀랍도록 단순한 장치에서 나온다. 초과인출 허용치의 절반 이상을 사용한 (달리 말하면 너무 많은 무역적자를 내는) 중앙은행은 초과인출한 만큼 이자가 부과될 것이며, 이 이자는 초과인출이 상승함에 따라 함께 올라간다. 그 은행은 또한 통화가치를 5퍼센트까지 줄이고(그래서 자국 수출품의 경쟁력을 높이고) 자본 수출을 방지해야 할 것이다. 이런 것들은 지나친 부채를 억제하는 전통적인 방법이다.

그러나 무역흑자를 낸 나라도 거의 동일한 압력을 받게 되는데, 이 점이 케인즈가 이룬 주된 혁신이다. 초과인출 써비스 총액의 절반 이상의 방코 예치금 잔액을 가진 가맹국의 계좌에는 10퍼센트의 이자가 부과될 것이다.● 그 나라는 또한 통화가치를 상승시키고 자본의 수출을 허용해야 할 것이다. 만일 연말까지 예치금 잔액이 초과인출 허용치의 총액을 넘는다면 넘은 금액만큼 몰수

● 『미국이여, 안녕!』(*Goodbye America!: Globalisation, Debt and the Dollar Empire*)이라는 책을 통해 이 제안을 소개해준 로우보텀(Michael Rowbotham)[90]에게 감사드린다.
● 이런 종류의 '반(反)이자'의 정확한 명칭은 **일수초과할증료**(demurrage)다.

될 것이다. 모든 잉여금과 이자는 국제청산동맹의 적립기금 Reserve Fund에 예치된다.[91]

그리하여 이런 규칙은 무역흑자를 낸 국가를 세 가지 방식으로 변화시킬 것이다. 일정 수준 이상의 흑자를 내면 통화가치가 상승하므로 수출품 경쟁력은 떨어질 것이다. 자본이 대규모 적자를 낸 나라에서 대규모 흑자를 낸 나라로 몰려가는 일도 사라질 텐데, 왜냐하면 반대편 방향은 트여 있지만 그쪽으로는 자본의 이동이 제약받을 것이기 때문이다. 가장 중요한 점으로, 무역흑자를 낸 나라는 자국 국민과 기업에게 수입품 가격을 올리도록 장려하는 국내정책을 도입함으로써 흑자를 최소화하려 할 것이다. 정부도 해외에서 물품을 구입하여 남아도는 방코를 사용할 수 있을 것이다. 종합하자면, 흑자국이 적자국으로 흘러 들어갈 방향으로 돈을 쓴다는 것을 의미한다.

케인즈가 고안한 것은 악순환의 반복을 자동으로 차단하는 체제였다. 적자국은 평형을 회복하게 될 것이고 흑자국도 마찬가지다. 일시적 부채가 영구적 부채에 이르고 작은 빚이 큰 빚에 이르는 대신, 대변貸邊과 차변借邊이 매년 연말까지는 서로를 상쇄할 것이다. 채권국의 경제적·정치적 힘은 축적되지 않을 것이며 지금처럼 채무국의 취약점이 스스로를 종속으로 몰아넣지도 않을 것이다.

1931년부터 이런 발상을 발전시키기 시작한 케인즈는 1941년이 되어서야 비로소 일관된 체제를 만들어냈다. 그가 논의를 가다듬어 1942년과 1943년에 논문으로 발표하자 그의 계획은 모든 사람의 마음속에서 폭탄 터지듯 작렬했다. 영국의 경제학자 라이오

넬 로빈스Lionel Robbins는 "이 문건이 관련 정부기구 전체의 사고에 미친 전기충격 같은 영향은 아무리 과장해도 지나치지 않다. …… 일찍이 그토록 상상력이 풍부하고 야심찬 계획이 신뢰할 만한 정부정책의 가능성으로 논의된 적은 없었다. …… 그것은 전시 임무라는 고되고 단조로운 일상에 희망의 깃발이자 창조적 영감 같은 것이 되었다"고 기록했다.[92]

유럽의 영국 동맹국들도 열광했다. 도처에서 경제학자들은 케인즈가 해냈음을, 그가 역사상 처음으로 국가의 힘을 평준화하면서 지구 전체의 번영을 증대하는 분배체계를 만들어냈음을 알아보기 시작했다. 이것은 장차 무역의 균형만큼이나 평화와 힘의 균형에도 결정적인 공헌을 하게 될 것이었다. 연합국이 브레튼우즈에서 회의를 열 준비를 하자 영국은 케인즈의 해결책을 협상 공식입장으로 채택했고, 그를 영국 대표단의 수석협상가로 임명했다.

그런데 케인즈의 계획에 그다지 열광하지 않는 나라가 있었으니, 바로 미국이었다. 미국은 세계 최대 채무국이었고 계속 그 상태로 머물러 있기를 원했다. 전쟁이 미국의 수출을 크게 끌어올렸고 그래서 미국은 공격적인 무역정책이 없다면 평화가 불경기로 이어질 수 있다고 우려했다. 해리 덱스터 화이트는 "그 점에서 우리는 더할 나위 없이 단호하다. 우리는 그에 관해 절대불가라는 견해를 갖고 있다"고 말함으로써 흑자국에 무역의 조건을 바꾸도록 요구할 수 없음을 분명히 했다.[93] 다른 나라들의 경우 어느 쪽이 유리한지는 거의 의문의 여지가 없었다. 케인즈는 유럽의 동맹국과 남아메리카 그리고 영연방은 "확고하게 국제청산동맹 설립에 찬성하는 쪽이지만, 한편으로 관련된 나라들 다수가 '떡고물에 대한 기대'를 갖고 있기 때문에 미국에 반대하는 데 극도로 소극적"이라는 사실을 알아차렸다.[94] 전쟁에 필요한 물자를 공급하기 위해 더 큰 규모의 경제에 의존하게 되었으므로, 영국이 미국과 맺는 관계 또한 결코 동등하지 않았다. 1943년 여름이 되자 우세한 처지에 있던 케인즈의 해결책이 힘을 잃기 시작했다.

해리 덱스터 화이트가 케인즈에 맞서 국제안정기금International Stabilization Fund과 국제부흥개발은행IBRD을 제안했다. 국제안정기금은 고정환율을 유지하고 외환거래시 통제를 줄이며 적자국에 돈을 빌려줄 것이었다. 국제부흥개발은행은 동맹국에게 전후 경제복구에 필요한 자금을 제공한다고 되어 있었다. 기금은 무역의 균형을 유지하는 부담을 전부 적자국에 떠맡겼다. 적자국이 이후 국제안정기금에서 돈을 빌리면 빌릴수록 이자율은 점점 더 높아진다. 흑자 수출국은 한도 끝도 없이 흑자를 축적할 수 있었다. 이후 국제안정기금은 IMF가 되었다. 국제부흥개발은행은 세계은행의 주요 대출기관으로 건재하다.

화이트는 "돈을 많이 낼수록 더 많은 표결권을 가져야" 한다고 고집했다.[95] 그 결과 회의에 참석한 모든 나라가 이 두 단체에 더 큰 기부액을 낼 자격을 달라고 요구했다. 하지만 미국팀은 이미 기부액을 할당해놓았다. 화이트는 "모든 결정을 막을 수 있을 정도의 표결권을 미국이 가져야 한다"고 결정했다.[96]

화이트는 국가부채가 금으로 상환 가능하고, 금은 1온스당 35달러의 고정가격에 달러로 태환 가능하며, 모든 환율은 달러를 기준으로 정할 것을 요구했다. 이리하여 국가간 대차계정의 단위로 달러의 헤게모니가 확립되었고, 20년 후 미국이 합의를 어기고 금의 달러 태환성을 보류한 것도 여기에 큰 몫을 했다. 다른 나라들이 격렬히 반대했음에도 화이트는 국제안정기금과 개발은행이 워싱턴에 자리하도록 결정했다.

케인즈는 자신의 제안이 이미 폐기되었음을, 그리고 이제 할 수 있는 최선은 상대편 계획을 수정하는 일임을 깨달았다. 그는 할 수 있는 여러 방책을 동원하여 회의의 의장 자리에 올랐는데, 아마도 이 때문에 그가 자주 그리고 그토록 터무니없이 브레튼우즈에서 승인된 조직을 구성한 당사자로 지목받는지도 모른다. 하지만 미국측 기록이 보여주는 대로, 미국은 필요한 모든 권한을 갖고 있었을 뿐 아니라 회의절차를 자신들이 규정함으로써 어떤 도전도 사실상 불가능하게 해놓았다. 역사가 아르망 반 도르마엘Armand van Dormael은 미국 쪽 입안회의 의사록을 조사했다.[97] 그는 미국팀 협상자들이 "누구라도 하고 싶은 말을 할 수는 있지만 아무런 실질적 내용도 담을 수 없으며, 위원회의 활동은 회담과 분리"되어야 한다는 데, 그리고 자신들이 대안을 고려하는 "시늉은 해야 할 것"이라는 데 합의했음을 발견했다.[98] 화이트는 일견 어떤 것을 의미하는 듯하지만 실제로는 전혀 다른 것을 의미하는 제안을 기초했다는 사실에 자부심을 느꼈다. 요컨대 미국은 국제외교에서 흔히 볼 수 있는 속임수와 회피수단을 모조리 사용했다. 문제는 다른 나라가 그들 자신의 속임수와 회피수단으로 미국에 대응할 상황이 못되었다는 것이다.

케인즈는 끝까지 화이트의 계획을 수정하려 노력했으며 언젠가는 수출과 수입의 균형을 맞출 기제가 있어야 할 거라는 주장을 계속했다. 그는 영국을 위해 통화 투기를 제한하는 조치 같은 몇 가지 양보를 얻어냈다. 하지만 케인즈는 근본문제를 해결할 수 없음을 알면서도 협정에 서명했는데, 그 이유는 설사 잘못된 규칙이라도 규칙에 근거한 체제가 아무 규칙도 없는 체제보다는 낫다는 점을 알고 있었기 때문이다. 그의 전기를 썼던 로버트 스키델스키Robert Skidelsky가 지적하듯, "케인즈가 브레튼우즈 협정에 제공한 것은 실제 내용이 아니라 지명도였다. 협정은 영국 재무성이 아니라 미국의 관점을, 케인즈가 아니라 화이트의 관점을 대변했다. 결국 영국은 오명과 연기와 면책규정으로 얼룩진 협상 테이블에서 물러났다."[99] 미국은 승리했고 앞으로도 경제적 지배권을 누리며 가난한 나라의 채무를 유지하기 위한 완벽한 처방을 공작해냈다. 이런 공헌을 세운 해리 덱스터 화이트가 4년 후 반미활동 혐의를 받은 사실은 대단한 아이러니가 아닐 수 없다. ●

마이클 로우보텀이 기록했다시피, 영국으로 돌아간 케인즈는 영국민에게 협정의 결과를 용감하게 설득하고자 했다. 하지만 『타임즈』The Times에 보낸 편지에서는 브레튼우즈에서 합의된 몇몇 정책이 "매우 어리석으며" "국제무역에 해가 될 수도 있다"고 토로했다.[100] 영국 의회는 새로운 체제를 받아들이지 않는다면 미국이 다음번 전비戰費 대출을 보류할 것이란 말을 들었다. 그러나 결과가 어떠하리라는 데 의문을 가진 경제학자는 거의 없었다. 일례로, 에드워드 할로웨이Edward Holloway 경은 미국의 체제가 "갚을 길 없는 외채"에 이를 것으로 예견했다.[101] 지금은 세계은행과

● 1948년 7월 31일과 8월 3일에 화이트는 반미활동에 관한 하원위원회에 제출된 소련 간첩의 증언에서 각각 소련의 침투분자와 공산주의 첩보원으로 고발되었다. 그는 8월 13일에 위원회에 불려나갔고 사흘 뒤 사망했다.

IMF의 구성방식을 옹호하는 잡지 『이코노미스트』*Economist*의 당시 편집자, 제프리 크로우더^{Geoffrey Crowther}도 "케인즈 경이 옳았고 …… 세계는 그의 주장이 거부된 사실을 쓰라리게 후회하게 될 것"이라고 경고했다.[102] 나는 그의 경고가 옳았음이 입증되었다고 결론 내리는 게 합당하다고 본다.

60여 년이 지난 지금, 국제청산동맹이나 이와 유사한 원칙에 기초한 단체가 그 어느 때보다 절실히 필요하다. 케인즈를 비롯한 탁월한 경제학자들의 예언은 실현되었고, IMF와 세계은행이 도움이 되지 않는다는 증거는 이를 애써 무시하려는 사람이 아니라면 누구나 맞닥뜨리게 된다. 어떤 면에서 케인즈의 발상은 다듬고 갱신될 필요가 있으며 그 모델이 몇 가지 제안되기도 했지만, 기본적인 작업은 오늘날 세계가 내세울 수 있는 그 누구보다 더 유능한 경제학자에 의해 이미 수행되었다. 우리가 완전히 새로운 체제를 발명할 필요는 없는 것이다.

몇 가지 수정할 점은 자명한 듯하다. 케인즈는 국제청산동맹을 주요 무역 블록에서 선출한 8개국 대표가 관리할 것을 제안했다. 미국, 영국, 대영제국, 소련, 라틴아메리카에서 각각 한 자리를 맡고 나머지 유럽에서 두 개를 차지한 반면 여덟번째는 명시되지 않은 한 곳에 할당되었다. 오늘날에는 더 공평하게 분배될 것이다.

또한 마이클 로우보텀이 지적하듯, 가맹국의 계정에 들어 있는 방코의 총수는 언제나 영(0)보다 아래가 될 것인데, 어느 때든 통화의 일부는 활동상태, 다시 말해 거래나 청산에 사용되고 있을 것이기 때문이다. 총계상의 적자 위험을 피하기 위해 여분의 방코를 자유통화 형태로 발행해 전체 무역의 균형을 보장한다. 이는 사소한 문제로 보일지도 모르지만 몇 가지 흥미로운 결과를 낳는데, 여기에 대해서는 다음에서 논의하겠다.

'차입자본을 이용한 헤지펀드'leveraged hedge funds(취약한 통화를 빌린 다음 대량 투매하여 억지로 가치를 끌어내리는 투기)의 활동이나 그 밖에 다른 현대적 형태의 금융투기로 인해 이제는 자본의 이동에 대해 케인즈가 구상했던 것보다 더 포괄적이고 빈번한 통제조치가 필요하다는 사실이 분명해졌다. '단기 투기자금'의 세계적 흐름은 경제뿐 아니라 민주주의까지 유린한다. 자본시장이 자유화된 나라의 정부는 곧 그들이 '시장을 동요시키지' 않는 정책만 추구할 수 있다는 사실을 알게 된다. 사실상 금융투기꾼의 요구는 IMF의 요구보다 훨씬 더 혹독하다.

예를 들어 2002년 브라질에서 룰라가 대통령에 당선되기 몇 달전, IMF는 3.75퍼센트의 '기본 예산 흑자'를 유지하라고 브라질에 요구했다. 이는 결국 가난한 이 나라 국민의 절박한 요구에도 불구하고 어떤 후보든 사회적 지출을 크게 늘리도록 놔두지 않겠다는 말이나 다름없었다. 하지만 시장은 4 내지 5퍼센트 사이를 요구했다. 후보들은 모두 이것이 무엇을 의미하는지 알고 있었다. 만일 조금이라도 이 이상을 지출한다면 투기꾼들이 정부가 붕괴할 정도의 대혼란을 일으킬 것이었다. 가난한 나라 사람들과는 상반되는 이해관계를 가진 월스트리트와 토오꾜오, 런던의 기고만장한 도적떼가 그 나라의 경제정책이 이러저러해야 한다고 지시할 때, 가난한 나라의 민주주의는 복장규범 수준으로 전락한다. 그러므로 현대식 청산동맹은 그 은행이 세계를 경영하는 일을 막을 수 있도록 각 나라에 자본이동에 대한 통제권을 허용하거나 장려해야 한다.

케인즈가 이미 제공했으나 지금껏 받아들여지지 않았던 선물은 가난한 나라가 부자 나라의 지시에 따르지 않을 수도, 또 계속 가난하지 않을 수도 있는 세계다. 청산동맹은 약소국을 적자의 덫에서 풀어주는데, 이 덫에 걸린 한 약소국은 무역흑자에 대한 희망으로 수출량을 계속 더 늘려야 하며, 더구나 강대국이 같은 일을 하는 와중에 그래야 한다. 청산동맹은 가장 필요할 때 약소국 수출품에 대한 수요가 발동되도록, 그리고 국가들이 협조할 수밖에 없도록 조치한다. 만일 이런 기제가 제대로 작동한다면, 일시에 같이 무역흑자를 추구하면서 서로를 빈털터리로 만들려고 하는 대신 흑자를 낸 나라는 자발적으로 적자로 옮겨가려 할 것이고 마찬가지로 적자를 낸 나라는 흑자로 돌입하려 할 것이다. IMF와 세계은행이 구상한 '에스헤르(에셔)의 계단'Escher's staircase처럼 모든 나라가 동시에 모든 나라를 능가하는 불가능한 세계를 요구하는 대신, 청산동맹은 어떤 나라의 무역계정은 하락하고 다른 나라의 계정은 상승할 때에만 균형이 달성될 수 있다는 사실을 인정한다.

이것이 함축하는 의미 가운데 하나는, 파산하지 않기 위해서는 무역을 줄일 필요가 있다는 점이다. 자체 균형을 유지하는 국제무역체제는 가난한 나라의 필사적 과잉생산과 (그 결과 상품이 너무 싸기 때문에 생기는) 부유한 나라의 엄청난 과잉소비에 종지부를 찍을 것이다. 다시 말해, 그것은 점점 더 증대하는 상품 추출이 야기한 토양과 물 공급과 거주지의 파괴, 이들 과잉상품의 운송에 따른 지구적 이상기후의 악화라는, 현재의 무역체제가 촉발한 환경위기를 해결하는 방향으로 나아간다. 흥미롭게도 그것은 '지역화'

에 전혀 의존하지 않은 채 이런 어려움을 헤쳐나가기 시작한다.

케인즈의 체제는 또한 부자 나라가 가난한 나라에 경제정책을 강요할 수단을 제거한다. 우리는 가난한 나라가 '워싱턴 합의'가 요구하는 대로 따라야 한다는 생각에 너무 익숙해 있어서 정부가 자국민의 이익을 위해 활동하게 해주는 체제의 도입은 거의 상상조차 할 수 없는 일로 여긴다. 하지만 국제청산동맹 내지 그것의 최신 수정판에는 자유화의 강제나 '금융지원 조건', 약탈적 은행과 기업을 위한 기회 조작 같은 것은 없다. 오직 기존 단체의 구조에 내재된 원칙인 설립자의 독재가 아닌, 무역상대 사이의 평등이라는 개념에 기초하여 건설되는 체제이기 때문이다.

청산동맹은 또한 다른 계획에 도움이 되는 현금을 제공한다. 우리는 이 체제가 총계상의 적자에 빠지지 않으려면 방코의 형태로 일정한 '자유자금'free money을 발행할 필요가 있다는 점을 살펴보았다. 이 돈은 유통될 때에만 가치를 얻는다. 그 양은 달러로 치면 몇백억가량이 적당할 것이고 청산동맹의 간사들이 정한 비율에 맞춰 각국 통화로 환전할 수 있다.● 그런 자금은 의심할 것도 없이 경쟁심을 불러일으켜 각국 정부가 각각 한몫씩 나누자고 제안할 것으로 예상되지만, 세계의 민중에게 혜택을 주는 계획에 지출해야 한다는 강력한 주장도 나옴 직하다. 그런 제안 중 하나가 바로 지구 차원의 선거에 사용하자는 것이다.

케인즈가 적자국과 흑자국 모두가 지불한 이자와 과도한 잔액을 소지한 나라에서 몰수한 자산을 모아 '적립기금'을 설립하자고

●혹은 더 적절하다고 판단되면 각국의 정부정책이 규제하는 시장에 의한 변동환율에 의거할 수도 있다.

구상했다는 사실도 기억하자. 케인즈는 세계경찰에 자금을 대고 재난 구제와 곤경을 겪은 나라의 복구에 필요한 자금을 조달하는 데 이 기금을 사용하자고 제안했다. 기존의 원조수단과 비교하면 기금의 규모는 엄청날 것이며 세계의회와 그에 동반되는 선거나 심각한 현금부족을 겪는 유엔의 활동과 계획 모두에 자금을 조달하고도 남으리라 예상할 수 있다. 금융거래세나 IMF의 특별어음 발행권의 활용, 세계 복권 등 지구 차원의 계획을 위한 새로운 자금원이 여럿 제안되었지만 케인즈의 적립기금만큼 공평하고 믿음직하고 실속 있는 것은 없다.

지금쯤은 독자들이 고개를 끄덕이는 강도가 고개를 가로젓는 강도와 엇비슷해졌을 것이다. 맞아, 이 체제는 작동될 수 있을 거야, 하지만 도대체 어떻게 시행될 수 있지? 세계 초강대국 정부가 1943년에 이미 이 체제를 저지했고 여전히 지대한 이해관계를 갖고 지금도 저지하고 있는데, IMF와 세계은행은 구조적으로 개혁이 불가능한 조직인데, 우리가 어떻게 강자를 위해 일하는 체제를 뒤집어엎고 약자를 위해 일하는 체제로 대체할 수 있지? 이런 의문에 대한 답은 이미 나와 있다. 현존하는 체제의 부당함 자체가 가난한 나라에게 체제 전복에 필요한 무기를 제공한다. 부채가 바로 그 무기다.

가난한 나라들의 약 2조 5,000억 달러가량의 부채 규모와 약 1조 3,000억 달러에 달하는 세계 중앙은행의 적립금 규모를 단순 비교하는 것은 잘못된 인식을 불러일으키기 쉽다. 부채의 상당액은 이미 '할인'되었고 부채를 발행한 은행이나 부채를 구입한 '2차 부채' 거래자에게나 그 실제가격은 액면가보다 적다. 부채의 대부분이 정부간의 부채가 아니라 정부와 민간은행, IMF, 세계은행 간의 부채이므로 몇 개의 단계와 복잡한 요소가 은행 부채가 금과 달러의 국채로 전환되는 것을 방해한다. 그렇다 해도 이 수치들은 우리에게 부자 나라의 탐욕이 가난한 나라에게 넘겨준 무기의 크기가 어느 정도인지, 어떤 정부나 금융기관도 그에 저항하기에 얼마나 무력할 것인지 가늠하게 해준다. 가난한 세계가 부유한 세계의 은행을 소유한 것이다.

과거 60년에 걸쳐 가난한 나라의 국민은 정부를 상대로 채무 불이행선언을 하라고, 다시 말해 돈 갚을 의사가 없음을 공표하라고 촉구해왔다. 일부에서는 부유한 나라가 단 하나의 불이행선언에는 쉽게 대처할 수 있고 또 (1982년에 불이행선언을 한 멕시코가 처벌을 받았듯이) 해당 국가를 처벌할 수도 있기 때문에 여러 국가가 함께 불이행선언을 한 다음 모두가 동시에 부채를 내던질 것을 주장했다. 실제로 그렇게 했더라면 총 한 번 쏴보지 못하고 실전에 쓸 수 있는 자신들의 유일한 무기를 내다버린 셈이 되었을 것이다. 그것으로 이미 가진 부채는 떨어낼 수 있겠지만 어김없이 즉각 다시 쌓이게 만드는 체제는 조금도 바꾸지 못했을 것이다. 그 대신, 가난한 나라는 IMF와 세계은행이 해왔던 그대로 해야 하며 부채의 처리에 '조건'을 붙여야 한다. IMF가 가난한 나라에게 만일 지시에 따라 개혁을 시행하지 않는다면 경제를 파탄내겠다고 위협한 것과 마찬가지로, 가난한 나라는 조건에 동의하지 않을 경우 부유한 나라의 경제를 파탄내겠다고 위협해야 한다. 무시무시한 무기를 소지한다는 것이 갖는 이점은 그것을 사용할 필요가 없다는 사실이다. 무기에 대한 두려움만으로도 다른 사람을 요구에 응하게 만들 수 있는 것이다. 두려움이 가장 신속히 또 가장 덜 강제적으로 임무를 수행할 수 있는 곳이 금융시장인데, 종종 자기 그림자를 보고도 달아나는 곳이 바로 이곳이다.

금융체제는 환상을 토대로 세워진다. 부를 구축하는 데 기반이 된 부채가 언젠가는 상환될 거라는 환상이 그것이다. 이 체제가 꿈에서 깨어날 가능성, 은행을 소유한 나라들이 이 체제의 설립기 반인 부채를 내던질 가능성은 어떤 금융시장이라도 감당할 수 없는 공황상태를 유발한다. 가난한 나라의 적은 서로를 향해 달려들지 않을 수 없을 것이다. 금융시장 자유화를 통해 자국 정부를 좌우할 권력을 부여받은 부유한 나라의 은행과 금융투기꾼은 개발도상국이 장난을 하자는 게 아니란 사실을 깨닫는 순간 전체 구조의 몰락을 막기 위해 부유한 나라의 정부에게 가난한 세계의 요청대로 하라고 요구할 것이다. 이렇게 해서 부가 가난에 들이대던 모든 수단이 가지런히 방향을 바꿔 가난에서 부를 향해 포진될 것이다.

위협이 효력을 발휘하기 위해서는 물론 실제적이어야 한다. 채무국은 만약 시장이 그들의 바람대로 움직이지 않는 상황에서는 실제로 이 위협을 사용할 태세를 갖추고 있어야 한다. 이 총을 발사한다면 부유한 세계만큼이나 그들의 경제도 타격을 입을 것이며 만성적 위기가 한 번의 결정적 위기로 집약될 것이다. 하지만 이미 많은 나라에서는 임박한 지구적 불경기 그리고 IMF와 투기꾼의 요구가 채무의 부담을 갈수록 더 감당할 수 없게 조여옴에 따라 지금 이 순간에도 이런 일이 일어나고 있다. 라틴아메리카와 아프리카 그리고 아시아의 몇몇 정부는 떠밀리기 전에 뛰어내릴 준비가 되어 있을 법하다. 부유한 나라의 정부가 온갖 종류의 보복을 들이대며 협박하리라 예상할 수 있으나 그런 처벌은 오직 가난한 나라가 분열될 경우에만 실행 가능한 것이다. 단결한 그들을 처벌하려면 부유한 나라는 심각한 손해를 감수해야 할 것이다.

이 무기를 가장 잘 사용하는 길은 그것을 만들어낸 체제 자체를 파괴하는 것이다. 세계를 담보로 몸값을 청구함으로써, 채무국은 IMF와 세계은행을 무역수지의 균형을 자동으로 확립해줄 장치로 교체하도록 요구할 수 있다. 물론 이는 협박이지만 지난 60년 동안 강자가 약자를 억누르는 데 사용한 것과 똑같은 종류의 협박이다. 이렇게 해서 약자는 세계의 나머지 다른 세력에게 선택권을 제시할 것인데, 연착륙 즉 기존 체제에서 새로운 체제로 원만하게 전환하고 과거 IMF의 경영실책으로 축적된 부채를 시차를 두고 상환하는 길을 택하거나 아니면 불시착을 택하거나 둘 사이의 선택이다. 시장은 연착륙을 요구할 것이다. 이 두 경로 모두 부채의 말소에 이른다는 점에서는 동일하다. 그러나 불시착의 경우는 이미 다수의 채무국을 괴롭혀온 금융위기를 제도화할 것이다. 그리고 연착륙은 G8 국가에게 세계의 나머지를 통제할 권한을 주지 않는 대신 벼락경기와 불경기의 순환에 덜 걸려들도록 세계경제를 안정화하고 모든 세계인에게 일정 수준의 삶의 질을 가능하게 해줄 체제를 도입할 것이다. 가난한 나라는 부유한 나라가 청산동맹을 실립할 때까지 기다릴 필요가 없다. 그들 스스로 세울 수 있으며 방코(혹은 그들이 붙인 다른 이름의 그것)에 맞춰 자국 통화의 가치를 정한 다음, 재정적인 총을 들이대면서 부유한 나라에 합류를 요청하면 되는 것이다.

채무국 정부는 국민이 최대한 성가시게 요구하지 않는다면 행동하지 않으려 할 것이다. 그들 대부분은 대안을 제거했기 때문에 IMF와 투기꾼의 선택을 받을 수 있었다. 우리는 그들이 여기에 제시된 제안에 저항하리라 예상할 수 있고, 그중 다수는 자국민을 위해 행동할 준비가 된 사람들에게 떠밀려 권좌에서 물러나게 될 것이다. 하지만 가장 급진적인 정부조차 최소한 IMF와 부자 나라가 한 만큼의 압력을 국민이 행사할 때에만 반응을 보일 것이다. 가난한 나라의 일부에서는 IMF의 결정이 거의 매일 신문의 특집 기사로 실린다. 모두 '구조조정'이 무엇인지, 그리고 그것이 자신들의 삶에 어떤 영향을 미칠지 익히 알고 있다. 정부가 이에 맞서 싸워야 한다는 요구, 즉 실행 가능한 대안이 북돋운 희망에서 연료를 얻은 이 요구가 어떻게 각국 선거에서 승패가 걸린 주된 정치 쟁점이 될 수 있는지 이해하기란 어렵지 않다.

실제로 많은 나라에서 이미 그렇게 되고 있다. 국제기금의 관심이라는 은총을 입은 나라 대부분에서 'IMF 폭동'이 나라를 뒤흔들었고, IMF가 채택하라고 강요한 정책의 결과로 무너진 정부도 과거 10년간 몇 개에 이른다. 내가 대화를 나눈 채무국 정부의 거의 모든 사람이 이제껏 해온 대로 계속할 수는 없다는 점, 이자를 갚기란 불가능하며 채권자의 요구가 지나치게 부담스럽고 국민의 인내가 정치적 한도를 넘어섰다는 점에 동의한다. 뭔가 특단의 조치가 있어야 하는 것이다. 이들 정부가 국내의 어려움을 문제의 근원에 대한 일치단결된 저항운동으로 전환하지 못한 이유 중 하나는 그들이 실행 가능한 대안을 제시하지 못했기 때문이며, 이는 거의 모든 사람이 케인즈를 잊고 있었던 탓이다.

일단 몇몇 채무국이 이 무기를 사용할 준비가 되었다는 점이 분명해지면 수적으로 안심이 될 것이므로 다른 나라로 채무불이행의 위협이 전파될 수 있다. 부유한 세계가 일부 채무국을 매수하거나 때려눕혀서 그들의 연합을 분열시키려 할 것이므로, 이들 나라의 국민은 자신들의 요구를 진취적이고 끈기 있게 밀어붙일 필요가 있다. 이 투쟁은 위험하고 결과는 불확실하다. 그러나 가난한 나라의 사람이 부유한 나라가 떠안긴 짐에 반항하지 않는다면 결과는 뻔하다. 현재 많은 사람들이 분명한 선택을 앞에 두고 있다. 싸우거나 아니면 굶어죽거나.

채무국 국민은 기존체제가 자신들에게 어떤 완화조치도 제공하지 않는다는 사실을 알기 때문에 싸울 것이다. 그들의 정부 또한 달리 선택의 여지가 없으므로 마침내 국민의 요구에 굴복할 것이다. 이런 처방이 처음에는 비현실적으로 보일지도 모르지만 잘 생각해보면 현질서의 지속보다는 더 설득력이 있을 것이다.

제 6 장

평준화

공정무역기구

6

이 책은 다른 사람의 삶을 망치지 않고도 만족스러운 삶을 영위할 수 있다는 확신에 근거한다. 세계는 주의 깊게 관리하고 적절히 분배된다면 아마도 인류가 존속하는 한 모든 사람의 필요를 충족하기에 충분한 자원을 갖고 있다. 이토록 많은 사람이 생존수단을 박탈당한 것은 다만 이 자원을 형편없이 관리하고 잘못 분배하기 때문이다. 사람들이 어쩔 수 없이 다른 공동체와 항구적이며 필사적인 투쟁관계에 있다고 인식하는 이유는 부분적으로 이 잘못된 분배가 야기한 뿌리 깊은 결과의 불평등 때문이다. 앞에서 더 나은 결과의 평등이 기회의 평등에서 나올 수 있음을 설명했는데, 이 장에서는 더 어렵고 논란의 소지도 많은 개념을 소개하고자 한다. 이는 지구적 통치의 일부 영역에서는 결과의 평등이 오직 불평등한 기회를 통해서만 도입될 수 있다는 것이다.

그 이유는 분명하다. 각 나라는 매우 다른 경제적 위치에서 새로운 체제로 들어오게 될 것이다. 일본의 국민총소득 평균은 1인당 3만 8,000달러인 반면 아프리카의 에티오피아와 부룬디는 100달러다.[103] 만약 세계 전역의 물자와 써비스의 흐름을 관리하면서 완벽한 기회의 평등, 즉 전세계 사람들 모두에게 평등한 사용 기회를 제공하는 체제를 이룩한다면, 이는 에티오피아인에게보다 일본인에게 380배 더 나은 체제가 될 것이다.* 세계의 물질적 부는 가난한 나라에서 부자 나라로 계속해서 흘러들어가 빈익빈 부익부를 낳는다. 이러한 '공평한' 체제는 세계의 불평등을 영속시킬 것이다. 다시 말해 공정무역은 가장 빠른 경주마가 그런 것처럼 부자 나라들이 불리한 조건을 질 것을 요구한다. 이 장에서는 새로운 경주 규칙을 제안하고자 한다.

무역은 부유한 세계에 사는 지구적 정의운동 회원들의 최대 관심사다. 앞 장에서 검토한 국가간 무역의 **균형**이라는 사안이 부채나 세계은행과 IMF의 약탈행위와 관련 있다는 인식이 널리 퍼지지 못한 탓에 소홀히 다루어진 반면, 무역을 지배하는 **규칙**은 끊임없이 가장 수많은 사람을 거리로 쏟아져 나오게 만든 문제다. 나는 자기 나라 외무장관의 이름은 대지 못하지만 WTO의 '써비스 무역에 관한 일반협정'General Agreement on Trade in Services이 미칠 영향에 관해서는 전혀 막힘 없이 설명하는 사람을 만난 적이 있다. 국내 정치가 선택권을 제공하지 못하는 데 환멸을 느껴 탈정치화한 사

* 이는 일본인이 소비하든 에티오피아인이 소비하든 (국내시장과 대비되는) 지구적 시장에서 1달러가 동일한 구매력을 가진다고 가정한 경우다. 이 문제를 둘러싸고 상당한 논란이 벌어지는데, 어떤 이론가는 에티오피아인이 이 예가 나타내는 것보다는 상대적으로 더 큰 구매력을 가진다고 주장하는 반면, 더 적다고 말하는 사람도 있다. 그러나 기본이 되는 핵심, 즉 현재 부유한 나라 사람이 가난한 나라 사람보다 세계무역을 통해 물질적 부를 거머쥘 힘이 훨씬 더 많다는 점은 유효하다.

람에게 무역은 그들의 분노를 다시금 깨어나게 하는 쟁점이 되었다. 사실상 이것이 그들에게 다시 참정권을 준 것이나 다름없다.

여기에는 네 가지 이유가 있다. 첫째는 불의에 대한 정당한 인식이다. 이런 인식은 세계무역이 규제되는 방식에 내재된 (기회와 결과 둘 다의) 터무니없는 불평등을 간파한 데 토대를 둔다. 둘째는 첫번째 관심과 결합되는데, 기업으로부터 환경과 노동자와 소비자를 보호할 민주적 역량을 상실할까봐 두려워하는 불안이다. 이 염려도 충분한 근거를 갖는데, 세계무역 조정자의 핵심 임무 중 상당부분이 은밀하고 책임을 물을 수 없게 되어 있으며, 그들 스스로 종종 떠벌리듯 기업 임원들과 긴밀한 협력하에 신속히 처리되기 때문이다. 셋째는 문화의 보존과 지역적 정체성의 침식에 관한 우려다. 넷째는 외국의 값싼 노동력 때문에 일자리를 잃을지도 모른다는 두려움이다. 따라서 기존의 무역정책에 대항하는 부유한 국가의 연합은 이타주의와 이기심의 묘한 결합에 의해 동기가 부여된 것이다. 때로 서로 다른 이 쟁점들은 단일한 운동 내부에서 하나로 합쳐진다. 유럽에서 가장 유명한 지구적 정의운동가인 프랑스 농민 조제 보베$^{Jose\ Bové}$는 종종 이 대륙의 자유무역 반대파의 주역으로 묘사된다. 하지만 맥도날드 가게를 부순 그의 최초의 항의시위를 촉발한 직접적인 동기는 자유무역의 **중단**이었다.

미국은 WTO를 통해 유럽연합이 성장촉진 호르몬을 주입한 쇠고기를 수입하도록 강요했다. 유럽연합은 이런 호르몬 중 하나가 소아암을 유발한다는 연구를 인용하면서 이를 거부해왔다. 그러자 WTO는 미국이 유럽에 보복성 제재조치를 취하도록 했고, 미국은 어떤 것이 가장 예민한 반응을 일으킬지 간파한 후 사치품에 세금을 부과했다. 미국이 100퍼센트의 교역세를 매기기로 선택한 물품 중에는 로크포르 치즈가 있었고, 보베가 생산하는 게 바로 이 것이었다. 그가 맥도날드 가게를 부순 이유에는 여러 가지가 있었는데, 어떤 나라가 잠재적으로 위험한 생산품을 다른 나라의 시장에 강요하는 일을 허용하는 무역제도에 대한 혐오, 미국에 유리한 판결을 내리게 한 의사결정 절차에 대한 불신, 도처에 들어선 맥도날드(그의 나라 프랑스에 맥도날드가 존재하게 된 것부터 사실상 무역의 규칙이 강요한 결과다)가 지역문화와 지역요리를 침식할 것에 대한 우려, 그러나 무엇보다 미국에서 자신의 상품이 시장을 잃었다는 사실이 제일 큰 이유였다. 달리 말하면 조제 보베는 국제무역과 국제무역의 중지 둘 다와 동시에 싸운 것이다. 외부인이 때로 이 운동을 혼란스럽게 여기는 것도 놀랄 일이 아니다.

3장에서 살펴보았듯이, 세계무역의 규칙이 정해지고 시행되는 방식을 지배하는 엄청난 부당함, 문화와 환경 그리고 위험한 상품과 행위에서 국민을 보호하는 국가의 능력에 대한 위협에 맞서, 몇몇 활동가는 국가간 무역의 대부분이 중단되어야 한다고 주장했다. 또한 외국의 생산자가 같은 상품이나 써비스를 파는 국내 생산자와 경쟁하지 못하도록 조제 보베가 반발한 것과 같은 교역세 혹은 '관세'가 적용되어야 한다는 것이다. 그러나 이것은 잘못된 처방이다.

현재 무역은 나라간에 부를 분배하는 수단으로는 미약하고 때로 퇴행적이다. 가난한 나라 중 소수는 가치의 일부를 어떻게든 환수하지만 대부분은 자국 경제에서 부유한 세계의 경제로 몰려들어가는 물질적 재화의 급류에 대해 재정적 보상이라는 방식으로는 거의 얻는 것이 없다. 어떤 나라는 환경에 끼친 피해를 계산에서 제한 후에야 간신히 무역에서 이득을 얻었다고 말할 수 있으며, 이 피해를 감안하면 틀림없이 더 잘살기보다는 더 가난해졌다고 봐야 할 것이다. 또 다른 나라는 자국의 생산력을 소유한 외국 기업들이 돈을 벌었기 때문에, 그리고 그 돈이 마치 국내에 머무는 양 잘못 결산되었기 때문에 이익을 얻은 것으로 나타난다.

하지만 무역이 답이 아니라면 우리 운동은 분명 다른 해답을 찾을 의무가 있다. 문제는 단순명확하다. 세계의 구매력 대부분이 그것을 가장 덜 필요로 하는 사람들의 수중에 놓인 반면, 식량과 깨끗한 물, 주거지, 보건, 교육 같은 필수불가결한 것을 위해 구매력이 가장 절실한 사람들에게는 거의 돌아가지 않는다. 만일 이 돈의 일부를 필요한 것보다 더 많이 가진 사람에게서 필요한 것보다 덜 가진 사람에게로 옮길 수단이 제공되지 않는다면, 세계는 그곳에 거주하는 사람들 대부분에게 계속 비참한 곳으로 남을 것이다. 이런 재분배는 결코 원조로 가능한 일이 아니다. 사람과 마찬가지로 국가도 부자가 될수록 점점 더 이기적이 되는 듯하다. 세계에서 경제규모가 가장 큰 미국은 다른 유력한 지원국에 비해 국가재원에서 원조형태가 차지하는 비율이 가장 낮아서 국내총생산의 0.1퍼센트에 불과하며, 이는 경제가 성장할수록 더 감소해왔다. 전체적으로 부유한 세계가 가난한 세계에 제공한 돈은 1992년에서 2000년 사이에 실질적으로 71억 달러 (내지 12퍼센트) 감소했다.[104] 하지만 설사 갑자기 동정심이 솟구쳐서 부유한 나라가 가난한 사람들의 손에 공짜로 돈을 쏟아붓기 시작한들, 그것은 그저 가난한 나라를 후원과 의존 그리고 협박의 덫에 가두는 일이 될 따름이다. 가난한 나라 사람들은 스스로를 존중할 수도, 또 외부에서 존중받으리라 기대할 수도 없게 될 것이다.

거저 주기와 소비하기 이외에 부자의 손에서 돈을 어떻게 **빼낼** 수 있을지 알아내기란 쉽지 않다. 훔치기는 강대국에 크게 이바지했지만 가난한 나라는 이를 되갚아줄 처지가 아니다. 거저 주기가 존중과 독립을 파괴한다면, 남는 것은 소비하기뿐이다. 지금까지 무역은 대부분의 나라가 직면한 문제의 답이 되지 못한다고 판명되어왔지만, 실은 그것만이 가능한 유일한 답이다.

지구적 정의운동 내에서 명시적으로는 무역이 부의 분배 수단이 될 수 없다고 하는 사람 중에서도 다수는 사실상 암묵적으로는 이를 받아들이는 듯하다. 그들은 공정하게 거래된 커피와 바나나를 사고, 대형상점보다는 시장이나 자영 소매상점에서 쇼핑을 하며, 개발구호단체에서 토산품 깔개나 바구니를 구입한다. 어떤 정부에 반대하면 자신들의 행위가 타격을 줄 수 있다는 사실을 염두에 두고 그 나라의 제품을 불매하는 운동을 벌이며, 자신들이 지지하는 나라의 제품을 사도록 권한다.● 그들은 또한 무역이 일부 개발도상국, 주로 몇몇 동아시아 국가 국민의 경제적 삶의 변화와 국가의 발전에 큰 역할을 했다는 점도 인정하지 않을 수가 없다. 경쟁력 있는 가격으로 제품을 팔 수 있는 능력 덕분에 이들 나라로 돈이 이전될 수 있었고, 이는 수억의 사람들을 극도의 빈곤에서 상대적 번영으로 끌어올려주었다. 그런 나라에서는 노동자의 자긍심이 높아지면서 자신들의 권리를 요구할 수 있었다. 가령

●이 운동의 많은 성원들은 이스라엘 상품을 불매하고 팔레스타인 제품의 판매를 촉진하는 운동을 지원하기도 했다.

1990년 초에 한국과 대만의 기업들은 더 값싸고 더 쉽게 착취할 수 있는 노동력을 찾아 **영국**으로 떠났다.

　구호단체 옥스팜^{Oxfam}은 현재의 불공정한 체제 아래서도 가난한 나라는 원조보다 수출에서 32배나 많은 수익을 얻는다는 사실을 보여준다.[105] 세계무역에서 시장점유율을 5퍼센트만 높여도 가난한 나라는 한 해에 3,500만 달러를 더 거둘 수 있고, 이는 현재 그들이 원조에서 얻는 액수의 7배에 해당한다. 옥스팜의 모의실험에 따르면, 각 개발도상지역의 수출시장 점유율이 1퍼센트 증가하면 극심한 빈곤에 시달리는 사람들을 1억 2,800만 명, 다시 말해 세계 인구의 12퍼센트만큼 줄일 수 있다.[106] 이런 감소 효과는 가장 극심한 빈곤지역, 곧 사하라 이남 아프리카와 남아시아에서 가장 크게 나타날 것이다. 부유한 나라 사람들에게 빈곤이란 그저 추상적인 것으로 보일지 모른다. 기아의 직접 원인이 가뭄이나 흉작이 아니라 가난으로 인한 구매력 결핍임을 깨닫는다면 이해가 쉬울 것이다. 식량재고가 줄어들면 가격이 상승하고 가난한 사람은 이를 구입할 돈이 없다. 많은 사람에게 가난은 굶어죽거나 굶주림과 관련된 질병으로 죽는 일을 의미한다.

　무역이 부자 나라에서 가난한 나라로 부를 분배할 단 하나의 가능성 있는 수단이라면, 부자가 가난한 이들을 착취하지 못하게 하되, 참여한 당사자 모두의 동의를 얻는 규칙 없이는 이 분배가 이루어질 수 없다는 사실 또한 분명하다. 수백 년 동안의 식민지 착취가 보여주듯 국제적인 규칙 없는 국제무역이란 해적질에 불과하다. 그리고 자유무역 반대자들 일부가 제안한 것 같은, 부자 나라가 가난한 나라에 대항해서 자국의 경제를 보호하도록 허용하는 규칙은 부의 불공정 분배를 바로잡기는커녕 도리어 악화시킬 것이란 점 역시 명백하다. 사실상 부유한 세계가 마련해둔, 일부는 교묘하고 일부는 노골적인 이런 보호주의 장치 덕에 그들은 가난한 무역 상대국에서 계속하여 부를 빼내기만 할 수 있었다.

세계의 초강대국 정부들은 국가간의 경제관계가 그들이 '자유무역'이라 부르는 하나의 공식으로 이루어져야 한다고 주장한다. 하지만 현실에서는 두 가지 공식이 적용된다. 하나는 가난한 나라가 굴복할 수밖에 없는 시장근본주의다. WTO와 IMF에 의해 채무국은 외국의 기업과 제품에 시장을 개방하고 공익업무를 민영화하며 국내 중소기업이 해외의 더 큰 상대와 경쟁할 수 있게 도와주는 조치를 폐기하도록 강요받는다. 다른 하나는 부유한 나라가 살아가는 방식이다. 약한 무역 상대국은 자신들이 자유무역을 위해 취한 모든 양보조치에 대해 강대국도 마찬가지 혹은 그보다 더한 조치로 상응하리라는 약속을 거듭 받는다. 하지만 어떤 면에서 그들의 시장자유화는 (대체로 IMF와 세계은행이 주도한 '조정'의 결과로) WTO의 협정이 요구하는 선을 뛰어넘기조차 했지만, 부유한 나라는 자신들이 한 약속 거의 전부를 파기하는 것으로 응답했다.

유럽과 미국에서 농민은 전체 노동인구의 3.3퍼센트를 차지한다.● 반면 가난한 나라에서는 농민이 국가 노동력의 과반수이거나 그에 육박한다. 농산물의 공정무역은 국민 복지의 감소라는 측

●미국에서는 328만 명, 다시 말해 1억 3,500만 노동인구의 2.4퍼센트가 농업 또는 농업과 관련한 직업에 종사한다. 유럽연합에서는 그 수치가 663만 명, 즉 1억 6,200만 노동력의 4.1퍼센트다.[107]

면에서 부유한 나라에는 거의 손해를 끼치지 않으면서도 가난한 나라에는 커다란 잠재적 이익을 가져다준다. 가령 2002년에 미국은 39억 달러(즉 미국의 아프리카 원조 총액의 3배)를 단 2만 5,000명의 면화 재배 농민에게 제공했다.[108] 이로써 세계 면화 가격이 어림잡아 26퍼센트 떨어졌고,[109] 가난한 나라의 수천만 농민의 생계가 파탄났다. 그러나 강대국의 비열함이란 대단한 것이어서 국내에 미칠 충격이 제아무리 미미하다 해도 다른 나라가 어떤 경제부문에서건 자기 나라를 앞서는 일을 허용하지 않는다. 가난한 나라는 대부분의 작물 생산에 경제학자들이 '상대적 이점'이라 부르는 것을 갖고 있다. 토지와 노동력이 더 싸고, 통화가치가 더 약하며, 열대지방에서는 햇빛이 더 강해서 작물이 더 빨리 자랄 수 있는 것이다. 부유한 나라가 자국 농민을 경쟁에서 보호하는 이유가 바로 이런 점 때문이다.

미국과 유럽연합이 무역협상에서 가난한 나라에게서 쥐어짜낸 양보의 많은 부분은 자국 농민에게 주는 보조금을 줄이거나 없애겠다는 약속과 교환한 것이다. 이런 보조금이 가난한 나라 국민의 삶과 생계에 너무 큰 파멸을 초래했기에 그들의 정부는 강대국이 제시하는 요구 거의 전부에 동의했던 것이다. 하지만 이들이 받은 댓가는 협상을 존중하지 않겠다는 미국과 유럽의 노골적인 거절이었다. 일례로 가장 최근의 무역협약이 타결된 직후 미국은 농업 보조금을 80퍼센트 올렸다. 현재 부자 나라는 자국 농민에게 연간 3,520억 달러,[110] 다시 말해 매일 거의 10억 달러씩 제공하는데, 이는 그들이 가난한 나라에 원조형태로 제공하는 액수의 6.5배에 달하는 금액이다.

이런 보조금 때문에 부유한 나라는 생산가보다 낮은 가격에 작물을 판매할 수 있다. 이 사실은 가난한 나라에 두 가지 괴멸적 결과를 낳는다. 첫째는 그들의 수출품이 인위적으로 값을 내린 부유한 나라 농민의 생산품과 경쟁할 수 없다는 점이다. 두번째는 부유한 세계의 수출품이 가난한 나라의 시장으로 들어올 때 가난한 지역 농민의 작물보다 더 싸게 거래되므로 그들은 망할 수밖에 없다는 점이다. 가난한 나라는 부유한 세계의 강요로 무역장벽과 자국 농민에게 제공해온 보조금을 거의 없애버렸기 때문에 시장으로 넘쳐 들어오는 이런 값싼 상품을 막기 위해 할 수 있는 일이 거의 없다.

자유시장에 대한 이와같은 왜곡이 얼마나 무자비한가 하면, 온대지방의 나라들이 부당한 수단을 사용해서 열대지방 특산품까지 경쟁하여 이기려 들 정도다. 가령 더운 나라의 사탕수수에 비해 서늘한 나라의 사탕무로 설탕을 생산하는 것이 비효율적인데도 유럽연합은 설탕 생산을 보조하는 데 연간 16억 달러를 쓴다. 그리고 전혀 생산이 불가능한 경우에는 생산국이 가공까지는 못하게 막음으로써 가치의 대부분을 손에 넣고자 한다. 유럽연합과 미국은 커피나 초콜릿 같은 제품에 '경사관세'escalating tariffs를 부과하는데, 이는 원료에는 세금을 매기지 않지만 가공할수록 점점 더 많은 세금을 적용하는 방식이다. 인스턴트커피가 커피 원두보다 훨씬 값이 나가고, 초콜릿이 발효 카카오 열매보다 훨씬 비싸므로, 수입자가 생산가의 대부분을 낚아챈다.

가난한 나라가 자신들이 생산한 식품을 가공할 수 없을 때는 같은 가치를 얻기 위해 수출을 더 많이 해야 한다. 이것이 의미하는

것은 환금작물의 생산에 더 많은 땅을 (그리고 자국민이 먹을 식
량 생산에는 더 적은 땅을) 사용하며 자국 노동자에게 돈을 덜 주
고 더 많은 열대림을 개간하게 하며 더 많은 늪지에서 물을 **빼내**
고 생산에서는 더 많은 제초제를 그리고 운송에서는 더 많은 화석
연료를 사용해야 한다는 것이다. 가공식품에 많은 관세가 붙을수
록 환경파괴와 사회 혼란은 더 커진다.

비슷한 제한규정이 직물제품에도 부과된다. 면화 재배가 가능
하고 노동력이 싸기 때문에 이 분야 역시 가난한 세계가 대부분의
온대국가에 비해 상대적 이점을 가진다. 따라서 부유한 나라는 여
기에도 보복성 관세를 시행한다. 방글라데시는 의류 판매 특권에
대해 해마다 미국에 3억 1,400만 달러를 지불해야 한다.[111] 이와
같은 관세 부과는 그저 가난한 사람을 차별하는 것에 그치는 것이
아니라 가난한 사람**만을 겨냥한** 차별로, 부자 나라는 가난한 나라
에서 들여온 상품에 다른 부자 나라에서 온 상품의 4배나 되는 관
세를 부과한다. 그 이유는 다른 부자 나라는 맞서 싸울 수가 있기
때문이다. 이런 식의 무역장벽이 제거된다면 가난한 나라는 매년
7,000억 달러 상당의 제품을 더 수출할 수 있을 것이다.[112]

부유한 나라의 뻔뻔한 보호주의에는 더 교묘한 조치도 동반된
다. WTO는 지난 몇 년에 걸쳐 각 기업에 한층 더 푸짐한 '지적재
산권'을 하사했다. [●] 이들은 유전자 물질과 식물·동물 변종에 대
한 배타적 통제권을 주장할 수 있게 되었으며, 또한 어떤 경우에
는 식물 변종을 사용하고자(혹은 심지어 특정 목적을 위해 어떤

● '무역 관련 지적재산권 협정'(Agreement on Trade-Related Aspects of Intellectual
Property Rights), 즉 TRIPs를 통해서였다.

제9장 — 평준화

식물 종을 사용하고자) 하는 사람에게 특허사용료를 내게 할 수도 있다. 이런 일은 관세장벽과 같은 차원에서 이해할 수 있으며, 명백히 차별적인 통상보호조치의 한 형태다. 이런 보호주의를 옹호하는 사람은 그것이 모든 나라의 회사 또는 개인에게 똑같이 적용되며 부유한 국가만이 아니라 가난한 나라에도 마찬가지로 유용하다고 주장한다. 하지만 이는 미국에 있는 사람은 누구나 맨해튼에 아파트를 살 수 있다는 얘기나 같은 소리다. 직업이나 피부색 또는 사회적 지위가 어떻든 미국 국민이 맨해튼에 아파트를 사겠다는 것을 막는 법은 없지만 오직 돈 많은 사람만이 그렇게 할 수 있다. 세계적 재산권을 확립하는 일은 엄청난 변론 수수료를 요구하며, 이는 사실상 자금이 넉넉한 기업들만 이용 가능하다는 뜻이다. 언론매체, 정보기술, 의약품, 생명공학과 품종개량 등 지적재산이 가치의 주요 결정요소가 되는 모든 부문은 소수의 거대기업이 장악하고 있으며, 그들 거의 대부분이 선진국에 본사를 둔다. 특허의 97퍼센트가 부유한 나라 기업의 소유다.[113] 가장 최근의 지적재산권 규칙은 가난한 나라에 특허사용료로 연간 400억 달러를 물리며, 이 중 절반이 미국에 본사를 둔 회사에 지불된다.[114]

비슷한 보호장치가 해외에 공장이나 지부를 세우려는 회사에까지 확장되고 있다.* WTO의 협정은 정부가 외국회사들이 국내로 들어오지 못하게 하거나 들어오더라도 그 지역 원자재와 노동력을 사용해야 하며 이익을 지역에 투자하고 수입보다는 수출을 더 많이 하도록 요구하는 일을 금한다. 이 역시 공평한 조치처럼 보

*WTO의 무역 관련 투자조치(Trade-Related Investment Measures), 즉 TRIMs를 수단으로 한다.

이지만, 다시금 선진국에게 아주 유리하게 작용한다. 기업의 규모가 커질수록 해외에 투자할 능력도 커지는 것이다. 세계 500위 이내 거대기업 가운데 개발도상국에 본사를 둔 기업은 29개에 불과하다.[115] 기업들은 이미 많은 나라에서 철저한 '투자자 보호 정책'을 누리고 있으며, 그 결과 때로 가난한 나라에게 '외국인 직접투자'는 버는 돈보다는 들어가는 돈이 더 많다. 많은 기업은 가난한 나라를 값싼 노동력의 집합소로 활용하며, 필요한 기계나 제조하려는 상품의 부품까지 수입하여 단순히 그것들을 조립하거나 포장하는 일에 지역민을 고용하기 때문에 그들의 수익에 보태주는 것도 거의 없다. 이들은 자회사에서 부풀린 가격에 부품을 사들이는 방법으로 이윤을 위장하거나, 그냥 이윤을 고스란히 모국으로 송금한다. 유엔이 보여주었듯, 타이에서 외국인 직접투자는 무역수지에 실질적인 손실, 다시 말해 이곳의 외국기업이 달성한 수출액이 해외로 송금한 이윤과 수입액을 합한 것보다 적은 결과를 낳았다.[116]

가난한 경제의 몇몇 부문에서 외국기업을 배제하는 데는 그만한 이유가 있다. 많은 경우에 외국기업은 부를 창출하지는 않고 다만 지역기업을 사들이거나 지역의 생산을 밀어내고 대신 들어서기 때문에 종종 지역민의 일자리를 뺏는다. 그들은 토착산업이 발전할 수 없게 만들어 무역수지에 심각한 타격을 입힌다. 흔히 그들은 조심스레 다루어야 할 환경을 완전히 망가뜨린 다음 그냥 다른 곳으로 옮겨가기 때문에 환경복구 비용이나 환경파괴 속에서 그대로 살아가는 일은 고스란히 가난한 나라의 몫으로 남는다. 많은 가난한 나라는 스스로를 방어할 수 있을 때까지 부유한 나라의 기업을 배제하는 편이 자국 국민과 환경과 경제에 더 이롭다는 사실을 인식하게 되었지만 국제기구의 강요로 어쩔 수 없이 이들을 받아들일 수밖에 없다.

부자 나라는 이런 식의 자유화가 개발에 꼭 필요하다고 주장하면서, 돈을 벌고 싶은 나라는 그만큼 경제를 개방할 필요가 있다고 말한다. 이런 주장은 주목할 만한, 그러나 잘 알려지지 않은 진실에 의해 그 정당성을 의심받고 있는데, 그 진실은 산업화에 성공해 이제 선진세계의 일원으로 간주되는 나라들 거의 전부가 자유무역이 아니라 보호주의 덕에 그 자리에 이르렀다는 점이다.

개발경제학자 장하준은 선진국의 성장신화를 폭로하는 데 지난 10년을 바쳤다.[117] 정복을 일삼아온 강대국이 자신들에 관해 말해온 온갖 이야기, 즉 영웅의 자질을 가졌으나 연민도 갖추었다거나 정복은 했지만 피정복민을 위한 최상의 이익을 도모하는 통치를 했다는 식의 이야기와 마찬가지로, 부자 나라가 선전하는 자유무역과 기회의 평등을 통한 성장 이야기는 거짓이다. 그것은 선진국이 경제적 지배권을 확보한 **이후**에야 자유무역이 도입되었다는 불편한 역사적 사실을 **빼**놓는다. 강대국도 경제발전을 이루던 시기에는 국제경쟁에서 자국경제를 맹렬히 보호했다.

일례로 영국은 자유무역의 후원자로 자처한다. 영국인은 자신들이 자유방임주의, 즉 규제가 거의 없는 시장에서 기업이 자유로이 경쟁하도록 허용한다는 엄격한 원칙을 통해 산업혁명을 이루고 세계제국의 토대가 된 부를 획득했다고 믿는다. 하지만 진실은 그게 아니다.

영국은 산업혁명 초기에는 섬유산업에 토대를 두었다. 18세기에 섬유산업은 영국이 수출에서 얻는 소득의 절반 이상을 벌어들였다. 섬유산업은 정부의 무차별한 개입으로 양성되고 촉진되었다. 직물 제조는 14세기부터 발전하기 시작했는데 당시 에드워드 3세는 플랑드르의 직공들을 데려오고 양모 교역을 중앙집중화했으며 모직물 수입을 금지했다.[118] 이후의 국왕들도 이런 보호주의를 확대했다. 일례로 헨리 8세는 영국 상인이 양모와 미완성 직물을 수출하지 못하게 함으로써 영국의 주요 경쟁국, 즉 플랑드르와 네덜란드의 양모산업을 파산시켰다. 경쟁국 상품의 수입은 관세로 억제하는 데 그치지 않고 어떤 경우에는 아예 금지했다. 가령 1699년에 영국은 당시 영국의 직물보다 질이 좋았던 아일랜드산 제품의 수입을 금함으로써 아일랜드 모직산업을 파괴했다. 1700년에는 인도의 캘리코(면직물) 생산자에게 똑같은 일을 자행하여 세계에서 가장 효율적인 면직물 제조산업을 멸종시켰다. 영국은 또한 아메리카에 강철공장을 세울 수 없게 하여 식민지가 주철鑄鐵 밖에 수출할 수 없게 만들었다.

수입원자재에 매기는 관세는 1720~1730년대에 감소한(그래서 영국 산업에 더 값싼 자재 공급을 가능하게 한) 데 비해 해외에서 수입하는 제조품에는 계속해서 무거운 세금을 부과했다. 동시에 정부는 정제설탕에서 화약에 이르기까지 영국의 모든 가공상품 제조업자에게 수출보조금을 아낌없이 지급했다.[119] 거의 모든 제조품 생산에서 자국의 기술우위를 확립한 다음에야 영국은 문득 자유무역의 미덕을 발견했다. 이미 세계 최강의 경제성장을 이룬 1850~1860년대에 와서야 시장 대부분을 개방한 것이다. 그때조차도 자유화 과정은 국가에 의해 엄격히 조절되었다. 자유무역에 대한 영국의 열광은 오래 지속되지 않았다. 20세기 초반, 영국이 미국과 독일에 뒤처지기 시작하자 영국의 제조업자는 보호주의를 실시하라는 로비를 시작했고, 1932년 세계 대공황기에 이를 얻어냈다.

지금은 자유무역 없이 어느 나라도 성장할 수 없다고 역설하는 미국도 자국이 경제개발 단계에 있을 때는 영국만큼 공격적으로 국내시장을 방어했다.[120] '신생산업보호론'(새로운 산업이 해외기업과 동등한 조건에서 경쟁할 만큼 성장할 때까지 보호하기)을 가장 먼저 체계적으로 제기한 인물은 앨릭잰더 해밀턴Alexander Hamilton으로, 그는 1789년에 초대 미국 재무부 장관이 되었다. 자국 제조업의 성장을 돕기 위해 미국은 누진관세를 도입했다. 1816년까지는 거의 모든 수입제조품에 부과되는 세금이 35퍼센트였다가 1820년에는 40퍼센트로, 1832년에는 몇몇 상품의 경우 50퍼센트까지 상승했다. 이것은 상품을 미국으로 운송하는 비용에 더하여 국내 제조업자에게 자국시장에서 누릴 엄청난 이점을 제공했다.

보호주의가 노예제 폐지보다 더 직접적인 남북전쟁의 원인이라는 것은 입증된 사실이다. 높은 관세는 급속히 산업화하는 북부에는 도움이 되었지만 여전히 수입품에 크게 의존하던 남부에는 불리했다. 공화당의 승리는 자유무역주의자에 대한 보호주의자의 승리였고 전쟁이 끝나기 전인 1864년에 에이브러햄 링컨은 이제껏보다 더 높은 수준으로 수입관세를 끌어올렸다. 미국은 1913년 이전까지 지구상 가장 엄중한 정책으로 보호받는 국가였고,[121] 그 후에도 자유화는 일시적이었다. 1922년에는 수입제조품에 30퍼센트의 관세가 재부과되었다. 대공황을 악화시켰던 1930년의 그

악명 높은 스무트홀리법Smoot-Hawley Act은 보호주의의 유별난 변칙으로 널리 알려졌지만 실제로는 140년간의 정책과 일관성을 가진다. 이 법으로 40퍼센트의 관세를 도입했지만 이는 보호주의 틀 내의 작은 증가에 불과하며, 통상 '자유무역' 시기에 속하는 1925년에도 관세는 37퍼센트였다.

자국산업의 우월한 지위가 확고해진 제2차 세계대전 이후에야 미국은 대부분의 공식 장벽을 폐기했다. 하지만 이때조차 의류와 직물의 수입할당제, 농업보조금, 반덤핑 관세, 정부가 강제한 것으로 보이는 외국에 대한 '자발적 수출 억제' 요구 같은 몇 가지 강력한 보호조치를 유지했으며, 이 조치들은 오늘날까지도 끈덕지게 유지되고 있다. 사실 자유무역은 미국에서 한 번도 실행된 적이 없다고 봐야 한다. 오늘날 미국 정부는 보호주의 때문에 가난한 나라가 피해를 본다고 주장하지만, 정작 미국 경제는 보호주의의 결과로 나빠졌기는커녕 세계에서 가장 강력한 보호주의를 실시한 기간이 가장 빠른 성장을 기록한 시기와 일치한다. 사실상 미국은 보호주의 장벽이 가장 높았을 때 빨리 성장했다(1870~1890년, 1890~1910년).[122]

시장근본주의자는 또한 지난 60년 동안 가장 눈부시게 발전한 세 나라, 일본·대만·한국의 성장이 자유무역의 결과라고 주장한다. 그러나 이보다 더 틀린 얘기도 없다. 세 나라 모두 똑같은 기본 처방, 곧 토지개혁과 주요 산업 보호와 투자, 국가에 의한 적극적 수출증진을 따랐다. 그들은 같은 제품을 생산하는 국내산업이 이미 세계에서 선두주자가 된 경우에만 비로소 경쟁상품의 수입을 허용했다. 앞 장에서 살펴보았듯이 실상 1998년에 일어난 한국

경제의 붕괴는 무역장벽 가운데 하나, 즉 자본의 이동 제한을 철회한 데 따른 직접적 결과였다.

세 나라 모두 공장을 설립하려는 외국회사에 엄격한 통제권을 행사했다. 일례로 한국에서는 지역회사와 합작투자를 하는 조건에서만 외국기업이 허용되었다.[123] 대만에서는 외국기업이 세법에 의해 해당 지역의 자재를 사용하고 수입보다 수출을 많이 하도록 강제되었다.[124] 그들은 모두 다른 나라의 특허를 무시한 채 새로운 기술을 획득했다. 그들 정부는 기간시설과 연구와 교육에 엄청난 규모로 투자했고 기업의 조직 개편에 개입하여 국내경쟁이 수출시장 개발에 장애가 된다고 판단되면 일부 기업을 폐쇄했다. 한국과 대만에서는 국가가 주요 시중은행 전부를 소유했고 따라서 투자에 관한 주요 결정을 내릴 수가 있었다.[125] 일본에서는 통상성이 법률수단을 통해 같은 식의 통제권을 행사했다.[126] 그들은 관세와 다수의 영리한 법률적 책략을 활용해 자국의 신생산업 발전을 위협하는 외국상품을 막아냈다.[127] 그들은 또한 수출상품에 대규모 보조금을 지급했다. 다시 말해 오늘날 WTO와 세계은행, IMF가 금하거나 저지하는 모든 일을 실행했다.

근본주의자들이 왜 이 세 나라의 발전 결과를 자기편으로 끌어오고 싶어 하는지는 쉽게 이해할 수 있다. 1950~1973년에 일본 경제는 매년 평균 1인당 8퍼센트씩 성장했다.●[128] 대만은 1953~1989년에 매년 평균 1인당 6.2퍼센트씩 성장했다.[129] 1965~1987년에 수출은 100배나 증가했다. 한국전쟁이 끝날 무렵 한국은 수단보다 더 가난했으며 사람의 머리털로 만든 가발이 주요 수출품이었다.[130]

●1인당 비율은 인구성장을 감안한 것이다.

1963~1972년에 한국의 제조업 부문은 매년 18.3퍼센트 성장했는데, 이는 기록이 시작된 이래 다른 어떤 개발도상국보다 높은 수치였다. 1972~1978년에는 24.7퍼센트로 상승했다.[131] 세 나라의 이런 성장은 비상한 사회변화를 동반했다. 60년 전에는 국민 대부분이 최저 생활수준 혹은 그 이하에서 살았던 대만과 한국은 이제 최상의 보건복지와 교육 수치를 보유하고 있다. 일례로 대만은 거의 100퍼센트에 달하는 문자해독률, 뉴질랜드보다 높은 국민소득, 미국에 약간 뒤진 정도의 평균수명(75세)을 갖고 있다.[132] 대만과 일본은 세계에서 부가 가장 잘 분배된 나라에 속한다.

　현재 가난한 나라들 또한 그들의 정부가 적극적으로 경제에 개입한 시기에는 더 나은 경제발전을 거두었음을 나타내는 증거가 얼마든지 있다. 몇몇 연구를 보면 가난한 나라 대부분이 신생산업을 보호하고 촉진했던 1960~1980년의 성장률과 그들이 (대개 IMF에 의해) 그런 개입을 중단할 수밖에 없었던 1980~2000년의 성장률은 확실히 대조된다. 116개국에 관한 한 조사는 1인당 소득이 1960~1980년에는 매년 3.1퍼센트 성장했으나 1980~2000년에는 1.4퍼센트에 불과했다는 사실을 보여준다.[133] 가장 가난한 나라들이 가장 심한 타격을 입었는데, 사하라 이남 아프리카의 성장률은 처음 20년 동안은 36퍼센트였는데 1980~1998년에는 **마이너스** 15퍼센트까지 떨어졌다. 또 다른 연구에 따르면 라틴아메리카의 성장률은 처음에 73퍼센트였다가 6퍼센트로, 아프리카는 34퍼센트에서 마이너스 23퍼센트로 각각 추락했다.[134] 유엔 수치에 따르면 그 결과, 사하라 이남에서 1달러 이하로 생활하는 사람이 1990~1999년에 2억 4,200만에서 3억 명으로 늘어났다. • [135]

그러나 또 한 묶음의 수치들은 세계무역에서 가장 가난한 49개 나라가 차지하는 몫이 1980년 이래 절반으로 줄었음을 나타낸다.[136] 이 몫은 앞으로도 더 떨어질 것으로 보이며, 1997년에 유엔개발계획United Nations Development Programme, UNDP은 사하라 이남 아프리카가 최근의 세계무역협정의 결과로 12억 달러만큼 더 가난해질 것으로 계산했다.[137]

물론 보호주의가 가난한 나라에 언제나 유리하다는 말은 아니다. 많은 나라에서 보호주의는 대통령의 가족이나 친지가 경영하는 경쟁력 없고 착취적인 산업을 보호하는 수단으로 악용되어 소비자에게나 경제 전반에 큰 부담을 안겨주었다. 하지만 역사상 많은 사례에서 보호주의가 발전의 주요 국면에서 국가경제를 촉진하는 데 압도적 효과를 냈다는 결론은 내릴 수 있다.

오늘날 부유한 나라가 가난한 나라에 강요하는 무역정책은 과거에 제국 열강이 부과했던 불공정한 규칙과 일맥상통한다. 19세기 내내 영국은 군대와 경제력을 동원하여 브라질(1810년), 시암(1824년), 페르시아(1836년과 1837년), 오스만 제국(1838년과 1861년), 중국(1842년) 그리고 일본(1858년) 같은 약소국에 '불평등조약'을 강요했다. IMF가 부자 나라는 빼놓고 가난한 나라에만 무역장벽을 제거하라고 압력을 가하듯이, 영국은 이 나라들에게 최소한의 관세만 부과하도록 강요하면서 그에 상응하는 의무는 거부했다. 그중 어느 나라도 이런 조약을 떨쳐내고 자국의 신생산

●하지만 이 시기에 아프리카 인구가 증가한 것을 감안하면 백분율상으로는 다소 감소했다(47.7퍼센트에서 46.7퍼센트로). 그럼에도 극빈층의 절대 증가는 충격적인 일이며, 국제기구들이 내놓은 예측과는 정반대의 상황이다.

업을 위한 효과적인 보호조치를 도입하기 전에는 산업화를 시작할 수 없었다.

　가난한 나라는 계속해서 현재의 부유한 나라 거의 모두가 추구했던 것과는 정반대의 성장 공식을 적용하라고 강요받는다. 현재의 정책과 과거의 불평등조약 간의 연속성이 암시하는 것은 부자 나라가 가난한 나라의 발전을 도울 수단으로 자유무역을 부과하기는커녕 가난한 나라가 계속해서 값싼 노동력과 원료의 원천이자 부자 나라의 제품과 써비스를 위해 개방된 시장으로 남아 있도록 강요하는 정책을 의도적으로 채택한다는 사실이다. 사실 이런 정책이 가난한 나라에 유익하다면 부자 나라가 나서서 강제할 필요도 없을 것이다.

　이 사태에서 흥미로운 것은 국가간 무역의 규칙을 정하고 시행하는 WTO가 원칙적으로는 모든 강력한 세계기구 중에서 가장 민주적이라는 점이다. 여기에 속한 나라는 모두 한 표씩을 갖고 있어서 이론상으로는 조직 구성의 과반수에 못 미치는 회원국만으로도 인기 없는 조치를 저지할 수 있다. 가난한 나라가 불공평한 대우를 받는다고 느낀다면 대단했던 1999년 씨애틀 세계무역회담에서처럼 협상을 중단할 수 있다. 가난한 나라가 부자 나라보다 훨씬 더 많으므로 가난한 나라들이 조직적으로 움직이면 부유한 나라들을 표결에서 앞설 수 있다. 그러나 다른 지구적 통치기구와 마찬가지로 무역조직 또한 꼼짝없이 강대국 손안에 있다. 약소국 대부분은 주요 결정이 내려진 **이후에야** 투표할 기회를 얻는다.

　새로운 무역회담이 시작되기에 앞서 이른바 '쿼드'Quad라 불리는 나라들, 곧 미국과 유럽연합, 캐나다, 일본으로 구성된 그룹이 먼저 의제를 결정한다. 이들이 매번 다소 경제력이 떨어지는 몇몇 나라를 불러모아 다수의 '그린룸'Green Room 회의를 진행하는데, 여기서 새로운 무역회담의 주요 업무가 전부 결정된다. 달리 말하면 그린룸은 WTO의 안보리이고 쿼드는 상임이사국이라 할 수 있다. 따라서 WTO는 실제로는 유엔만큼이나 배타적이다. 쿼드가 그린룸 회의에 참석하도록 허락한 다른 나라들은 더 강력한 상대국에게서 유엔안보리의 비상임이사국이 상임이사국에게서 받는 것과 마찬가지의 대접을 받는다. 지난 무역회담 당시 한 아프리카 대표는 "내가 지나치게 강하게 발언하면 미국은 우리 장관에게 전화할 것이다. 그들은 내 이야기를 비틀어서 내가 미국을 당황하게 만들었다고 말할 것이고, 그러면 우리 정부는 '그가 어떻게 했는가'라고 묻지도 않은 채 그저 다음 날 내게 귀국 비행기표를 보낼 것이다. …… 양쪽의 압력이 나를 두 손 들게 만들어서 주인을 화나게 할까봐 말도 못하게 될 것이 두렵다. 내게 이 위협은 실제 상황이다. 가난한 나라에서 왔기 때문에 나는 하고 싶은 말을 할 수가 없다"고 불만을 토로했다.[138] 가난한 나라가 불평하면 부자 나라는 그저 원조를 철회하거나 수출을 동결해버린다.

설립규정에 의거한 공식 무역회담이 시작될 즈음에는 주요 결정이 이미 내려져 있다. 의제는 정해졌고 선언문 초안은 작성되었다. 그린룸 회의에서 배제된 나라가 할 수 있는 일이라고는 부자 나라의 제안을 저지하는 것뿐이다. 가난한 나라는 제안을 내놓을 수도, 새로운 의제를 설정할 수도 없다. 그들에게 주어진 것은 그들이 참석하지 않은 상태에서 초안된 선언문을 그대로 받아들이거나, 거부하거나 둘 중 하나다. 씨애틀에서 그들은 거부하기로 결정했고 무역회담은 결렬되었다. 하지만 결과적으로 공정한 대우에 대한 요구를 관철할 수단도, 부자 나라로 하여금 보복성 농업보조금과 가공상품에 대한 경사관세를 폐지하도록 설득할 수단도 잃었다. 2년 후 카타르에서 회담이 재개되었을 때 그린룸에서 배제된 나라들은 '자유무역체제'의 기괴한 왜곡을 다소라도 완화할 희망으로 그린룸 회의가 초안한 선언서의 내용 대부분을 받아들였다. 부유한 나라들이 이미 카타르에서 했던 약속의 대부분을 어겼으므로, 이후의 무역회담에서는 가난한 나라들이 서명을 하지 않을 공산이 크다.

이와같은 WTO의 규약과 현실 사이의 현격한 차이를 우리가 세우고자 하는 대안기구들에 대한 하나의 오싹한 경고로 받아들여야 하는지도 모른다. 규약상 WTO는 가난한 나라 정부에 부유한 나라의 정부보다 더 많은 집단적 의사결정력을 부여한다. 그러나 실제로는 권력의 실체들이 자기주장만 거듭하도록 되어 있다. 강대국이 집단적 의사결정을 우회할 수단을 고안한 반면 약소국은 후환이 두려워 자신들의 권한 사용을 꺼린다. 쿼드에 저항한 결과가 복종의 결과보다 더 잔혹하므로 불평할 수는 있어도 결국은 지시대로 따를 것이다. 그러므로 우리가 구상하는 체제는 굳건하고 투명하고 책임을 물을 수 있어야 하며, 지속적인 공개심사를 받을 필요가 있다. 부유한 나라의 국민은 결코 멈추지 말고 자신들의 정부가 책임의무를 다하도록 만들어야 하고, 가난한 나라의 국민은 단결하지 않는다면 차라리 행동하지 않는 편이 낫다는 사실에 추호의 의심도 품지 말아야 한다.

그러므로 가난한 나라를 상대로 한 부자 나라의 경제보호조치는 어떤 것이나 정의를 훼손하고 부의 분배를 가로막을 뿐임을 명백히 인식해야 한다. 지금까지 부유한 나라가 세계무역의 불공정에 대해 가장 소리 높여 주장한 것이 보편적 보호주의 요구였다는 사실은 지구적 정의운동에 참여한 사람 모두가 우려해야 할 사항이다. 지역화론자는 지역에서 생산할 수 있는 어떤 것도 수입하지 말아야 한다고 주장한다. 하지만 그렇게 하면 뻔히 돈이 몰리는 부유한 나라의 시장은 가난한 나라를 배제한다. **가난한** 나라가 경제의 일부를 보호할 수 있게 하자는 논의는 일리가 있지만, 부자나라가 같은 일을 할 수 있게 허용하자는 지역화 제안은 본질적으로 퇴행적이다.

자유무역이나 지역화 둘 다 실제로는 많은 가난한 나라를 부유한 나라에 값싼 상품을 조달하는 역할에 가두어놓는다. 자유무역이 이런 결과를 야기하는 것은 신생산업, 즉 그 나라에서 최초로 어떤 상품이나 써비스를 개발하기 시작한 산업은 이미 확고히 자리 잡은 해외의 경쟁자들과 직접 부딪칠 경우 살아남기 힘들기 때문이다. 경쟁자들은 경험과 지적재산권, 확고한 판매망과 규모의 경제●를 가진 반면, 신생산업은 아무런 이점도 갖고 있지 못하다. 따라서 이미 정착된 산업과 직접 경쟁하면서 성장한다는 것은 급류 속에서 수영을 배우는 일과 같아서, 필요한 전문성을 익히기 전에 물에 휩쓸려가거나 익사하기 쉽다.

부유한 나라 중에서 이와같은 자명한 지식을 적용하지 않은 나라는 자신들의 부를 독립적으로● 이룬 세 나라밖에 없다. 스위스,

●규모의 경제란 어떤 품목을 100개 생산할 때보다 100만 개 생산할 때 개당 비용이 더 싼 것을 말한다.

네덜란드, 벨기에만이 신생산업 보호정책을 사용하지 않고 산업의 토대를 발전시킨 것으로 보이는데, 장하준이 지적하듯 어느 경우든 그들이 이렇게 할 수 있었던 것은 단지 (네덜란드의 해군력 같은) 특정한 물질적 이점을 가졌고 과학적으로나 지리적으로 이미 최첨단 기술을 갖고 있었기 때문이다.[139] 경제학자들이 '구매력 평가지수'purchasing power parity라 부르는 것으로 잴 때 이들 나라의 국민과 기술 선도국 간의 부의 격차는 미미했지만, 이와 대조적으로 오늘날 가장 가난한 나라 국민의 수입은 최고 부자 나라 국민보다 95배나 낮다.[140] 스위스와 네덜란드는 국가발전의 주요 단계에서 지적재산권을 포기하면서 더 산업화한 나라의 기술을 자유로이 훔쳐냈지만,[141] 이런 식의 '기술이전'은 WTO의 특허체제에 의해 현재 가난한 나라에는 금지되어 있다.

한편 지역화는 가난한 나라의 신생산업이 성장하는 것을 사실상 금지한다. 이 정책은 한 가지 면에서는 일리가 있어 보인다. 아마 오늘날 세계가 직면한 가장 심각한 문제는 이상기후일 것이며, 이상기후에 끼치는 영향이 가장 급속도로 증가하는 부문은 운송이다. 온 세계를 도는 상품의 이동은 극히 소모적이고 비경제적이어서, 가령 곡물이 세계의 한 끝에서 다른 끝으로 옮겨질 때는 똑같은 화물을 반대방향으로 운송하는 수송편을 지나친다. 삼부루 주민에게서 훔친 물과 사바나 지역 생태계를 파탄낸 살충제를 뿌려서 기른 샐러드용 채소는 지구를 데우는 데 한몫하는 비행기에 실려 비행권역 주민의 밤잠을 망치는 야간운항 편으로 케냐에서

●유럽연합 내의 재분배를 통하지 않았다는 의미다.

영국으로 이동하며, 그러는 동안 수백 에이커의 영국 온실은 쓸모를 잃고 방치된다.

이런 일은 인간공학에 역행하며, 상품을 시장에 내보내는 온갖 수단 가운데 가장 파괴적이고 비논리적이다. 이런 사태가 널리 퍼진 데는 몇 가지 이유가 있다. 하나는, 지금까지 살펴본 것처럼 크기가 작은 고가품의 수출을 부유한 나라가 허용하지 않기 때문에 가난한 나라는 부채를 갚는 데 필요한 돈을 벌기 위해 부피가 큰 품목을 다량으로 수출할 수밖에 없다는 점이다. 또 다른 이유는, 가난한 나라가 자신들을 값싼 노동력의 원천으로 이용하는 외국계 기업의 수입품 가격을 통제할 수 없게 되어 있으므로 개별공장의 제품 양은 늘지 않은 채 다량의 부품이 한 조립공장에서 다른 조립공장으로, 때로는 지구 한 끝에서 다른 끝으로 운송된다는 점이다. 하지만 무엇보다 큰 이유는, 환경파괴라든지 다른 지역 주민의 자원에 대한 절도행위 같은 비용항목이 제품가격에 포함되지 않는다는 사실이다. 이런 비용은 '외부로 전가'되어 왔는데, 이는 다른 사람들(케냐산 채소의 경우, 삼부루 주민과 언젠가는 이상기후의 결과로 고통받을 모든 사람)이 대신 지불한다는 것을 뜻한다.

우리는 이런 극심한 부당함에 맞서 싸워야 하며, 이 장 뒷부분에서 그 방법을 제안할 것이다. 하지만 저명한 지역화론자들이 제안하듯, 국내에서 생산 가능한 모든 품목에 보복관세를 부과해서 이상기후를 잡겠다는 발상은 한 사람이 수돗물에 독을 탔다고 해서 마을 사람 전부를 가두자는 것이나 마찬가지다. 이런 조치는 표적을 정확히 선정하지 못했을 뿐 아니라 범죄의 결과로 이미 고통을 겪는 사람에게 더한층 고통을 강요하는 처사다.

이와 비슷한 논리가 수출품 생산 기업의 노동자 착취에도 적용된다. 가난한 세계 전역의 수출가공 지역에서 노동자, 특히 여성 노동자는 정말 매우 열악한 대우를 받고 있다. 그들은 저임금과 장시간 노동으로 고통받으며 유독물질과 산업재해와 성폭행에 노출되어 있다. 이런 지역에서는 대부분 노동조합 설립이 금지되고 출산휴가나 고용의 안정성도 존재하지 않는다. 그러나 우리 운동이 노동자의 가난과 그들을 착취하는 부자 기업 사이의 엄청난 괴리나, 제품 광고에 담긴 공격적 낙관주의와 제품을 만드는 사람의 비참함 사이의 괴리를 강조해온 점은 옳지만, 같은 나라 안에서도 국내시장에 공급하는 노동자의 처우에까지는 관심을 두지 못했다. 사실상 급료를 받는 혹은 빚에 묶인 농업노동자이건, 돌 깨는 인부나 석탄 광부, 아니면 지방 귀족의 하인으로 고용되었건, 국내업계에 고용된 노동자도 마찬가지로 심한 대우를 받고 있으며, 많은 경우 더욱 열악하기조차 하다. 바로 이 때문에 많은 수출가공 지역이 형편없는 노동조건인데도 그곳에서 일하려는 지원자가 끊이지 않는다. ● 이 점이 암시하는 것은 문제는 무역 자체가 아니며, 어떤 나라에서 노동자가 어떤 대접을 받느냐가 문제라는 사실이다. 이 장 뒷부분에서 이 쟁점을 어떻게 다루어야 하는지에 관해서도 제안하도록 하겠다.

콜린 하인즈Colin Hines가 설명하듯 지역화는 모든 나라가 "능력

● 흔히 무시되어온 또 한 가지 중요한 이유는 토지사용권의 결핍이다. 많은 사람이 토지에서 떠밀려나는 바람에 노동자는 거의 무한대로 대체 가능해졌으며 따라서 많은 수출지역에서 노동력 착취가 용이해졌다. 토지개혁은 노동권의 필수 전제조건이다.

이 되는 만큼의 식량과 상품과 써비스를 생산해야 한다. 국내에서 공급할 수 없는 것은 지역 내에서 구입하고 원거리무역은 최후의 수단이 되어야 한다. …… 특정 광물이나 환금작물처럼 지역 경계 내에서 공급할 수 없는 상품과 써비스를 생산하는 부문에 한해서만 원거리무역이 일부 존속할 것"[142]이라고 주장한다. 달리 말하면, 가난한 나라가 부유한 나라에서 외화를 벌려면 원자재를 수출해야 한다.

무역의 역사에서 배울 수 있는 한 가지 교훈이 있다면, 그것은 수출을 위한 원료 생산은 일차 자원primary resource을 독점하는 데 성공한 자들에게만 득이 된다는 사실이다. 석유는 부분적인 예외에 속하는데, 몇몇 서아시아 나라들의 생산량이나 가격이 그야말로 어마어마하기 때문에 지배계급이 이익 전부를 자기들끼리 챙기려고 아무리 애를 쓴다 해도 부의 일부는 손가락 사이로 흘러내릴 수밖에 없다. 하지만 거대한 금맥조차 이를 소유한 대부분의 나라에서 사람들을 부자로 만들기보다는 가난에 빠뜨리는 결과를 낳았고, 처음에는 다른 나라의 해적선에게, 그다음에는 해적기업에게 착취되는 처지에 놓이게 되었다.

지난 30년간 몇몇 동아시아 국가보다 더 빠르게 성장한 유일한 사례가 아프리카의 보츠와나다. 이 나라의 성장은 거의 전부가 상당히 값이 나가기는 하지만 단일한 품목, 곧 다이아몬드 추출의 결과다. 제조업으로 부를 이룬 일본과 대만, 한국의 경제가 평등한 경제에 속하는 반면, 1990년대 초반까지 보츠와나는 가장 불평등한 경제를 가진 나라로, 상위 20퍼센트의 인구가 하위 20퍼센트보다 25배나 많은 돈을 벌었다.[143] 대만이 거의 완전고용을 달성한 데 비해 보츠와나는 세계 6위의 실업률(22퍼센트)을 기록했다. 현재 일본은 최고의 평균수명(81세)을 가진 반면, 보츠와나는 세계 최하위(36세)다.[144] 보츠와나의 경제활동 증가가 낳은 몇 안되는 산물 가운데 가난한 국민에게 널리 퍼진 것은 다름 아닌 에이즈다. 가난에 떠밀려 매매춘에 나선 여성은 지배계층에게 상품을 배달하는 트럭 운전사에게 몸을 판다.

일단 어떤 회사나 개인 혹은 부패한 지배층이 일차 자원의 소유권을 주장하고 나선 다음에는 생산의 결실 대부분을 축적하는 것은 그다지 어려운 일이 아니다. 제품생산에 필요한 거의 모든 노동은 미숙련 노동이며 따라서 임금도 낮다. 노동자를 교육할 필요가 없으므로 그들이 힘을 얻고 정치적으로 영향력을 갖게 될 위험도 없다. 특별한 기술이 없는 노동자는 누구로든 대체 가능하므로 농장이나 광산 소유자가 노동조합 인정, 적정 임금, 초과수당, 출산휴가, 연금, 사회복지수당이나 의료보험 등의 요구를 들어줄 필요가 없다.

반대로 전문화한 제조업으로 부를 얻으려는 사람은 자신들이 획득한 부의 일부를 노동자에게 나눠줄 수밖에 없다. 노동은 전문화할수록 더 많은 훈련비용이 들고, 노동력을 대체하기가 어려울수록 노동자는 더 나은 임금과 조건을 요구하게 된다. 정부가 제조업자의 요구에 따라 국민을 교육할 수밖에 없다면 그런 국민을 억압하기란 더욱 어려운 일이 되기 쉽다.

경제가 제조업에 근거를 두는가 아니면 일차 생산에 근거를 두는가는 **국가** 사이의 부의 분배에도 영향을 미친다. 부유한 나라에서 마시는 커피 한 잔이 3달러라면 커피콩을 생산한 농민은 2~3센트의 돈을 받는다. (다이아몬드처럼) 가장 값비싼 상품에서 파생한 것은 예외지만 최종생산품 가격의 대부분은 언제나 생산자가 아니라 정제, 가공, 제조, 포장, 분배하는 사람이 차지한다. 지역화가 가난한 나라를 경제발전의 두번째 단계, 즉 커피나 코코아처럼 부유한 나라가 자체 생산할 수 없는 생산품을 가공하고 판매하는 단계로 오르게 해줄지는 모르지만, 관세를 부과함으로써● 컴퓨터나 TV 같은 복잡한 고가의 제조품을 수출할 수는 없게 만드는데, 이런 제품은 부유한 나라에서도 생산되기 때문이다. 그들의 경제는 기껏해야 돌 깨기에서 노동 착취 공장으로 이동할 것이며 그 이상으로는 옮겨가지 못한다.

게다가 역설적인 사실은 지역화가 그들이 보호하고자 하는 바로 그 사람들의 이익을 손상시킨다는 점이다. 국내에서 생산할 수 없는 상품을 수입하기 위한 외화를 벌고자 가난한 나라는 (이 체제가 다른 수단을 금지하므로) 천연자원의 수출을 줄이기보다 늘려야 하며, 그리하여 더 큰 이상기후와 토양침식 그리고 생물학적 다양성 상실을 유발할 것이다. 그들이 수출하는 상품이 많아질수록 가격은 떨어질 것인데, 이것이 뜻하는 것은 같은 양의 외화를 벌려면 갈수록 더 많은 양을 수출해야 한다는 것이다. 나라가 부를 얻기 전까지는 환경을 보호할 수 없다는 시장근본주의자의 주장은 터무니없지만(실상 가장 부유한 나라가 환경에 가장 큰 해를 끼친다), 외화 수요가 신속하게 생태계의 재생률을 앞지를 것이므로 경제성장을 생물의 성장에 의존하는 나라는 자국의 생태계를

● 콜린 하인즈는 관세를 "세계화에서 지역화로 이행하는 단계에서 가장 유용한" 도구로 묘사한다.[145]

보호할 수 없다는 사실 또한 분명하다.

농산물 수출에만 의존하면 지역화론자가 가장 열심히 보존하려는 경제부문인 소농小農의 파괴가 가속화할 가능성도 크다. 국제무역은 지역판매보다 훨씬 더 규모의 경제에 유리하게 작동하므로, 농업에 기반을 둔 수출경제는 대규모 경작에 의한 소농 말살을 가속화하는 경향이 있다. 이것이 야기하는 실업은 임금을 떨어뜨려 작물가공산업 노동자를 더더욱 잔혹한 고용조건에 노출되게 만든다.

지역화론자는 약소국이 국내시장을 위한 제조품을 개발하는 일을 막는 것은 아무것도 없으리라고 역설한다. 사실 '수입대체'는 일부 가난한 나라에 유익한 전략이었다. 그러나 많은 나라가 고부가가치 제조업이 생존할 만한 규모의 국내시장도 갖지 못할 정도로 가난하다. 설사 그런 국내시장이 있다 해도 여전히 방금 전에 언급한 것과 같은 문제가 남아 있다. 국내소비에 필요한 제조품을 생산하기 위해서는 대개 재료와 부품을 수입해야 하는데, 이는 외화를 획득해야 한다는 뜻이고, 이는 다시 원자재를 수출해야 한다는 말이다. 이런 체제에서는 가난한 나라가 농업경제 그리고 그 결과인 부유한 나라가 만들어놓은 종속의 덫에서 빠져나올 수가 없다. 지역화는 강대국 국민이 힘없는 사람들의 삶에 얹은 더 큰 짐이다. 그것은 우리가 빠져나오려고 애쓰는 그 시대, 즉 강압의 시대에 속한다.

불공정무역이 어떤 것인지 규정하면 공정무역의 전제조건이 무엇인지 알 수 있다. 공정한 무역체제는 가난한 나라와 그 국민이 빈곤의 덫에서 빠져나와 부자들과 대등하게 경쟁하는 데 필요한 조치를 사용할 수 있게 해주는 체제다. 가난한 나라는 필요하다면 거의 모든 부자 나라에 허용되어온 전략, 즉 신생산업 보호조치를 당연히 사용할 수 있어야 한다. 한 나라가 부 혹은 발전의 일정 수준에 도달하기 전까지는 관세장벽과 다른 수입제한 조치 그리고 개발과 수출보조금의 도움으로 특정 산업을 보호할 수 있어야 한다. 또한 외국의 투자자에게 엄격한 조건을 붙여서 해외기업이 가져가는 양보다 더 많은 부를 남겨야만 국내에 진입할 수 있게 해야 한다. 어떤 상황에서는 지적재산권을 무시할 수 있으며, 현재 무역규칙이 가장 빈곤한 국가에게 거부하는 기술이전을 실행할 수 있어야 한다. 다른 한편, 부유한 나라는 무역장벽을 무너뜨리라는 요구를 받을 것이다. 그들은 자국산업에 보조금을 제공할 수도, 가난한 나라에 수입관세나 다른 제한조치를 부과할 수도 없게 될 것이다.

이런 일은 차별처럼 보이지만 나라가 발전함에 따라 보호조치를 점차 거두게 될 것이므로 사실은 완전히 공평한 조치다. 지금의 가난한 나라가 부자가 되면 역시 마찬가지로 경제적 자유화를 시작해야 할 것이다. 발전의 모든 단계에서 그에 걸맞게 보호조치를 줄이고 특권의 일부를 버리라는 요구를 받게 된다. 이런 체제는 기회의 증감체계를 확립함으로써 자유무역이나 지역화가 가로막은 결과의 평등을 허락한다.

그러나 가난한 나라는 보호주의를 활용하면서도 궁극적으로는 자유무역을 향해 서서히 나아가야 한다. 그것이 여러 가지로 바람직한 결과다. 보호주의체제에서는 업계의 로비 집단이 자기네가 다른 부문보다 보조금과 수출의 특전을 더 많이 필요로 한다고 정부를 설득할 것이므로 부패가 발생할 소지가 많다. 보호주의는 또한 파괴적이고 낭비적인 관행을 비호할 수 있으며 생필품의 가격을 올린다. 이런 문제는 부분적으로 투명성과 규제로 해결할 수 있지만 계속 발생하기 십상이다. 그리고 어쩌면 더 중요한 이유는 국가들이 엇비슷한 경제적 지위를 달성할 때 자유무역이 그들간의 관계를 통제할 가장 공평한 수단이기 때문이다.

하지만 발전의 수단인 일시적 보호주의는 국가간 부의 재분배를 가속화할 것임에 분명하다. 이 정책을 채택하면 국내산업을 활성화하기 위해 외국의 투자를 끌어들일 필요도 적어진다. 외국의 회사가 국가발전에 필요하다고 여겨지는 까닭은 국내 신생산업과 달리 다른 다국적기업과 성공적으로 경쟁할 수 있고 지적재산권으로 인해 특정 기술을 획득하려면 그 기술을 통제하는 기업을 수입하는 길이 유일한 수단이기 때문이다. 가난한 나라가 보호주의와 기술이전을 통해 국내의 경쟁산업을 발전시킬 수 있다면, 막무가내로 이윤을 본국으로 송금하고 수출보다 수입에 치중하며 노동과 환경 기준을 낮추라고 요구하는 외국기업에 굳이 문호를 개방할 필요가 없어진다. 외국기업을 끌어들일 필요가 없어지면 노동조합을 금지하고 오염규제가 없으며 외국인에게는 세금을 받지 않는 '수출가공 지역'도 폐쇄할 수 있다.

경제발전을 위한 유일한 공식은 없다. 어떤 나라는 국경을 개방하는 일이 사실상 최선일 수 있다. 또 어떤 나라는 기술이전은 중요하지만 관세장벽은 그렇지 않을 수도 있고, 수출보조금이 수출이익을 초과할 수도 있다. 우리는 시장근본주의자나 지역화론자들 식으로 하나의 강압체제를 모두에게, 더 정확히 말하자면 가난한 나라에 강요하지 않도록 노력해야 한다. 대신 성장에 필요한 모든 수단을 사용할 기회를 제공해야 한다. 사용하고 안하고는 그들이 결정할 문제다.

가난한 나라가 겪은 수세기 동안의 식민약탈, 굴종, 환경파괴를 보상하는 문제에 관해서는 지구적 정의운동 내에서도 많은 의견이 있었다. 그러나 제기된 안의 일부는 온정주의적이어서, 부유한 나라가 가난한 나라의 부채를 '면제해주거나' 원조를 크게 늘려야 한다는 식이다. 가난한 나라가 전前 식민지배자의 관용이나 선의에 의지하지 않고, 그러나 필요하다면 부유한 나라를 희생시켜 독자발전의 길을 추구할 수 있게 되는 것보다 더 나은 보상이 어디 있겠는가?

나는 지금까지 일이 쉽게 풀리지 않을 것이라는 상황을 가정하고, 다시 말해 마치 이런 제안들이 너무 터무니없고 희한해서 어떤 강대국도, 심지어 이론적으로도 받아들일 수 없는 것인 양 논의를 진행해왔다. 하지만 사실은 가난한 나라 그리고 가난한 나라만이 자신들의 경제 일부를 보호할 수 있어야 한다는 이론적 주장이 받아들여진 지는 이미 오래됐다. 전후 국가간 무역규제에 관해 최초로 제시된 안이었던 국제무역기구International Trade Organization, ITO는, 미국측 협상대표 클레어 윌콕스Clair Wilcox의 말을 빌리면 "발전이 뒤처진 나라들이 중점산업에 대해 스스로 결정을 내릴 수 있게 했고 공적 지원이 필요하다면 새로운 산업에 자유로이 보조금을 지급할 수 있다"고 규정했다.[146] 그것은 또한 가난한 나라에 기술을 이전하고 기업이 세계적 독점체제를 형성하거나 특허권 사용을 공격적으로 확대하지 못하게 하는 조치를 예견하고 있었다. 트루먼 대통령이 옹호했음에도 이 기구는 미국 의회에서 통과되지 못했는데 부분적으로는 기업의 강력한 로비 때문이었다. *

유엔총회와 유엔무역개발협의회UN Conference on Trade And Development, UNCTAD는 신생산업의 보호를 요구하는 보고서를 출간했다. 시장근본주의자에게 완전히 장악되기 전, 세계은행은 개발도상국에게 '수입대체'* 에 착수하도록 권고하곤 했다.[148] 심지어 WTO조차 (비록 이제는 쓸모없는 조항이 되었지만) 가난한 나라에 대한 '특별하고 차별적인 대우'를 규정하고 있다. 그러나 현실에서는 IMF와 세계은행, WTO에 의해 가난한 나라에서는 무역장벽이 매우 급속히 제거되는 반면 부유한 나라에서는 매우 효과적으로 유지된 나머지 이제 특별대우를 누린다고 말할 수 있는 유일한 나라는 쿼드 회원국뿐이다. 가난한 나라가 자국경제의 일부를 보호하도록 허용한다는 원칙은 그것이 효과가 없어서가 아니라 효과가 있기 때문에 거부된다.

설사 다음에 제안할 수단으로 국가간 부의 재분배를 허용하는 체제 설립에 성공하더라도, 지구적 정의운동이 해결하지 못했거나 부차적으로만 다룬 몇 가지 핵심문제가 남아 있다. 그중 가장 큰 것이 열악한 노동조건, 환경파괴 그리고 기업의 과도한 권력집

●국제무역기구는 미국의 제안으로 1943년에 처음 제시됐다. 이 기구의 헌장은 1948년 아바나에서 초안되었다. 트루먼 대통령이 부분적으로 1930년대에 벌어졌던 관세전쟁의 재연을 방지하기 위해 대부분의 나라가 수용할 만한 조약을 만들기로 작정한 것이다. 미국 의회가 계속해서 심의를 지연시킨 이후 1950년에 미국은 슬그머니 이 제안을 철회했다. 미국 의회는 (이 안이 지나치게 보호주의적이라고 본) 기업의 자유무역주의자와 (너무 자유주의적이라고 본) 기업의 보호주의자 양쪽 모두에게서 로비를 받았다.[147]

●같은 제품을 국내에서 생산함으로써 수입품을 줄이는 것을 말한다.

중이다.

현재의 국제무역은 고약하고 불쾌한 몇 가지 특징으로 그 성격을 규정할 수 있다. 앞서 살펴본 대로 지금의 국제무역은 해외투자를 추구하는 국가간의 파괴적 경쟁을 야기한다. 외국에 투자하고자 하는 기업은 가능한 한 가장 싼 조건, 즉 임금이 싸고 연금과 의료보험, 다른 수당을 지불할 의무가 없으며, 세금이 낮고, 많은 돈을 뽑아낸 다음 아무리 엉망으로 해놓고 떠나도 상관없도록 규제가 적은 곳을 찾는다. 재정적 힘과 출신 국가의 정치권력을 이용해 이들 기업은 투자 대상국 국민의 민주적 의사를 짓밟을 수 있었다. 국제운송은 이상기후 발생에 막대한 책임이 있으며 채취산업은 전체 생태계를 파괴하고 농민과 토착민을 몰아냈다. 일부 사람들이 징후를 원인으로, 원인을 징후로 오해하여 국제무역을 대부분 중단하라고 요구하는 것도 그리 이해 못할 바는 아니다.

하지만 지구적 정의운동 내에서 무역 중단이 아닌 공정무역을 요구하는 우리 같은 사람도 실수를 저질러왔다. 노동권과 환경보호 그리고 기업에 제한조치가 필요하다는 문제를 다루는 과정에서, 이런 쟁점을 각기 분리하는 경향이 있었던 것이다. 우리는 기업이 제한을 받아야 한다고 주장했지만 환경파괴와 노동권 억압을 방지할 책임을 가진 조직은 국가라고 여겼다. 부유한 나라의 많은 운동가들은 관세나 다른 조치로 환경과 노동 기준이 열악한 국가의 상품을 차별하는 것을 경쟁적 질주를 저지할 최선의 방법이라고 주장했다.

가난한 나라의 많은 정부가 국민을 제대로 대표하지 못하고 노동자의 처우나 환경피해, 따라서 국민의 삶의 조건에 관해서도 거의 관심을 보이지 않는다는 데는 의문의 여지가 없지만, 무역과 관련된 조치는 그들의 정책을 바꾸는 수단이 되지 못한다. 몇몇 운동가가 제안하는 관세는 가난한 나라 사람에겐 자신들의 수출품을 차별하는 또 하나의 수단으로 인식되었다. 여기에도 일리가 있는 것이, 관세부과를 열렬히 추구하는 부류에는 해외의 값싼 노동력 때문에 일자리가 위협받을 것을 우려하는 부자 나라의 노동조합이 포함되기 때문이다. 일례로 미국 최대의 노조인 산별노조총연맹AFL-CIO이 2001년에 출간한 보고서는 "우리 노동자에게 손해를 입히지 않을 경우에 한해 세계의 나머지와 더 긴밀한 경제적 유대를 맺을 것"을 요구한다. 보고서는 낮은 노동기준을 유지하는 나라에서 생산된 상품은 "관세나 수입금지 같은 무역제한 조치를 받아야" 한다고 제안한다.[149] 그 결과, 불행히도 부유한 나라의 일부 노동운동이 가난한 나라의 노동운동과 적대적인 위치에 놓이게 됐다.

게다가 WTO가 한 국가의 노동기준을 조종하려면 WTO의 고소와 중재절차를 수단으로 이 나라에 순응을 강요하게 될 것인데, 이런 절차는 비용이 너무 많이 들어서 부유한 나라에 유리하게 마련이다. 근거가 있건 없건 부유한 나라가 노동과 환경 기준이 지나치게 낮아서 제품가격이 부당하게 낮다는 고소를 제기하면, 가난한 나라는 큰 타격을 입을 정도로 비싼 여러 법적 소송절차에 말려들게 되어 수출을 해봤자 더 이상 도움이 되지 않는 상황에 처한다. 또 여태껏 그래온 것처럼 이 역시 부유한 나라가 가난한 나라의 국가정책에 대해 이래라저래라 지시하도록 조장할 위험도 있다. 가령 가난한 나라에 가한 응징조치 중에서 성공한 결과에 속하는 아동노동의 금지는 너무 가난해서 아이들을 일터로 내보낼 수밖에 없는 많은 가정의 원성을 자아냈다. 다시·한 번 우리는 그 나라 사람들이 내릴 결정을 가로막고 우리가 틀렸다고 생각하는 결정을 내린다고 그들을 응징하는 것이다. 우리는 가난한 나라들 **사이의** 차이와 그들 **내부의** 정당한 이해 다툼을 전혀 감안하지 않은 일률조건을 강요하고 있다. 부유한 나라가 제기한 그와같은 요구가 그들이 돕겠다고 나선 바로 그 사람들, 즉 가난한 나라의 노동자에게 엄청난 원성을 사는 것도 놀랄 일이 아니다.

국가는 본성상 나무처럼 움직일 수가 없다. 다른 나무들이 자라는 땅속으로 뿌리를 뻗어 양분을 더 많이 빨아들일 수는 있지만 자신이 처한 환경에 적응해야만 한다. 반면 기업은 잡식동물처럼 여기저기 돌아다닌다. 그들은 이 나무에서 저 나무로 이동하면서 가지에 거처를 마련하고 자신을 보호해주는 나무나 생태계의 다른 구성원을 먹이로 삼으며 항상 가장 쉽게 얻을 수 있는 자원을 찾아다닌다. 이런 포식행위가 야기한 부담이 이제는 너무 커져서 숲 속의 나무 대부분은 삼림학자들이 '가지마름병'이라 부르는 현상에 시달리는 듯 보인다.

국가와 기업의 이런 관계를 인식한 지는 이미 오래전부터다. 우리는 기업이 국가의 저항을 압도하고 있으며 움직이지 못하고 반응할 따름인 국가는 그에 맞서 공격하기에 불리한 처지라고 거듭 이의를 제기해왔다. 또 일부 기업이 생태계의 다른 성원을 잔뜩 먹고 비대해진 나머지 무게만으로도 국가의 가지 몇 개쯤은 부러뜨릴 정도가 된 것도 알고 있다. 따라서 기업이 아니라 국가가 국제적 규제의 대상이라고 고집하는 점은 납득하기 어렵다. 우리는 분명 가장 많은 대리기관을 갖고 있는 유기체를 먼저 규제해야 하며 국가와 국가 사이를 이동하는 행위자를 **국제적으로** 규제해야 한다.

이 책 전반에 걸쳐 나는 적의 힘을 우리에게 유리하게 활용할 방법을 제시하고자 했는데, 여기저기 떠도는 기업의 허기도 우리 편으로 돌릴 수 있는 또 하나의 자산이다. 그들은 점점 더 낮은 기준을 찾아 이 나라 저 나라로 이동한다. 우리는 그들이 반대로 점점 더 높은 기준을 찾게 만들어야 한다. 기업의 무역활동이 초래한 파괴와 억압과 강탈 행위를 처벌함으로써 기업이 높은 기준을 찾게 만든다면 시장은 가난한 사람에게 유리하게 작동하기 시작한다. 국가가 고용주를 규제하는 방식에 일률적인 제한을 적용할 게 아니라 바람직한 행위를 이끌어낼 유인책을 만드는 것이다. 가난한 나라의 국민은 어떤 것이 최상의 이익을 가져다줄지 결정할 능력이 있으므로 새로운 세계무역 규칙에서 수출산업의 기준과 국내 고용주가 정한 기준이 극명하게 대조된다는 점에 자극받아 해당 국내법을 바꾸려 할 수도 있다. 이런 체제에서는 기업이 나은 조건을 제시하지 않으면 다른 나라로 떠나겠다고 위협해서 한 국가의 기준을 끊임없이 깎아내리는 대신, 기준을 올리도록 장려할 것이다.

그러므로 공정무역기구라 부를 수 있는 조직의 첫번째 기능은 국제무역을 원하는 기업이 따라야 할 기준을 분명히 정하고 시행하는 것이다. 이런 측면에서 그것은 허가기관으로 기능하며, 생산·제조·판매의 모든 단계에서 자사의 업무 그리고 공급처와 하청업체의 업무가 명시된 기준을 충족한다는 사실을 보여주지 못하는 기업에는 무역거래를 허용하지 않는다.

가령 스위스에 본사를 둔 식품가공 회사가 서아프리카의 코트디부아르에서 코코아를 수입하고 싶으면 공정무역기구에 코코아를 구입한 농장이 노예를 고용하거나 금지된 살충제를 사용하거나 열대림 보호구역 안으로 재배지를 확장하지 않았으며 기구가 정한 다른 기준도 어기지 않았음을 입증해야 한다. 이 회사의 업무 수행은 자체비용으로 기구가 인정한 감시전문업체에 의해 평가받을 것이다. 다시 말해, 이 과정은 현재 자발적 공정무역 운동에서 널리 행해지는 과정과 다를 것이 없으므로 대리기관이 기준을 작성하고 회사가 인가를 신청하며, 이 회사가 자격이 있는지 알아보기 위해 감시전문업체가 채용되고, 만일 자격이 된다면 무역이 허가된다. 그러나 이 경우 공정무역은 더 이상 자발적이지 않으며 더 이상 소비자의 관심에 의존하지 않는다. 그것은 강제적인 동시에 보편적이다.

따라서 이것이 실제로 작동할지 여부에 의문을 제기할 필요는 없다. 식품·음료·목재·의류·가구·화장품 생산과 관련하여 이미 활동이 진행된 사례가 수천 건에 달한다. 다만 문제는 3장에서 설명한 이유로 인해 현재는 공정무역이 국가 사이에 사고파는 생산품 중 극히 일부에만 해당한다는 점이다.

우리는 규칙을 전부 새로 고안할 필요도 없다. 1919년 이래 국제노동기구International Labour Organization, ILO는 노동자에 대한 공정한 처우를 판단할 기준을 개발해왔고, 포괄적인 '다국적기업 관련 원칙'을 만들어냈다.[150] 유엔인권위원회UN Commission on Human Rights, UNCHR는 「기업을 위한 지침서」를 초안했다.[151] 경제협력개발기구Organization for Economic Cooperation and Development, OECD도 비슷한 기준을 만들어냈다.[152] 문제는, 개별국가가 시행을 책임지지 않는 한 이 모든 고귀한 목표가 자발적인 것으로 남는다는 점이다. 이제는 자발적 규제란 아무 소용이 없으며, 자발적 규제와 이에 필요한 '소비자민주주의'의 확장을 계속 옹호하는 사람들은 성가신 일을 피하려는 것이거나 아니면 변화를 막으려는 기업에게 돈을 받았거나 둘 중 하나라는 사실이 분명해졌다. 기업의 행동을 제약할 강제적이고 포괄적인 지구 차원의 규칙이 없다면, 그들은 투자를 회수하겠다고 협박하여 정부로 하여금 국내의 법률을 폐지하도록 강요할 수 있다. 반대로 강제적인 국제적 규칙은 그들이 어디에 있든 찾아낼 것이다.

또한 이런 규칙을 시행할 수단도 전부 새로 만들어낼 필요가 없다. 대부분의 나라에서는 산업시설이 가동되기 전에 보건·안전 감독관의 인가를 받는다. 대상 회사의 공정이 안전하지 않다고 판명되면 즉각 시정조치를 취해야 하고, 이를 따르지 않으면 가동을 중단해야 한다는 통고를 받는다. 이 규칙을 위반한 기업에는 벌금이 부과될 수 있고, 어떤 나라에서는 규칙을 되풀이해 어기거나 직원 혹은 인근 주민, 고객에게 심각한 위험을 초래할 경우 사업 허가가 중단되고 임원들이 기소될 수도 있다. 우리는 그저 국내의 원칙을 국제적으로 적용하기만 하면 되는 것이다. 기업의 임원을 기소하려면 국제형사재판소의 권한 확장을 꾀하면 된다. 그렇게 되면 인도와 유니언카바이드사社 사이에 있었던 일처럼, 한 나라의 정부가 기업의 최고경영자에게 결코 송달되지 않을 영장을 무력하게 기각할 도리밖에 없는 일은 더 이상 발생하지 않을 것이다. 유니언카바이드사는 인도를 떠나는 것만으로 보팔의 대참사•에 따른 과실치사 혐의에 대한 체포와 기소를 피해갈 수 있었다. 기업이 국제적으로 활동한다면 분명 규칙도 그래야 한다. 기업을 규제해야 기업이 자신들이 활동하는 나라의 민주적 선택을 제한하는 일을 막을 수 있다.

그러나 기존의 목록에 몇 가지 더해야 할 기준은 있다. 예를 들어 정의의 전제조건 중 하나는 생산자와 소비자가 자기 몫의 비용을 다른 사람에게 떠넘기지 않고 스스로 감당해야 한다는 것이다. 떠넘기는 사람은 대개 부유하고 권력 있는 이들이고 떠맡은 사람은 힘없고 궁핍한 이들이기 쉽다. 다시 말해, 가난한 사람이 소유한 자연적·물질적 부에 대한 부유한 사람의 절도행위를 전형적으로 대표하는 것이 환경적·사회적 '외부효과'externalities다. 이는 부자를 위한 엄청난 보조금과 같다. 자유시장경제를 신봉한다고 공언하는 사람들이 이런 왜곡을 일상적으로 간과한다는 사실이 언제나 놀라울 뿐이다.

이런 절도행위는 엄청난 규모에 달해서 세계 거대기업의 대부분이 자신들의 존속을 여기에 의존하고 있다. 미국의 경영학교수 랠프 에스티즈Ralph Estes는 엄밀하게 확인된 비용만 감안하더라도 1994년에 미국 기업이 2조 6,000억 달러 상당의, 즉 총이윤의 5배에 달하는 사회적·환경적 손실을 입혔음을 발견했다.[153] 기업은 자신들이 사용하는 자원과 야기한 손해비용을 전부 지불해야 한다면 사업을 그만둘 수밖에 없을 거라고 반박한다. 그렇게 된다면

•인도 보팔시에 있던 유니언카바이드사 소유 살충제 공장에서 유독가스가 새어나가 몇만 명의 주민이 죽고 다친 사건—옮긴이.

오히려 잘된 일이다. 그럴 경우 더 이상 부가 절도행위를 통해 가난한 사람에게서 부자에게 넘어가지 않을 것이다. 가장 큰 해를 입힌 상품의 가격은 크게 상승할 테지만 이는 사회와 환경 문제에 대한 고전적인 '시장의 대응' 사례이므로 자유무역 신봉자라도 분명 환영해야 할 일이다. 지역화와 달리 그것은 손해를 야기한 사람만 처벌하며 해를 덜 끼치는 상품을 수출하는 사람에게는 상대적 보상을 제공한다.

천연자원의 가치를 다른 사람이 그것을 상실한 데 따른 비용에 근거해 매긴다면, 케냐의 삼부루족 땅에서 나는 쌜러드용 채소는 즉각 거래를 계속할 수 없을 정도로 가격이 상승할 것이다. 이들에게 훔친 물의 가치가 헤아릴 수 없을 정도로 크며, 이에 필요한 화물 공수가 기후에 입힌 손상은 영국 소비자에게 전해지는 가치에 비할 수 없기 때문이다. 공정무역기구가 배치한 감시업체가 기업이 자원에 공정한 가격을 지불하는지 여부를 감독할 것이다. 기업이 무역허가를 받을 자격을 갖추려면 다른 비용과 함께 자사나 공급처가 소비하는 화석연료의 탄소배출권을 해당국가에게서 구입해야 한다. *

비용 감당이 가져올 유익한 결과 중 하나는, 원료가 나는 나라에서 가공**할 수 있는** 것은 모두 그 나라에서 **가공될 것**이라는 점이다. 어떤 회사도 원목이나 보크사이트, 커피 원두나 면화를 수출하려 하지 않을 것인데, 이것들을 한 곳에서 다른 곳으로 운송하

---

*이는 '수축과 수렴' 모델이 권고하는 대로 모든 국가가 인구에 기초하여 특정한 온실가스 배출 할당량을 배분받는다는 것을 가정한다. 개별국가는 남는 할당량을 다른 나라나 기업에 팔 수 있다.

려면 현재는 세계 반대편에서 제조되는 가구나 알루미늄 냄비, 인
스턴트커피, 티셔츠 같은 완성품보다 훨씬 더 많은 에너지가 들기
때문이다. 지금은 원료를 수출할 수밖에 없는 나라가 순식간에 제
조에 가장 유리한 장소가 될 것이다. 따라서 이 제안은 지역화론
자가 옹호하는 공식, 즉 일차 생산품을 **제외한** 모든 수출을 억제한
다는 공식을 그대로 뒤집은 것이다.

그렇다고 해서 정부가 모든 책임에서 벗어난다는 의미는 아니
다. 공정무역 체제는 감독받지 않은 상품의 암시장 거래를 부추길
것이다. 국가들이 오존을 고갈시키는 화학제품 규제를 위한 몬트
리올 의정서나 멸종위기 동식물의 국제거래에 관한 협정Convention
on International Trade in Endangered Species에 서명한 것처럼, 공정무역기
구 소속의 모든 정부는 암거래를 제한하고자 노력해야 한다. 법률
의 집행이 물샐틈없을 수야 없지만 가장 많이 수입하는 부유한 나
라가 이 거래를 규제할 채비를 가장 잘 갖추게 될 것이다.

공정무역기구는 국제적으로, 그러나 이미 확고히 정착된 또 다
른 국내원칙, 곧 어느 회사도 시장을 지배하도록 허용해서는 안된
다는 원칙을 시행할 것이다. 발전된 경제가 어느 부문이건 각 기
업이 특정 비율 이상을 점유하지 못하게 하는 장치가 있는 반면, 지
구적 차원에서는 그런 제약이 없기 때문에 특정 상품의 국제무역
이 한 줌의 기업에 지배되는 결과가 빚어지며, 이들 중 다수는 매
번 자신들의 힘을 남용하여 공급처에 지불하는 비용은 억지로 끌
어내리고 소비자에게 물리는 가격은 그대로 유지하려 한다. 여기
서도 다시 한 번 우리는 혁신을 일으킬 필요가 없고 그저 국내의 독
점을 막기 위해 만든 규칙을 국제무역에 적용하기만 하면 된다.

공정무역기구는 또한 기업이 자회사에 부채를 떠넘기지 못하게 할 것이다. 해외에서 위험한 작업을 하는 기업은 흔히 다른 이름으로 거래하는 지사를 통해 그런 작업을 수행한다. 이런 기업은 문제에 봉착하는 순간, 가령 석면에 노출된 노동자에게서 소송을 당한다거나 그 나라 정부에게서 오염 현장을 청소하라는 지시를 받는다거나 하는 순간, 자회사의 자산을 회수한다. 그렇게 되면 자회사는 파산하고 죽어가는 노동자는 보상받지 못하며 기업이 엉망으로 만들어놓은 현장은 그 나라 정부가 치워야 한다. 국제적인 규제를 받는 회사는 더 이상 이 규칙에서 도망칠 수 없다. 따라서 공정무역기구는 기업과 기업의 자산을 세계 어디까지든 추적할 수 있어야 한다. 기업은 자신들이 야기한 모든 범죄에 책임을 지게 될 것이다.

결국 기업은 서서히 우리의 노예로 바뀌게 된다. 그들은 기준을 끌어내리는 대신 끌어올리지 않을 수 없을 것이고, 가난한 사람에게서 부를 짜내는 대신 그들에게 부를 되돌려주지 않을 수 없을 것이다. 많은 기업, 아마도 대부분의 기업은 이 과정에서 파산할 것이며, 우리는 이들의 파산을 기꺼이 지켜볼 것이다. 살아남는 기업은 현재의 공정무역 기업과 마찬가지로 얻은 만큼 혜택을 되돌려주는 회사일 것이다. 다시 말해 이런 수단으로 지구적 무역의 윤리를 바꾸어 좋은 기업만이 살아남게 할 수 있다.

반기업 운동가에게는 기업이 해결책의 일부가 될 수 있다고 제안하는 것이 이상하게 보일 수도 있겠다. 하지만 기업이란 본래 상품과 써비스를 돈과 교환하는 수단이며, 부를 은행에 들여오고 내가는 운반수단에 불과하다. 그들이 민주주의를 위협하고 환경에 해를 입히고 노동자를 혹사하며 이웃을 중독시킬 수 있었던 것은 우리가 그렇게 하도록 허용했기 때문이다. 이제 그들을 본연의 존재, 즉 자동차나 컴퓨터, 식기세척기처럼 어떤 권리도 특권도 권력도 없는 기계로 되돌려놓아야 한다. 하지만 우리가 기업을 완전히 금지하려면 국제무역이 없는 세계나 통제경제를 생각해야 하는데 그중 어느 것도 매력 있는 전망이 아니다. 가장 소규모의 공정무역가조차 기업을 통해 활동하며 우리 운동 내부에서도 이런 기업이 함께 일하는 사람에게 이익을 가져다준다는 점을 부인하는 사람은 거의 없다. 그러나 우리는 기업이 위험한 존재이고 언제든 벌떡 살아 움직일 태세가 된 기계이며 걷기 시작한 엔진임을 결코 잊어서는 안된다. 우리는 그 기계가 인간의 권리와 특권을 주장하기 시작한다면 언제든 스위치를 꺼버릴 힘을 지니고 있어야 한다.

그렇다면 수출의 성장은 우리 체제 아래서는 뭔가 전혀 다른 것을 측정하게 된다. 현재 그것은 한 국가의 복지에 미치는 득과 실이 하나로 뒤섞여 있는 수치를 나타낸다. 천연자원의 상실이 노동으로 만들어진 순부가가치에 더해지는 식이다. 우리식의 규정은 이 측정치를 효과적으로 분리한다. 천연자원의 추출과 수출은 대부분 국가경제의 손실로 계산될 것이고 인간 노동의 적용과 기술의 사용은 이득으로 측정될 것이다. 국가는 무역을 통해 더 부유해지는지 가난해지는지를 즉각 알 수 있게 될 것이다.

물론 이것이 세계의 환경문제를 전부 해결해주지는 않는다. 사실 부자 나라에서 가난한 나라로 부가 이전되면 새로운 잠재 소비자층이 생길 텐데, 공정무역 조치 덕분에 이들이 다른 나라의 부를 빼앗지는 못한다 하더라도 그들 자신의 부를 빼앗을 수는 있다. 물론 멸종위기의 동식물 보호와 그들의 서식처 보호 같은 문제를 관장하는 국제조약이 많이 있으며, 가난한 나라는 스스로의 의사에 따라 이 조약에 서명했고, 따라서 마땅히 규칙을 존중하라는 촉구를 받아야 한다. 하지만 부유한 나라가 다른 나라의 경제를 조종할 권리는 없다. 특정 지역이나 국가에 한정된 환경문제 해결은 반드시 지역 주민이나 그 나라 국민에게 맡겨져야 하며, 그들이 자신들의 자원을 어떻게 다루는지는 다른 나라가 결정할 문제가 아니다. 그렇게 되면 개발도상국 국민은 자신들의 천연자원의 파괴에 대해 다른 어느 누구도 비난할 수 없음을 알게 될 것이고, 이는 새로운 환경민주주의의 발전을 위한 촉매가 될 법하다. 국가도 더 이상 이 문제에 대한 책임을 거부할 수 없을 것이며, 한편 국민도 환경정책의 변화가 더 이상 정부와 외국기업의 행동을 바꾸는 불가능한 임무에 의존하지 않는다는 것을 알게 될 것이다.

지구상의 모든 사람에겐 다른 사람이 국경을 가로질러 오염을 발생시키지 못하게 하고 기후나 해양어업처럼 다른 나라 사람도 의존하는 지구 자원을 파괴하지 못하게 목소리를 높일 권리가 있다. 이상기후에 관한 쿄오또 의정서를 둘러싼 교섭이 보여준 대로 결코 쉬운 문제는 아니지만. 이 장에서 제안하는 체제는 탄소 할당량을 구입해야 한다는 요구를 통해 오염기술을 무탄소 개발로 대체하는 중요한 인센티브를 만들어냈다. 이런 체제 아래서 수출은 환경친화 기술을 필요로 하므로 수출품 생산공장에 투자하는 기업은 국내시장용 상품을 생산할 때도 같은 공장을 이용하기가 쉽다.

이런 제안과 앞 장에서 제시한 국제청산동맹에 관한 계획 사이에 갈등이 발생한다는 점을 독자는 이미 눈치 챘는지 모르겠다. 공정무역기구의 목적이 가난한 나라가 부자 나라를 따라잡게 해주는 것이라면 가난한 나라는 몇 년간 무역흑자를 유지할 수가 있어야 한다. 또 부유한 나라는 그에 상응하는 적자를 유지해야 한다. 반면 청산동맹은 바로 이런 일이 일어날 가능성을 막으려 한다. 따라서 공정무역기구의 설립은 국제청산동맹의 설립보다 앞서야 한다.

그렇다면 아마 우리는 지금 하나의 정치 프로그램의 발전단계를 보고 있는 것이다. 첫번째 단계는 국가간 무역을 관할하는 **규칙**을 바꿔서 부유한 나라에서 가난한 나라로 상당량의 부가 이전되도록 하는 것이다. 일단 가난한 나라가 대략 동등한 조건에서 경쟁할 수 있게 되면, 두번째 단계에서는 국가간 무역의 **균형** 문제를 다루어야 하며, 일시적 적자가 영구적 부채의 원인이 되지 않도록 해야 한다. 한편 청산동맹은 지구적 선거와 세계의회에 필요한 자금을 창출해낸다. 의회는 다시 이 두 기구가 내린 결정을 조사하고 의의를 제기하는 데, 다시 말해 이들이 책임의무를 다하도록 만드는 데 활용된다. 그러므로 경제의 변화가 정치의 변화에 선행하며, 지구적 민주주의를 실험할 태세가 될 즈음이면 재분배와 경제안정의 결과로 죽기살기식 경쟁에 매여 있다는 의식이 이미 줄어들기 시작했을 것이다. 어느덧 이 책을 마무리할 때가 된 지금 나는 내가 순서를 뒤집어 써왔음을 깨닫는다.

그러나 이 책에서 제안한 조치 가운데 어느 것도 훨씬 더 큰 문제, 즉 세계를 집어삼키는, 수학적으로 불가능한 체제, 즉 자본주의라 불리는 체제의 문제와 그것을 자비롭고 실행 가능한 다른 경제적 교환체제로 대체하는 문제를 다루기에는 충분하지 않다. 하지만 만일 실제로 이런 조치가 시행된다면 이 세계의 경제적·생태적 운명에 관한 지구적 논의의 몇몇 전제조건이 확립되기 시작할 것이다. 자본주의는 이자를 받고 돈을 빌려주는 데 기초한 체제이므로 자본주의경제는 부채를 갚으라는 요구에 의해 굴러가며, 바로 그 때문에 이 체제 안에서 살아남는 일은 끝없는 성장 여하에 달려 있다. 그러나 끝없는 성장이란 물리적으로 불가능하다.

하인리히 하우스만Heinrich Haussmann이 보여주듯, 1페니히(미화 1쎈트의 약 절반)를 서기 0년에 복리 5퍼센트에 투자했다면 1990년에는 지구 무게의 1,340억 배가 되는 양의 금을 가져다줄 것이다.[154] 다시 말해 이자상환은 오직 단기적으로만 실행 가능하다. 이자를 갚기 위해 가치를 발생시킬 수밖에 없다면 자본주의는 지구를 멸망시킬 운명으로 보인다.

아직 더 큰 규모에서 생존능력을 확립해야 하지만, 절대적 성장에 의지하지 않고 자원의 보존을 위한 불가항력의 경제적 유인책을 만들어내는 또 다른 체제가 있을 수 있다. 이 체제는 자본주의가 도입한 것과는 정반대의 압력을 발생시킨다. 이 체제와 그것이 담고 있는 의미를 설명하기 위해서는 또 한 권의 책이 필요한데, 다행히도 경제학 교수(이자 예전에는 세계에서 가장 성공한 외환 딜러였던) 버나드 리테어Bernard Lietaer가 이미 집필했다.[155] 그래도 잠시 요약하자면 이 체제는 다음과 같이 작동한다. 시간이 지나면서 돈이 이자를 통해 가치를 얻는 대신 **일수초과할증료**, 즉 역이자를 통해 가치를 상실한다. 이는 돈에 투자하는 것이 불가능함을 뜻하며, 다시 말해 이 체제가 보편적으로 적용된다면 자본주의는 끝난다는 이야기다.

자본주의하에서는 진정한 부(천연자원과 생산능력)에 대한 투자의 가치가 돈에 대한 투자에서 얻어지는 가치에 비추어 평가되기 때문에, 자본주의는 기업이 자신들의 투자를 가능한 한 빨리 회수하게끔 만든다. 가령 돈에 투자해서 10퍼센트를 회수할 수 있다면, 숲에 투자한 돈은 10년 이내에 상대적 가치를 거의 전부 잃어버릴 것이다. 따라서 한 번에 나무 몇 그루씩만 베면서 숲을 영구히 보존하는 것보다 숲의 모든 나무를 한꺼번에 베어 목재로 파는 것이 언제나 더 수지가 맞는다. 그리고 나무를 사는 데 돈을 **빌려** 썼을 경우 파산하지 않으려면 획득한 자연적 부를 돈으로 다시 전환함으로써 가능한 한 빨리 돈을 갚아야 한다.

일수초과할증금은 이와 반대되는 상황을 보장한다. 즉 사람들은 투자가 서서히 완성될수록 그리고 부가 돈으로 덜 전환될수록 가치를 덜 잃게 된다. 쓸 일이 생긴 만큼 혹은 다른 장기투자로 옮기고 싶은 만큼만 현금으로 뽑아내길 원할 것이다. 획득한 자연적 부의 가치를 가능한 한 오래 유지하고자 할 것이며 그에 따라 지출을 줄이게 될 것이다. 달리 말하면, 전체 경제체제가 지구의 영속에 투자할 수 있다.

경제위기에 일수초과할증제가 한 읍이나 군 단위에서 대단히 효과적으로 적용된 사례가 있지만(예를 들어 1930년대 초반 오스트리아, 독일, 미국에서)[156] 이 체제(혹은 이런 체제의 일련의 연속체)가 지구적으로 적용 가능할지 혹은 리테어의 제안이 지닌 위험이 이익을 능가할지는 아직 확실치 않다. 몇몇 결과는 어쩌면 우리의 다른 목표와 정확히 상충될지도 모른다. 그러나 진정으로 세계의 운영방식을 바꾸고자 한다면 최소한 이런 차원에서 생각해야만 한다. 나는 그와같은 제안들이 변화의 두번째 순서에 속한다고 생각한다. 그것들은 우리가 평등을 향해 분투하는 체제를 이미 시행하기 시작한 다음에야 실현 가능하게 될 것이다.

이는 지금처럼 경제적 삶에서 대단히 큰 차이를 보이는 사람들 사이에선 공통의 목적을 확립하기가 불가능하다는 뜻이다. 엄청난 부자는 늘 가난한 사람을 두려움으로 대하고 두려움에서 증오가 흘러나온다. 극빈자는 늘 부자란 자신들을 지배하고 억압할 목적으로 지구에 내려온 외계인쯤으로 여긴다. 거대한 지구적 경제 평준화가 없다면 언제나 우리는 공동으로 문제를 해결하기보다는 서로 싸울 운명이다. 따라서 여기서 하나의 역설과 마주치게 되는데, 이 장에서 내놓은 제안은 일종의 수정된 자본주의를 활용함으로써 자본주의를 파괴할 조건을 만들어낸다.

* * *

이 모든 계획은 즉각 부유한 나라의 기업과 무서운 기세로 충돌하게 될 것이다. 그들은 아마 본사를 둔 나라의 정부뿐 아니라 많은 노동자도 자기편으로 끌어들일 수 있을 것이다. 그들은 자신들의 특별한 보호장치(지적재산권, 다른 나라 국민에게 비용을 떠넘기는 능력, 국가에서 받는 보조금)와 약소국 경제에 대한 자신들의 특별한 권리가 사라진다면 본사를 둔 나라의 교역입지가 악화

될 거라고 주장할 것이다. 노동자는 가난한 나라가 발전단계에서 부유한 나라의 특정상품을 배제하는 일이 허용된다면 부유한 나라의 노동자가 일자리를 잃게 된다는 기업의 주장을 지지할 공산이 크다. 노동운동 또한 극동지역의 자동차와 전자제품 부문이 20세기 후반에 그들을 능가한 것처럼, 값싼 노동력 때문에 가난한 나라의 노동자는 같은 상품을 생산하더라도 세계시장에서나 국내시장에서 자신들을 경쟁에서 이기기 쉽다고 주장할 것이다. *

어떤 경우든 그들의 주장이 틀린 것은 아니다. 그들은 근본적인, 그러나 계속해서 무시해온 경제법칙, 즉 어떤 나라가 무역흑자를 누린다면 다른 나라는 적자일 수밖에 없다는 법칙과 마주친 것이다. 물론 현재 가난한 나라에는 부유한 나라를 따라잡을 때까지 기회의 불평등이 허락될 것이나 그 후에는 그들 또한 동일한 무역규칙과 국제청산동맹이 감독하는 균형유지 기제를 따르게 된다고 이 프로그램은 제안한다. 물론 프로그램 시행 초기에 부유한 나라는 무역적자와 부채가 쌓이는 모습을 보게 될 것이다. 하지만 이런 조치가 부유한 나라의 교역입지를 손상시킨다는 주장과, 국제적 재분배에 저항하는 사람들이 흔히 주장하듯이 그것들이 경제를 돌이킬 수 없이 손상시키고 실업의 **실질적** 증가를 부르고 부유한 세계의 노동자를 가난에 빠뜨릴 것이라는 주장 사이에는 중대한 차이가 있다.

수세기 동안 정부는 국민의 복지를 위해 필요하다는 논지로 교

●물론 부유한 나라에서 부피가 크고 신선도가 중요한 (생선, 과일, 채소 같은) 몇몇 부문에 종사하는 노동자는 외적 요인을 가치평가에 감안한 결과로 이런 변화에서 혜택을 얻을 것이다.

역입지의 불공평을 정당화해왔고, 그 결과 발생한 이익의 거의 전부를 지배층에 갖다 바치는 체제를 평온하게 관리해왔다. 100년 간의 세계경제 지배와 500년간의 보호주의가 세계에서 가장 강력한 무역국 국민에게 어떤 일을 해주었는지는 프리드리히 엥겔스의 『영국 노동계급의 상태』만 읽어도 알 수 있다.[157] 오늘날에는 19세기 후반에서 20세기의 노동운동과 참정권운동 그리고 써비스 부문과 전문화한 제조업에 대한 경제적 의존도가 증가한 덕분에, 비록 미국 같은 몇몇 나라에서 지위가 악화되고는 있지만, 많은 부유한 나라에서 노동자는 자신들의 나라가 다른 나라에서 훔친 부에서 약간 더 큰 몫을 얻는다. 그러나 서구세계의 정부는 자국민의 삶을 향상시키지 못하는 무능함을 계속 무역조건의 탓으로 돌리고 있다. 달리 말해 그들은 계속 속이고 있는 것이다.

부유한 나라의 정부는 가난한 나라에 비해 국내수요를 촉진하기가 훨씬 더 나은 상황이다. 그런데 이런 일이 일어나지 않는 이유는 수단이 없어서가 아니라 그런 수단이 부자의 수중에 있고 정부는 가난한 사람보다 부자를 더 잘 대표하고 배려하기 때문이다. 국내시장을 부양하고 그리하여 무역입지가 약해진 나라가 불경기로 빠져들지 않게 분명히 막아줄 수단이 두 가지 있다. 하나는 가난한 사람에게 부과되는 세금을 줄이는 것이다. 다른 하나는 부자에게 부과되는 세금을 늘리고 그렇게 해서 늘어난 세금수입을 공공지출에 사용하는 것이다.

서구세계의 노동운동은 불공정무역을 위한 로비를 벌임으로써 정부의 사회개혁 책무를 면제해주고 자국경제 내에서 부의 재분배를 끝없이 미룰 수 있게 해준다. 그렇게 해서 장기적 전망을 개선하기는커녕 노동자는 계속해서 경제적·정치적으로 배제될 운명에 스스로를 몰아넣는다. 정의로운 세계란 모든 나라의 노동자가 더 이상 다른 나라 국민을 착취하라고 요구함으로써 자신들의 문제를 회피할 수 없다는 사실을 깨닫는 세계다.

하지만 이제 부유한 나라의 기업과 정부와 노동자는 설사 원한다 해도 이런 변화를 막을 수 없을 것이다. 1999년 씨애틀 무역협정의 파탄이 WTO의 파탄과 그리하여 국제적 무역규칙의 폐기를 야기할 수 있음을 인식하고서 부자 나라는 2001년 카타르에서 열리는 다음 무역회담은 '개발 라운드'가 될 것이며 그 일차 목적은 가난한 나라에 혜택을 주는 것이라고 약속했다. 이 약속은 이전의 모든 약속과 마찬가지로 미국과 유럽연합 기업의 로비가 필요한 대부분 개혁의 승인 혹은 시행이 저지되는 바람에 지켜지지 않았다. 일례로 미국은 의약품업계의 압력을 받아들여 WTO의 모든 다른 회원국이 지지하는 협약을 방해했는데, 이 협약은 가난한 나라가 자국민에게 약품을 싸게 제공하기 위해 기업특허권을 무시하도록 허용해줄 것이었다. 미국이나 유럽연합 모두 농업보조금 체제를 해체하지 못했으며, 미국은 카타르에서 보조금을 줄이겠다고 제시한 직후 오히려 더 올려서 다음 10년간 1,800억 달러를 더 지원했다. 가난한 나라의 정부는 마침내 부유한 나라에서 기대할 수 있는 것이라곤 거짓말뿐임을 깨달았다. 그들에게는 맞서 싸우는 길 말고 다른 선택은 없는 것이다.

다른 강력한 국제기구와 달리 WTO는 원칙적으로 가난한 나라에게 저항을 허용한다. 가난한 나라는 분명 머지않아 두 가지 행동 중에서 하나를 택할 것이다. 하나는 그들 자신이 감독하며 그린룸 회의나 다른 배타적 의사결정 연합을 금지하는 새롭고 진정한 개발 라운드를 요구하는 것으로, 이를 통해 그들은 WTO를 일종의 공정무역기구로 바꿀 수 있을 것이다. 다른 하나는, 기업 영향력의 침투와 사무관의 임명을 둘러싼 농간으로 WTO가 부패했다는 판결을 내리고 탈퇴한 다음 처음부터 다시 공정무역기구를 건설하는 것이다. 아마 가난한 나라는 부유한 소수에 의해 지배되는 무역기구에 소속되어 있는 한 그 어떤 미래도 없음을 알게 될 것이다.

또 그들은 더 이상 부유한 나라에 의해 각개격파되어서는 안되며 지금까지 용기 있게 보여준 것보다 더 큰 연대의식을 갖고 행동해야 한다는 점도 깨달을 것이다. 그리고 그렇게 하지 않으면 국민이 그들을 자리에서 끌어내리고 그런 일을 실행할 정부를 세울 것이다.

가난한 나라는 마음대로 쓸 수 있는 세 가지 무기를 갖고 있다. 첫번째는 WTO라는 **국제적으로** 민주적인 기구다. 두번째는 단결을 통해 WTO를 해체하고 대안조직을 세울 수 있는 그들의 힘이다. 세번째는 5장 말미에서 그 중요성을 살핀 바 있는 국제채무와 그에 따른 가난한 나라의 은행소유권이라는 무기다. 공정한 무역체제는 국제청산동맹에 더하여 집단 채무불이행을 굳이 사용하지 않아도 될 또 하나의 조건이 될 수 있다.

여기서 내세운 제안 가운데 어느 것도 국제무역의 규제와 관련한 모든 문제를 해결하지는 못한다. 강대국이 지역협정을 통해 전과 다름없는 불평등을 시행하려 들 것임을 예상할 수 있으므로 여기서도 그들의 시도에 저항할 필요가 있다. 또한 국가간 모임에는 언제든 따르게 마련인 비민주적 성격이라는 문제, 즉 극소수의 사람을 대표하는 작은 국가가 큰 국가와 똑같은 표결권을 가지며 모든 국가의 정부가 국민의 위임을 받지 않은 결정을 국민의 이름으로 내린다는 문제가 남아 있다. 우리가 제안하는 세계의회는 이들의 권력을 누그러뜨리고 시민이 국가나 국가의 모임이 책임의무를 다하도록 감독할 수 있게 도와준다. 하지만 비록 이런 면에서 국제주의가 여전히 세계화에 순순히 따르지 않는다 하더라도, 부의 정도나 역사와 무관하게 모든 국가가 참여하는 다수결에 근거한 체제는 쿼드가 다른 모든 국가를 대신해 결정을 내리는 체제보다는 민주주의에 더 가깝다.

근본적인 변화를 요구하는 가난한 나라의 정부는 부유한 나라의 지구적 정의운동가의 지원을 필요로 한다. 그러나 지역화 의제가 미친 유해한 영향 탓에 부유한 나라의 몇몇 운동가는 가난한 나라의 사람들에게 적으로 인식되어왔다. 부의 재분배를 최우선 목표로 삼는 운동이야말로 가난한 나라와 직접 확고하게 연대하는 운동이다. 그리고 이것이 우리를 형이상학적 변화에 한 걸음 더 가까이 가게 해줄 것이다.

제 7 장

권력의 우연성

7

만일 독자들이 앞의 여섯 장을 읽고 난 다음 '뭔가 해야만 한다'
고 결론을 내렸다면, 나는 한 가지 면에서는 성공했고 다른 면에
서는 실패한 셈이다. 즉 근본적인 변화가 필요하고 어쩌면 가능하
기도 하며 심지어 불가피하다는 점은 납득시켰을지 모른다. 반면
독자의 반응이 평온하다면 그만큼은 실패했다고 할 수 있다. 뭔가
해야 한다고 생각하는 데는 아무 노력도 들지 않으며, 사실 우리
같은 사람은 이런 제안을 수십 년간 받아들여왔고 누군가 다른 사
람이 그에 따라 행동하기를 기다려왔다. 구조의 변화는 '내가 행
동해야 한다'는 더 적극적인 결론에 도달할 때만 시작될 것이다.

지난 몇 년 동안 우리가 논쟁에서 이기고도 싸움에서는 진 사례
가 많았다. 현재의 지구적 체제의 부당성을 폭로한 운동가들은 변
화에 대한 광범위한 동의를 만들어내는 데는 종종 성공하지만, 번
번이 이 동의에 대한 분출구가 없다는 사실을 발견한다. 이런 상
황에서 생각이란 행동으로 옮겨지지 않는다면 아무것도 아니다.

기득권 세력의 독재에 직접 근본적인 도전을 제기하거나 조건부 채무불이행 같은 위협조치를 통해 그것이 작동하는 환경을 바꾸지 않는 한, 이 독재는 일말의 위험도 느끼지 않은 채 쓴 글을 읽고 우리가 말하는 것을 들을 것이다. 1649년, 제라드 윈스탠리Gerrard Winstanley는 혁명의식을 담은 팸플릿을 완성한 후 만족감을 스스로 경계하며 "아무것도 실제로 행해지지 않았으므로 나의 정신은 쉴 수 없고 …… 행동이 모든 것의 핵심이므로 말과 글은 아무것도 아니고 사라져야 하며, 행동하지 않는다면 아무것도 하지 않는 것이다"라고 적었다.●158 이 선언문이나 그와 비슷한 모든 출판물 역시 사람들을 행동으로 이끌지 않는다면 무가치한 것이다.

우리가 행동하지 않는 데는 몇 가지 이유가 있다. 투쟁의 초기 단계에 따르게 마련인 개인 신상의 위험은 대개 잠재된 물질적 이익을 능가한다. 혁명의 촉매작용을 일으킨 사람들이 혁명의 성공으로 이득을 얻는 경우는 드물다. 이 싸움에서 우리 대부분은 (우리 세력이 커지면 이 상황은 변할 수도 있지만) 아직 무장 군대와 직접 마주치지 않았으며 따라서 우리 자신이나 가족이 노출된 위험은 다른 혁명세력이 직면했던 것에 비하면 사소하다. 물론 부유한 나라에 사는 운동가에게는 저항의 잠재이익 또한 나찌 점령군을 몰아낸다든지 한 지역의 폭군을 퇴위시킨다든지 아니면 공식적 제국주의에서 벗어나는 일이 가져다주는 이익만큼 분명하지 않다. 가난한 나라의 국민 대부분은 그들의 삶을 지배하는 상황을 바꿀 필요가 절박한 데 비해 부유한 나라의 운동가가 제기하는 문

●그런 다음 윈스탠리는 "삽을 꺼내들고 죠지힐로 가서 땅을 갈았고" 서유럽의 중세 이후 혁명사에서 최초의 그리고 가장 야심적이라고 할 만한 운동을 시작했다.

제는 부차적인 관심사에 속하는 것이어서, 우리는 가령 임박한 굶주림이나 수인성 질병에 의한 죽음이 아니라 멀리서 벌어지는 전쟁이나 경제의 불안정, 기후변화, 자원고갈처럼 생존에 즉각 위협을 제기하지 않는 쟁점과 맞서고 있다.

그러나 비록 이 책의 제안이 부유한 나라의 운동가에게 물질적 자기향상의 수단은 거의 아무것도 제공하는 것이 없지만, 집단적인 혁명활동에는 근대의 세속적 삶의 다른 모든 분야에서 거의 찾아볼 수 없는 무언가가 있다. 그것은 하나의 집단적 목적을 위해 역경에 맞서 단련된 관계가 가지는 강렬함에서 나온다. 그것은 기독교인이 '환희'라 부르는, 그러나 세속정치의 건조한 담론에서는 뚜렷한 등가물을 찾을 수 없는 **희열**이고, 일단 맛을 보면 어떤 댓가라도 지불하게 되는 마약이다.

수단을 지닌 모든 사람은 선택 앞에 서 있다. 우리는 안전하고 편안한 생활을 확보하기 위해 이 수단을 활용할 수 있다. 40억 년 동안 뜻밖의 발견과 진화가 낳은, 되풀이되지 않는 우리의 삶을 조금 더 많이 벌고 저축하고 상관의 인정과 이웃의 시샘을 얻는 데 사용할 수 있고, 스스로 자신의 묘비를 세우고 에리히 프롬Erich Fromm이 부와 권력의 "시체 애호적" 세계라[159] 부른 곳에 받아들여졌다는 증서를 액자에 넣어 벽에 걸어놓을 수도 있다. 우리는 상당히 합리적인 판단 아래 자유를 향한 욕망을 안정을 향한 욕망에 종속시킬 수 있을 것이다. 아니면 반대로, 우리가 가진 수단으로 세계를 바꾸고 그 변화의 과정에서 우리 자신을 바꿀 수도 있다. 그렇게 하면서 우리는 지상에서 물질적 존재를 향상시킴으로써 죽음을 막으려 했던 사람들만큼이나 확실히 죽어 잊힐 테지만, 죽기 전까지는 안락이 주지 못하는 충만한 감정을 맛보며 살 것이다.

거의 아무런 수단도 갖지 못한 사람, 특히 가난한 나라에서 살아가는 대부분의 사람에게 어떻게 살아야 할지 감히 훈계할 생각은 조금도 없다. 서구에서는 거의 보도되지 않았지만, 지난 5년 동안 가난한 많은 나라에서 사람들은 비탄과 분노와 희망으로 시위를 벌이며 자신들의 처지를 바꾸려고 노력해왔다. 나는 이 책에서 그들을 예속하는 체제를 대체할 실행 가능한 대안이 있음을 보여줌으로써 그들의 희망에 보탬이 되고자 할 따름이다.

그러나 부유한 나라의 사람 대부분과 가난한 나라의 형편이 나은 사람에게도 혁명은 스스로 부과한 제약에서 해방될 가능성을 제공한다. 자유는 신념에 따라 행동하는 능력이다. 따라서 그것은 계획할 수 있는 행동의 범위와 더불어 확장된다. 만일 결코 행동하지 않으리란 것을 안다면 자유도 없고, 남은 삶 동안 누군가 시키는 대로 하게 될 것이다. 사람은 대체로 자신이 받고 싶은 대접을 남도 받아야 한다는 의식은 갖고 있다. 다시 말해, 거의 모든 사람이 정의를 인식하며, 어떤 식으로 정식화되었든 사람들 신념 체계 어딘가에 그 인식이 자리 잡고 있다. 이런 정의감에 따라 행동하지 않는다면 가장 일차적인 신념에 따라 행동하지 않는 것이며, 그에 따라 자유도 제약받는다. 다시 말해 진정으로 자유롭기 위해서는 혁명을 계획할 각오가 되어 있어야 한다.

우리가 행동하지 않는 또 다른 이유는 태어난 순간부터 우리를 둘러싼 정치적 상황에 젖어 살아왔기 때문에 거기에서 벗어날 방법을 상상할 수 없고, 그것이 언젠가 끝이 날 것이라 예견할 수도 없기 때문이다. 혁명가의 첫번째 자격조건이 상상력인 이유가 바로 이것이다. 혁명가는 권력의 우연성을 깨달은 사람이다. 강압적 권력을 유지하는 것은 군대도, 심지어 자본도 아닌 믿음이다. 사람들이 신을 믿듯이 그것을 믿는 일을 그만둘 때, 그것의 전능함과 난공불락성과 정당성을 믿지 않게 될 때, 그리고 그에 따라 행동할 때 제국은 하룻밤 사이에도 무너질 수 있다.

권력을 가진 사람은 권력을 보유하는 데 드는 물질적·심리적 비용이 상실하는 데 드는 비용보다 더 높다고 생각할 때만 그것을 포기할 것이다. 지배자가 반란을 진압할 수단, 가령 필요한 탱크와 전투기 혹은 대포와 기병대를 갖고 있으면서도 권력을 보유하는 데 드는 개인적 노고가 포기하는 노고보다 더 크다는 점을 인식했기 때문에 이를 사용하지 않기로 작정한 사례는 많다. 역사의 놀라운 사실 가운데 하나는 가장 비타협적인 지배자가 뚜렷한 물질적인 이유도 없이 갑자기 포기하는 경향을 보인다는 것이다. 그들은 지쳤기 때문에, 너무 지쳐서 더 이상 권력을 보유하는 데 요구되는 강렬한 목적의식을 유지할 수 없기 때문에 포기한다. 그들은 피지배자의 불신에 대항해 싸워야 했고, 극도의 심리적 노력을 들여 권력의 정당성을 거듭 언명해야 했기에 지친 것이다. 다른 수많은 지배자는 분별력의 도를 넘어 계속 싸우려 하고 심지어 자기 생명을 포기하면서까지 권력을 붙들고 싶어 하므로 우리가 이런 자발적 단념에 의존할 수는 없지만, 이것은 강자가 자신을 위해 창조한 체제의 존속을 언제나 위협해온 많은 심리적 약점 중의 하나다. 그것은 우리가 언제든 간파할 태세가 되어 있어야 할 결함이다.

우리 시대에는 어떤 것도 오래 지속하지 못하게 만드는 무언가가 있다. 예전에 존재했던 모든 제국은 20세기에 몰락했고 이 세기에 확립됐던 공식적인 제국주의체제도 끝내 살아남지 못했다. 일부는 이를 역사의 종말 내지 자본주의와 그에 수반되는 이데올로기, 즉 시장근본주의의 결정적 승리로 해석했다. 그러나 이 세계질서조차 이미 노쇠의 전형적 징후를 보이고 있다. 체제의 보좌관들은 직책이 주는 수익에만 집착하게 되었고[*] 정치계급은 기괴한 신앙에 물들어 있다.[*] 또 죠지 쏘로스와 조지프 스티글리츠 같은 사람처럼 체제의 가장 중요한 대리인 중 일부는 전향했다. 기득권 세력의 독재는 엔트로피 증가로 죽어가고 있다.

우리는 그것의 몰락을 재촉할 수 있지만 간헐적인 운동을 지속적인 반란으로 전환할 준비가 되어 있어야만 가능하다. 우리는 강압의 시대를 단축할 전략적·체계적 수단을 개발하기 시작해야 한다.

이 과정은 세계민중의 의사를 반영하는 세계질서에 관한 열정적 논의와 더불어 이미 시작되었다. 엄청난 반감을 불러일으켜 다른 사람들이 더 나은 제안으로 우리의 주장을 눌러야겠다고 느끼는 식으로라도 이 책이 그런 논의에 기여하기를 바란다. 어쨌든

●예를 들어 미국에서 중역의 봉급은 1997년에서 2002년 사이에 77.7퍼센트 상승했다.[160]

●죠지 부시가 팔레스타인 사람에게 보이는 이스라엘의 태도를 막지 않는 이유 중 하나는 기독교 연합에 속한 그의 정치적 동맹자들이 유대인이 성경이 명한 모든 땅을 소유할 때에 비로소 종말의 첫 단계인 휴거가 시작되고, 그런 다음 유대인이 기독교로 개종할 거라고 믿기 때문이다. 그들은 팔레스타인과 적대하는 이스라엘을 지지함으로써 자신들이 세상의 종말을 재촉하고, 그럼으로써 그들 자신을 고양한다고 믿는다. 한편 토니 블레어와 체리 블레어 부부는 영매를 통해 죽은 자들과 이야기를 나누는 것에서 알몸에 진흙과 파파야를 바르고 멕시코 사원에서 어린아이처럼 울부짖는 데 이르기까지 뉴에이지 신비주의의 몇몇 터무니없이 극단적인 행위에 탐닉해왔다.[161]

새로운 제안을 내놓아야 하고 머지않아 기득권 독재권력에 대한 단일하고 일관된 대안 프로그램을 마련해야 한다는 점은 명백하다. 독자들은 타당한 이유를 들어 내가 그런 프로그램을 정식화하지 못했거나 아니면 틀린 것을 만들어냈다고 판단할 수도 있다. 하지만 이를 그저 거부하는 것으로는 충분하지 않다. 앞서 제안했다시피 거부한 다음에는 반드시 더 나은 것으로 대체해야 한다.

그러나 논의를 위해 일단, 다른 대안과 비교해보니 이 책에 담긴 제안이나 그와 유사한 무언가가 지구적 정의를 성취할 최상의 기회를 제공한다는 결론이 났다고 가정해보자. 그런 다음에는 과연 어떤 것이 효과 있는 행동이겠는가?

우리는 즉각 세계의회의 토대 건설에 착수할 수 있고, 여기에는 수십만 명의 활동가들이 떠맡아야 할 역할이 있다. 그들은 자기 나라와 추정 선거구에서 이 발상을 설명하고, 공동체 내에서 대중의 반응을 시험할 자문기관을 조직하며, 반대를 조장하는 미디어 실력자들과 싸워야 한다. 세계의회의 실현은 필요한 자금을 만들어낼 다른 제안의 실현 여하에 달려 있지만, 오래 걸릴 수밖에 없는 준비과정을 지금 당장 시작하지 못할 이유는 없다.

안보리를 폐지하고 그 책임을 민주화된 총회로 넘기라는 대중의 압력은 대체로 이라크 전쟁의 결과에 좌우될 것이다. 그러나 나는 지구적 정의운동에서 많은 동력을 얻은 대대적인 평화운동이 머지않아 약자의 테러뿐만 아니라 강자의 폭정에서 우리를 보호할 새로운 국제안보체제를 요구하는 데 집중될 것으로 본다.

공정무역기구와 국제청산동맹을 결성하기 위한 운동을 시작하는 데는 누구의 허락도 기다릴 필요가 없다. 가난한 나라의 반체제파가 이런 제안을 채택한다면 그들은 조건부 채무불이행이라는 위협을 뒷받침 삼아, 기존 국제체제의 타도를 국민의 핵심적인 정치 요구로 결집하고 이를 선거의 성패가 걸린 쟁점으로 만들고자 할 것이다. 부유한 나라의 운동가는 이 과정을 촉진하고 설명함으로써, 그리고 이제 우리에게는 낡은 제도를 대체할 훨씬 더 나은 체제가 있다는 사실에 힘입어 낡은 제도의 폐지를 위한 압박을 계속함으로써 그들의 운동을 지원할 수 있다. 행진, 시위, 비폭력 직접행동, 편지 쓰기, 청원, 정치적 로비 등 과거에 사용했던 전술이 다시 활용될지도 모르지만 이제 우리에게는 우리가 원하지 않는 것뿐 아니라 원하는 것을 설명할 수 있다는 자신감이 있다. 우리는 대안적 정보 네트워크를 앞으로도 계속 개발해나가야 하고 모든 매체 가운데 가장 효과적이고 널리 퍼진 수단, 즉 입으로 전해지는 말 역시 더욱 많이 활용해야 한다.

그렇다고 해서 이런 수단을 통해 세계를 변화시키길 원하는 사람은 누구나 즉각 생업을 그만두어야 한다는 뜻은 아니다. 모든 성공적인 운동에는 상근 활동가와 비상근 활동가가 함께 일한다. 흔히 비상근 활동가의 기부로 재정지원을 받는 상근 활동가는 무엇보다 운동의 지속성과 탄력을 책임지며 운동이 대중의 시선에서 벗어날 때조차 계속해서 발전하도록 보증한다. 그들은 비상근 활동가가 최대한 효과적으로 활동하며 노력의 중복을 피할 수 있게 도와준다. 다른 한편 비상근 활동가는 상근 활동가가 소임을 다하도록 지켜보며 자유로운 사고와 열린 토론을 통해 그들이 실현하고자 애쓰는 계획과 이를 실현하는 데 사용하는 전략의 개발에 참여한다. 지구적 정의운동 내에는 그와같은 수백 개의 네트워크가 이미 활동하고 있다.

지구적 정의운동이 성공하려면 기존의 운동가뿐 아니라 개혁정치에 참여한 적이 없는 많은 사람을 불러모아야 한다. 대부분의 민주주의 국가에서 국민은 정치에서 손을 떼고 있다. 많은 사람이 정확히 인식하듯이 대부분의 나라에서는 서로 다투는 정당들이 기업과 금융시장의 지배를 허락한 하나의 계급에 의해 장악되어 있으며 목표와 전망 또한 거의 동일하므로, 특히 젊은이에게 주류정치는 지루하고 이질적인 것이 되었다. 대부분의 국내 정치체제에는 열정을 위한 배출구가 없다. 세계화는 정치쟁점의 복잡성을 증가시켰고 결정이 이루어지는 장을 어떤 민주적 통제도 없는 충위로 옮겨놓아 사람들의 무력감을 심화시켰다.

지구적 정의운동은 국내정치에서 소외된 많은 사람에게 하나의 참정권운동이 되었다. 국내에서 지구적 내지 국제 영역으로 시야를 옮기자 그들의 정치참여 잠재력이 되살아났다. 고참 활동가들은 이런 지구적 운동이 집결시킨 엄청난 수의 사람들에게서 지난 20년간 잠자고 있던 희망의 일면을 재발견했다. 지구적 정치를 민주화하고 변화시킬 수단을 가졌다는 점을 확실히 보여줌으로써 우리는 역사상 가장 규모가 큰 지구적 연합인 이 운동을 저항할 수 없을 만큼 수적으로 우세하고 효과적인 세력으로 전환할 수 있다.

그러나 설사 이 책이 내세운 제안을 받아들이더라도 이것이 논의와 발전의 과정에 보태는 하나의 기여에 불과하다고 여기기 바란다. 나는 여기서 지구적 통치의 주된 쟁점이라 믿는 몇몇 사안에 초점을 두었지만 미처 살펴보지 못한 몇 가지 다른 문제도 있다. 각국 외환준비자금의 단위와 달러의 국제적 지배력, '소액 준비 업무' 과정을 통한 민간은행의 부채 발행, 기업이 세금을 덜 부과하는 나라로 자산을 옮겨감에 따라 생기는 과세표준의 침식 같은 문제가 그런 것이다. 이런 쟁점은 다른 사람들이 이미 다룬 것이다.[162] 그러니 부디 이 책에 모든 것이 들어 있다고 여기지 말기 바란다. 다른 사람들이 우리가 내놓은 제안을 개선하고 확대하고 발전시킬 때에만 이 책이 변화과정의 일부가 될 수 있다.

모든 정치체제는 사라지게 마련이며 우리가 마련한 새로운 통치수단이 어떤 것이든 그 또한 지난 세기의 죽은 체제들만큼이나 빨리 낡아서 궁극적으로는 몰락하고 다른 것으로 이어질 것이다. 그러나 우리는 단순히 한 묶음의 제도를 다른 묶음으로 대체하기보다 무언가 다른 것, 뭔가 더 크고 더 위협적이며 더 끈덕진 것, 즉 인간이 스스로를 인식하는 방식을 바꾸는 형이상학적 변화, 오직 또 다른 형이상학적 변화만이 중단시킬 수 있는 변화를 불러일으킬 수 있다. 이런 전환이 억압을 종식시키거나 우리를 지금과 같은 불완전하고 위험한 존재로 만든 인간의 본능을 바꿀 수는 없겠지만, 만일 이런 전환이 일어난다면 공동의 문제를 협력하여 해결할 수 있게 해주는 인식의 틀이 마련될 것이다.

이런 격변의 어느 것도 저절로 일어나지는 않는다. 기존의 제도는 스스로를 개혁하지 못한다. 그들의 권력은 그들을 그 자리에 오르게 해준 부당한 장치에 의존하며, 부당함과 맞붙어 싸우는 일은 곧 스스로의 해체를 받아들이는 일이기 때문이다. 우리가 강제하지 않는 한 정부는 우리를 위해 행동하지 않을 것이다. 대부분의 지배정당이 기반을 둔 정치적 계급은 이 혁명에 전혀 관심이 없다. 다시 말해 이 전환은 무정형의 **그들**이 아니라 바로 **당신**에게 달려 있다. 그것은 당신이 낡은 세계에 대한 집착을 버리고 새로운 세계의 시민처럼 생각하며, 안정과 자유를 바꾸고 안락과 신명을 바꿀 준비가 얼마나 되어 있는지에 달려 있다. 그것은 당신이 얼마나 기꺼이 행동하느냐에 달려 있다.

자, 그럼? 무엇을 기다리는가?

주(註)

* 특별한 언급이 없는 한 인용된 모든 웹 주소는 2003년 3월 1일을 기준으로 한 것이다.
* 인용한 판본 외에 초판을 따로 밝힐 경우엔 맨 뒤에 [ ] 안에 써주었다.

1 Michel Houellebecq, *Atomised*, London: Vintage 2001. *Les Particules élémentaires*라는 제목으로 프랑스에서 처음 출판됨. 한국어번역본은 『소립자』, 열린책들 2003.

2 John Holloway, *Change the World Without Taking Power: The Meaning of Revolution Today*, London: Pluto Press 2002. 한국어번역본은 『권력으로 세상을 바꿀 수 있는가』, 갈무리 2002.

3 「유엔헌장」 108조와 109조를 참조.

4 IMF *Articles of Agreement*, 84면. http://www.imf.org/external/pubs/ft /aa/aa.pdf; 세계은행 지부들에 관해서는, 가령 국제개발부흥은행 *Articles of Agreement: Article VIII*. http://web.worldbank.org/wbsite/exter nal/extaboutus/(About Us)Organization)Articles of Agreement), 그리고 국제금융법인 *Articles of Agreement: Article VII*. http://www.ifc.org/

about/articles/article7/article7.html 참조.

5 IMF, *IMF Members' Quotas and Voting Power, and IMF Governors*. http://www.imf.org/external/np/sec/memdir/members.htm; World Bank, *Voting Power of Member Countries*. http://web.worldbank. org/wbsite/external/extaboutus/(About Us)Organization)Executive Boards).

6 예를 들어, The Center for International Environmental Law, *NGOs Call on Trade Ministers to Reject Exclusive Mini-Ministerials and Green Room Meetings in the Run-Up to, and at, the 5th WTO Ministerial: The 14~16 November mini-ministerial in Australia*, November 2002. http://www.ciel.org/Tae/WTO_5Min_112002.html; Ngaire Woods and Amrita Narlikar, "Governance and the limits of accountability: the WTO, the IMF and the World Bank", *The International Social Science Journal,* No. 170(November 2001); Aileen Kwa, "Developing Countries In Despair Over WTO Preparations For Doha", *Focus on the Global South*, Bangkok 30~31 July 2001.

7 (주 7의 위치를 본문에서 찾을 수 없으나 문맥상 이 부분으로 추정됨— 옮긴이) The World Bank, *World Development Report 2000/2001: Attacking Poverty*, Washington DC: World Bank Group 2002.

8 United Nations Food and Agriculture Organization, *The State of Food Insecurity in the World 2002*, Rome: FAO 2002.

9 The Organization for Economic Cooperation and Development, *Preparing for the World Summit: Some Information about Sustainable Development*, compiled. Vangelis Vitalis, Paris: OECD 2002.

10 같은 책.

11 같은 책.

12 Lester R. Brown, *The Agricultural Link: How Environmental*

Deterioration Could Disrupt Economic Progress, Worldwatch Paper 136, Washington DC: The Worldwatch Institute 1997.

13 L. M. Maene, *Phosphate Fertilizer Production, Consumption and Trade: The Present Situation and Outlook to 2010*, 1999. 1999년 1월 17~19일, 플로리다의 보카레이튼에서 열린 유황학회(Sulphur Institute) 17차 유황 인산염 심포지엄에서 발표된 글이다. L. M. Maene은 파리의 국제 비료산업연합(International Fertilizer Industry Association)의 회장이다. http://www.fertilizer.org/ifa/publicat/PDF/1999_biblio_54.pdf. 여기에 인용된 수치는 80년치에 해당하는 '세계 인산 매장량'이다. 만일 '저변 매장고'(reserve base, 집중도가 너무 낮거나 채굴 불가능하기 때문에 현재로서는 경제적으로 개발할 수 없는 인산)를 활용할 수 있다면 240년을 더 사용할 만큼의 양이 공급될 것이다. 하지만 이는 개념상의 추정이며 해저층에 퍼져 있는 매장량을 포함한 것이다.

14 이 수치는 Luisa Kroll with Lea Goldman, *The World's Billionaires*, 2002에서 편집한 것이다. http://www.forbes.com/home/2002/02/28/billionaires.html

15 세계은행은 "보건 관련 목표들 전부를 달성하는 데 드는 비용이 200억에서 250억 달러가량"이라고 제시한다. World Bank, *The Costs of Attaining the Millennium Development Goals*. http://www.worldbank.org/html/extdr/mdgassessment.pdf 참조. 세계보건기구(WHO)의 거시경제 및 보건 위원회(Commission on Macroeconomics and Health)는 수혜국 정부들이 보건에 투여하는 예산을 국내총생산의 1.5퍼센트가량 증가시키려면 2007년까지 연간 220억 달러의 추가 해외원조가 필요하다고 추정한다. World Bank, 같은 글에서 재인용.

16 US Census Bureau, *Statistical Abstract of the United States, Table 1350*, Washington DC: US Department of Commerce 2002.

17 Romilly Greenhill and Ann Pettifor, *The United States as an HIPC*

(Highly Indebted Prosperous Country): how the poor are financing the rich, London: Jubilee Research at the New Economics Foundation April 2002.

18 Karl Marx and Friedrich Engels, The Communist Manifesto, London: Penguin 1967. 이 판본은 1888년 Samuel Moore가 번역한 것이다. [Manifest der Kommunistischen Partei, 1848]

19 같은 책.

20 같은 책.

21 이 표현은 맑스가 Letter to Joseph Weydemeyer의 1852년 3월 5일자 편지에서 최초로 사용했다가, 1930년 Jungsozialistische Blätter에 처음 출판되었다. 번역은 http://www.marxists.org/archive/marx/works /1852/letters/52_03_05.htm에서 볼 수 있다.

22 George Monbiot, No Man's Land: an Investigative Journey through Kenya and Tanzania, Totnes · Devon: Green Books, 2003. [London: Macmillan 1994]

23 Karl Marx, The Eighteenth Brumaire of Louis Napoleon. [Die Revolution, New York 1852] 한국어번역본은 『프랑스 혁명사 3부작』, 소나무 1987/『프랑스 혁명 연구 II』, 태백 1987.

24 Colin Hines, Localization: A Global Manifesto, London: Earthscan 2000.

25 같은 책.

26 같은 책.

27 David C. Korten, The Post-Corporate World: Life after Capitalism, San Francisco: Berrett-Koehler/West Hartford · Connecticut: Kumarian Press 2000.

28 같은 책.

29 같은 책.

30 George Soros, *On Globalization*, Oxford: Public Affairs 2002. 한국어 번역본은 『열린 사회 프로젝트』, 홍익출판사 2002.

31 같은 책.

32 같은 책.

33 「유엔헌장」은 http://www.un.org/aboutun/charter/에서 읽을 수 있다.

34 Global Policy Forum, 2002. The United Nations Development Programme, *Human Development Report*, New York: UNDP 2002에서 재인용.

35 1948년에서 2002년 사이에 수행된 군사작전은 Gore Vidal, *Perpetual War for Perpetual Peace: How We Got to be so Hated-Causes of Conflict in the Last Empire*, London: Clairview 2002. [New York: Thunder' s Mouth Press/Nation Books 2002]

36 이런 쟁점들에 관한 흥미로운 토론은 Heikki Patomäki, Teivo Teivainen and Mika Rönkkö, *Global Democracy Initiatives: the Art of the Possible*, Helsinki: The Network Institute for Global Democratization 2002 참조.

37 OPCW 회원국에 가해진 압력에 대한 자세한 사항은 『가디언』(*the Guardian*) 2002년 4월 16일자와 2002년 4월 23일자에 각각 실린 George Monbiot의 "Chemical Coup d'état"와 "Diplomacy US Style"을 참조할 것. http://www.monbiot.com에서도 읽을 수 있음.

38 The Inter-Parliamentary Union, http://www.ipu.org/english/home.htm 참조.

39 The e-parliament, http://www.e-parl.net 참조.

40 Thalif Deen, "UN Credibility at Stake Over Iraq, Warn Diplomats", Inter Press Service News Agency, Washington 1 October 2002.

41 http://www.aceproject.org/main/english/sm과 http://www.australian

politics.com/elections/1996/abcost.shtml

42 Hamish Macdonnell, "Holyrood site costing more than Strasbourg's", *Scotsman*, 27 December 2002.

43 Gardiner and Theobald, *10th Annual Survey of Global Construction*. 2002년 3월 22일 *Building Magazine*에 발표됨.

44 www.news.scotsman.com/topics.cfm?page=2&tid=177.

45 Hilary Wainwright, "Globalise the Left", *Red Pepper* magazine, March 2002.

46 Paul Kingsnorth, *One No, Many Yeses: A Journey to the Heart of the Global Resistance Movement*, London: Simon and Schuster 2003. 한국어번역본은 『세계화와 싸운다』, 창비 2004.

47 T. J. Cornell, *The Beginnings of Rome: Italy and Rome from the Bronze Age to the Punic Wars (C. 1000~264 BC)*, London: Routledge 1995. 내가 이 사례에 주목하게 된 것은 Eric Fern 덕분이다.

48 Gumisai Mutume, "World Bank says it won't abide by World Commission on Dams: NGOs Lambast World Bank For Ignoring Dam Guidelines", Inter Press Service News Agency, Washington 23 March 2001.

49 Aubrey Meyer, *Contraction and Convergence: The Global Solution to Climate Change*, Schumacher Briefing, No. 5, Bristol: Green Books 2000. (슈마허학회를 대리하여 Green Books에서 출판됨.)

50 Joseph S. Nye Jr, "Parliament of Dreams", *Worldlink*, March/April 2002. *Worldlink*는 세계경제포럼(World Economic Forum)의 잡지다.

51 같은 글.

52 Darrell Addison Posey, *Alternatives to Destruction-Science of the Mebengokre*, Museu Paraense Goeldi 1987; Susanna Hecht and Darrell Addison Posey, "Preliminary results on soil management

techniques of the Kayapó Indians", *Advances in Economic Botany,* No. 7(1989); A. B. Anderson and Darrell Addison Posey, "Management of a tropical scrub savannah by the Gorotire Kayapó of Brazil", *Advances in Economic Botany,* No. 7(1989).

53 http://www.worldparliamentgov.net

54 http://www.wcpagren.org/cnfdeart.dir/article5.html

55 http://www.wcpagren.org/how.html

56 George Monbiot, *Captive State: The Corporate Takeover of Britain,* London: Macmillan 2000.

57 Max Hastings, *Editor: An Inside Story of Newspapers,* London: Macmillan 2002.

58 같은 책.

59 Paolo Freire, *Pedagogy of the Oppressed,* London: Penguin 1996. [Continuum 1970]

60 Tess Kingham, "New MPs Beware: If You Think You Can Express an Opinion, Forget It", *Independent,* 10 June 2001.

61 Charter 99, *The Charter for Global Democracy,* Charter 99, London 1999.

62 Oxfam, *Debt Relief and Education Spending: Learning the Hard Way,* Oxford: Oxfam 2003.

63 Joseph Stiglitz, *Globalization and its Discontents,* London: Allen Lane 2002 [New York: W. W. Norton 2002]. 한국어번역본은 『세계화와 그 불만』, 세종연구원 2002.

64 같은 책.

65 같은 책.

66 같은 책.

67 같은 책.

68 같은 책.

69 일례로 '세계 열대우림 보호운동, 열대우림지역 주민 프로그램 및 환경보호'(World Rainforest Movement, Forest Peoples Programme and Environmental Defense)가 2002년 6월 19일에 발표한 *World Bank's Proposed Policy Puts World's Forests at Risk* 참조. http://www.environ mentaldefense.org/documents/2144_JuneAppeal.pdf

70 Robert Naiman, Center for Economic and Policy Research, "World Bank Keeps African Kids Out of School", *Sunday Journal*, Metro DC 23 July 2000.

71 같은 글.

72 Mark Lynas, "Africa's Hidden Killers", *Daily Mail & Guardian*, Johannesburg 19 October 1999.

73 Charles Abugre, *Still Sapping The Poor: a Critique of IMF Poverty Reduction Strategies*, London: The World Development Movement June 2000에서 재인용.

74 Oxfam, 앞의 책.

75 IMF, *IMF Members' Quotas and Voting Power, and IMF Governors*. http://www.imf.org/external/np/sec/memdir/members.htm

76 World Bank, *Voting Power of Member Countries*. http://web.worldb ank.org/wbsite/external/extaboutus/ (About Us) Organization) Executive Boards).

77 IMF, *IMF Members' Quotas and Voting Power, and IMF Governors*. http://www.imf.org/external/np/sec/memdir/members.htm

78 World Bank, *Voting Power of Member Countries*. http://web.world bank.org/wbsite/external/extaboutus/(About Us) Organization) Executive Boards).

79 United Nations Development Programme, *Human Development*

Report 2002: Deepening Democracy in a Fragmented World, New York: UNDP 2002; *Financial Times*, 사설 "Fresh Blood at the Fund", 22 May 2001.

80 World Bank, *At a Glance*. http://web.worldbank.org/wbsite/external /extaboutus.html (About Us) What is the World Bank?) At A Glance).

81 일례로 Bread for the World Institute, *World Bank Facts & Figures*. http://www.worldhunger.org/articles/global/debt/facts.htm 참조.

82 Henry K. Liu, "US Dollar hegemony has got to go", *Asia Times*, 11 April 2002.

83 Romilly Greenhill and Ann Pettifor, 앞의 글.

84 2000년 9월 26일, NGO들과 세계은행이 프라하에서 가진 어느 모임에 서 잉글랜드와 웨일즈의 녹색당 대표 Vanessa Hall의 질문에 대한 세 계은행 사회개발부 부장 Steen Jörgensen의 답변. Spencer Fitz-Gibbon 기록.

85 사설 "Millions of the World's Children are Desperate", *National Catholic Reporter*, 22 December 2000.

86 Guaicaipuro Cuautemoc, "Carta De Un Jefe Indio A Los Gobiernos De Europa: La Verdadera Deuda Externa", *Resista Renancer Indianista*, No. 7(May 2000).

87 Andrew Simms and Romilly Greenhill, *Balancing the Other Budget: Proposals for Solving the Greater Debt Crisis ──How Globalisation Creates Debt and Why the Rich Are in Debt to the Poor*, London: Jubilee Research at the New Economics Foundation 날짜 미상. http://www.jubileeresearch.org/analysis/reports/43.pdf

88 John Lloyd, *The Protest Ethic: How the Anti-Globalisation Movement Challenges Social Democracy*, London: Demos 2001.

89 Joseph Stiglitz, 앞의 책.

90 Michael Rowbotham, *Goodbye America! Globalisation, Debt and the Dollar Empire*, Charlbury·Oxfordshire: Jon Carpenter 2000.

91 이런 설명의 세 가지 주요 출전은 다음과 같다. Michael Rowbotham, 앞의 책; Robert Skidelsky, *John Maynard Keynes: Fighting for Britain, 1937~1946*, London: Macmillan 2000; Armand van Dormael, *Bretton Woods: Birth of a Monetary System*, London: Macmillan 1978.

92 Lord Robbins. Armand van Dormael, 앞의 책에서 재인용.

93 Harry Dexter White. Armand van Dormael, 앞의 책에서 재인용.

94 Lord Keynes. Skidelsky, 앞의 책에서 재인용.

95 Harry Dexter White. New Economics Foundation, *It's Democracy, Stupid: the trouble with the global economy — the United Nations' lost role and democratic reform of the IMF, World Bank and the World Trade Organisation*, NEF, World Vision and Charter 99, 2000에서 재인용.

96 Harry Dexter White. Armand van Dormael, 앞의 책에서 재인용.

97 Armand van Dormael, 앞의 책.

98 같은 책.

99 Robert Skidelsky, 앞의 책.

100 Lord Keynes. Michael Rowbotham, 앞의 책에서 재인용.

101 Sir Edward Holloway. Michael Rowbotham, 앞의 책에서 재인용.

102 Geoffrey Crowther. Michael Rowbotham, 앞의 책에서 재인용.

103 *Economist, Pocket World in Figures 2003*, London: Profile Books 2002.

104 The Organization for Economic Cooperation and Development, 앞의 책.

105 Oxfam International, *Rigged Rules and Double Standards: Trade, Globalisation and the Fight Against Poverty*, Oxford: Oxfam 2002a.

106 같은 책.

107 http://www.europa.eu.int/comm/agriculture/agrista/2001/table-en/en3511.pdf; http://www.oecd.org/scripts/cde/members/LFSD ATAAuthenticate.asp; http://www.cia.gov/cia/publications/factbook /fields/2012.html; The Farm Accountancy Data Network; http://www.census.gov/statab/www/; http://www.sourceOECD.org

108 Oxfam International, *Cultivating Poverty: The Impact of US Cotton Subsidies on Africa*, Oxfam Briefing Paper 30, Oxford: Oxfam 2002b.

109 국제면화자문위원회(International Cotton Advisory Committee)에 의한 추정치. Oxfam International, 2002b에서 재인용.

110 OECD, *Agricultural Policies in OECD Countries: Monitoring and Evaluation*, Paris: OECD 2000은 3,350억 달러로 기록하고 있는데, 나는 여기에 미국의 새로운 종합 정책이 도입한 추가분 연간 170억 달러를 더했다.

111 Kevin Watkins, "Main development from WTO talks is a fine line in hypocrisy", *Guardian*, 26 August 2002.

112 United Nations Conference on Trade and Development, *Report on Trade and Development*, Geneva: UNCTAD 1999.

113 Mark Curtis, *Trade for Life: Making Trade Work for Poor People*, London: Christian Aid 2001.

114 Oxfam International, 2002a, 앞의 책.

115 Mark Curtis, 앞의 책.

116 United Nations Conference on Trade and Development, *Trade and Investment Report 1997*, Geneva: UNCTAD 1997.

117 Ha-Joon Chang, *Kicking Away the Ladder: Development Strategy in Historical Perspective*, London: Anthem Press 2002. 한국어번역본은 『사다리 걷어차기』, 부키 2003.

118 같은 책.

119 같은 책.

120 같은 책.

121 같은 책.

122 같은 책.

123 Mark Curtis, 앞의 책.

124 같은 책.

125 John Brohman, "Postwar Development in the Asian NICs: Does the Neoliberal Model Fit Reality?" *Economic Geography*, Vol. 72, Issue 2(April 1996).

126 Takatoshi Ito, *Japan and the Asian Economics: a 'Miracle' in Transition*, Brookings Papers on Economic Activity, Issue 2, Washington DC: The Brookings Institution 1996.

127 Graham Dunkley, *The Free Trade Adventure: The WTO, the Uruguay Round and Globlalism*, London: Zed Books 2000. [Melbourne University Press 1997]   .

128 Ha-Joon Chang, 앞의 책.

129 Robert Wade, *Governing the Market: Economic Theory and the Role of Government in East Asian Industrialization*, Princeton University Press 1990.

130 Duncan Green, "Allow More Tigers Out of Their Cages", *Guardian*, 11 September 2000.

131 Ha-Joon, Chang, *The Political Economy of Industrial Policy*, London: Macmillan, 1994.

132 *Economist*, 앞의 글.

133 Weisbrot et al. Ha-Joon Chang, 2002에서 재인용.

134 Greg Palast, "An internal IMF study reveals the price 'rescued'

nations pay: dearer essentials, worse poverty and shorter lives", *Observer*, 8 October 2000.

135 United Nations Development Programme, *Human Development Report 2002: Deepening Democracy in a Fragmented World*, New York: UNDP 2002.

136 5개 유엔 기관에 의한 분석으로, Mark Curtis, 앞의 책에서 재인용.

137 United Nations Development Programme, *Human Development Report 1997: Human Development to Eradicate Poverty*, New York: UNDP 1997.

138 Aileen Kwa, "Crisis in WTO Talks!" *Focus on the Global South*, Bangkok 19 October 2001.

139 Ha-Joon Chang, 2002, 앞의 책.

140 *Economist*, 앞의 글.

141 Eric Schiff, *Industrialisation Without National Patents: The Netherlands, 1869~1912; Switzerland, 1850~1907*, Princeton University Press 1971. 이것은 이 나라들이 대체로 지적재산권 없이 발전했던 방식에 대한 흥미진진한 설명이다. 재미있는 사실은, 이런 접근방식에서 가장 혜택을 입었던 일부 기업(네슬레, 유니레버, 씬젠타, 필립스)이 지금은 가장 맹렬하게 특허권을 옹호하는 편이라는 것이다.

142 Colin Hines, 앞의 책.

143 World Bank, 1993. John Brohman, 앞의 책에서 재인용.

144 *Economist*, 앞의 글.

145 Colin Hines, 앞의 책.

146 Clair Wilcox, *Charter for World Trade*, New York: Macmillan 1949.

147 William Diebold Jr, "The End of the ITO", *Essays in International Finance,* No. 16(1952), Princeton University Department of Economics; John Odell and Barry Eichengreen, *The United States, the ITO and the*

WTO: Exit Options, Agent Slack, and Presidential Leadership, 1998. 이
것은 Anne O. Krueger ed., *The WTO as an International Organization*,
University of Chicago Press에 수록.

148 모두 Mark Curtis, 앞의 책에서 인용.

149 AFL-CIO, *Position Paper on Global Conference*, 2001. http://staff.
bath. ac.uk/hssgjr/simul/papers/afl-cio.pdf

150 International Labour Organization, *The Tripartite Declaration of
Principles concerning Multinational Enterprises and Social Policy*,
Geneva: ILO 1977.

151 1998~1999년, UNHCR의 인권 증진과 보호를 위한 분과위원회 제52
차 회의에서 작성되었다.

152 Organization for Economic Cooperation and Development,
*Guidelines for Multinational Enterprises: Text, Commentary and
Clarifications*, Paris: OECD 2001.

153 Ralph Estes, *Tyranny of the Bottom Line: Why Corporations Make
Good People Do Bad Things*, 1996. David Korten, 앞의 책에서 재인용.

154 Heinrich Haussmann, *Die Josefpfennig*, 1990. Bernard Lietaer, *The
Future of Money: Creating New Wealth, Work and a Wiser World*,
London: Random House 2001에서 재인용.

155 Bernard Lietaer, *The Future of Money*, 2001.

156 같은 책.

157 Friedrich Engels, *The Condition of the Working Class in England*,
Oxford University Press 1999. [독일 1845] 한국어번역본은 『영국 노동
자계급의 상태』, 세계 1988/두리 1988.

158 Gerrard Winstanley, *A Watch-Word to the City of London and the
Armie*, London: Giles Calvert 1649. Gerrard Winstanley, *Selected
Writings*, ed. Andrew Hopton, London: Aporia Press 1989에 재수록.

159 Erich Fromm, *The Anatomy of Human Destructiveness*, New York: Holt, Rinehart and Winston 1973. 한국어번역본은 『파괴란 무엇인가』, 기린원 1989.

160 Economic Research Institute, 2002. http://www.eriexecutivecompen sation.com/PDF/PressReleaseDecember2002.pdf

161 Tom Baldwin, "Tony Blair 'Reborn' Under the 'Sacred Serpent' in New Age Ceremony", *The Times*, 15 December 2001; Nick Cohen, "Primal therapy", *Observer*, 31 March 2002; Nick Cohen, "Ev'rybody must get stones", *Observer*, 8 December 2002.

162 예를 들면 다음과 같다. Henry K. Liu, "China vs the Almighty Dollar", *Asia Times*, 23 July 2002; Romilly Greenhill and Ann Pettifor, 앞의 책; James Robertson, *Transforming Economic Life: A Millennial Challenge*, Schumacher Briefing, No. 1, Bristol: Green Books 1998; James Robertson, "The Alternative Mansion House Speech", *The Social Crediter*, Vol. 79, No. 6(November-December 2000), Edinburgh: The Social Credit Secretariat; Michael Rowbotham, 앞의 책; Andrew Mold, *Paying a Fair Share? A Proposal for Unitary Taxes on the Profits of Multinational Enterprises*, Madrid: Instituto Complutense de Estudios Internacionales 2001.

죠지 몬비오(George Monbiot)가 우리에게 아직 그리 익숙한 이름이 아닌 만큼이나 그가 이 책 『도둑맞은 세계화』(원제는 '동의의 시대')에 담은 주장도 때로 낯설고 또 때로는 대체 어떻게 받아들여야 하나 하는 당혹감을 안겨준다. 하지만 이런 느낌은 몬비오가 여기서 무슨 난해한 분석을 시도하거나 복잡한 논리를 구사한 데서 비롯하는 것은 아니다. 저널리스트이자 '지구적 정의운동'의 현장에 몸담은 활동가답게 그는 각종 수치와 증거를 근거로 분명하게 현실을 진단할 뿐 아니라 그가 내놓은 몇몇 제안 역시 그간의 역사적 경험과 기존의 발상에 뿌리를 둔다. 그러므로 어쩌면 우리가 느끼는 난감함이란 상당부분 몬비오가 독자를 이끄는 곳이 매우 구체적인 차원이라는 점, 그리고 그 정도로 구체적인 차원에서는 판단을 어물어물 피해가기가 어려운 데서 오는지 모른다.

실상 『도둑맞은 세계화』가 '현재 세계가 운영되는 방식'에 관해 지적하는 점은 1990년대 이래 경제위기와 그 여파로 여전히 진통을 겪는 한국의 독자들에게 남달리 절실하게 다가올 법하다. 특히 IMF와 세계은행이 주도한 '구조조정'의 실상과 결과에 대한 분석이 그렇고, 유엔과 WTO 같은 지구적 조직이 지닌 본질적 비민주성을 다룬 대목도 남북관계, 이라크 전쟁, FTA 등 한국 사회가 지금 이 순간 대면하고 있는 주요 사안과 직접 관련되어 있으므로 설사 그의 생각에 동의하지 않는 사람에게도 많은 시사점을 전해주리라 생각된다.

몬비오는 우리의 동의, 즉 민주주의만 빼고 모든 것이 세계화되었다는 말로 『도둑맞은 세계화』를 열고 있는데 바로 이 민주주의 없는 세계화에 어떻게 대응할 것인가가 이 책 전반에 깔린 주된 문제의식이다. 몬비오의 답은 세계화를 민주화해야 한다는 것으로 요약할 수 있다. 현재의 '지구적' 사태에 대해 '지구적'으로 대응해야 하며 따라서 세계화의 힘을 활용해야 한다고 보는 점에서 그의 입장은 본문에서 여러 차례 비판받는, 최대한의 지역화를 통해 저항해야 한다는 견해에 분명히 대비된다. 그러나 다른 한편 세계화 자체에 모든 것을 해체하고 변화시키는 힘이 있어서 그저 그 힘이 원활하게 작동하도록 풀어주면 된다거나 아니면 모든 종류의 통치를 폐지해야 한다는 주장과도 거리가 멀다. 그는 세계 질서란 사라지지도 저절로 개선되지도 않으므로 구조적으로 개혁이 불가능한 지금의 국제 조직과 체제를 뒤집어엎을 지구적 통치의 새로운 대안을 적극적으로 꾸려내야 한다고 믿는다.

그런 관점에서 몬비오는 논의에 열려 있으며 더 나은 제안이 있을 경우 얼마든지 폐기해도 좋다는 단서를 달고 '세계의회' '국제청산동맹' '공정무역기구' 같은 대안 조직을 제시한다. 문제해결의 기본 방향에 관한 그의 생각부터 자세한 검토를 필요로 한다는 사실은 말할 것도 없지만 이렇듯 대안을 명시적으로 밝히고 설명한 점은 특히 논란의 대상이 될 만하다. 하지만 그것은 동시에 이 책의 가장 큰 미덕이기도 하다. 기본틀에 관한 입장을 세웠다면 할 수 있는 한 구체적이고 상세히 현실에 적용시켜봐야 그 틀이 갖는 이점과 한계가 분명히 드러날 것이기 때문이다. 비현실적인 발상이라거나 심지어 공상과학소설이라는 비아냥거림이야 당연히 예상할 수 있지만 무엇보다 이를 그저 또 하나의 유토피아적 기획으로 치부하여 진지한 검토를 피하는 일이야말로 저자의 노력에 대한 가장 부적절한 대접이 아닐까 싶다.

뭐든 복잡하고 추상적으로 논의하고 되도록 책잡힐 빌미를 주지 않는 게 오히려 균형 잡힌 태도로 인정받는 추세 속에 몬비오의 '고지식한' 시도는 더욱 돋보인다. 목표를 설정하고 계획을 세우는 일 자체가 종종 억압과 동일시되는 시점에서 몬비오의 '발랄한' 상상력은 전망과 동력의 관계를 다시금 상기시키기에 충분하다. 옮긴이로서, 무엇보다 즐거운 독서가 되기를 바란다.

찾아보기

도둑맞은 세계화
지구민주주의 선언

초판 1쇄 발행 • 2006년 3월 4일
초판 2쇄 발행 • 2006년 8월 16일

지은이 • 죠지 몬비오
옮긴이 • 황정아
펴낸이 • 고세현
편집 • 유용민 김종곤 신동해 유은하
미술·조판 • 정효진 한충현
펴낸곳 • (주)창비
등록 • 1986년 8월 5일 제85호
주소 • 413-756 경기도 파주시 교하읍 문발리 513-11
전화 • 031-955-3333
팩시밀리 • 영업 031-955-3399 편집 031-955-3400
홈페이지 • www.changbi.com
전자우편 • bildung@changbi.com